重要単語チェック!

1年　啓林館版

使い方

❶ ミシン目にそってカードを切り離し，穴にリングなどを通そう。
❷ 表面の英語と絵を見て単語の意味を考え，裏面を見て確認しよう。
❸ 裏面の日本語を見て英語を言う練習をし，表面を見て確認しよう。

JN100806

2 Let's Start 1

math

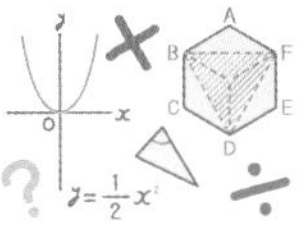

3 Let's Start 1

P.E.

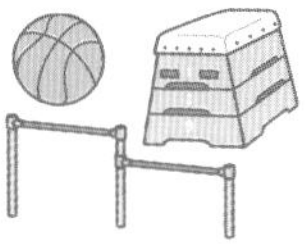

4 Let's Start 1

science

5 Let's Start 2

hospital

6 Let's Start 2

park

7 Let's Start 2

restaurant

8 Let's Start 2

station

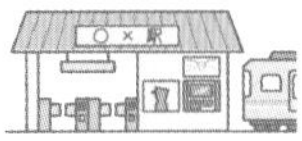

9 Let's Start 4

cat

10 Let's Start 4

dog

11 Let's Start 4

umbrella

12 Let's Start 4

zoo

13 Let's Start 6

January

14 Let's Start 6

February

15 Let's Start 6

March

16 Let's Start 6

April

17 Let's Start 6

May

18 Let's Start 6

June

19 Let's Start 6

July

20 Let's Start 6

August

21 Let's Start 6

September

22 Let's Start 6

October

音声を聞きながら発音の練習をしよう。

音声アプリの「重要単語チェック」から
音声を聞いて，聞きとり，発音の練習をすることができます。
アプリの使い方は，表紙裏をご覧ください。

❶ Let's Start 1

㊔ 芸術・美術

❷ Let's Start 1

㊔ 数学

❸ Let's Start 1

㊔ 体育

❹ Let's Start 1

㊔ 科学，理科

❺ Let's Start 2

㊔ 病院

❻ Let's Start 2

㊔ 公園

❼ Let's Start 2

㊔ レストラン

❽ Let's Start 2

㊔ 駅

❾ Let's Start 4

㊔ ネコ

❿ Let's Start 4

㊔ イヌ

⓫ Let's Start 4

㊔ かさ

⓬ Let's Start 4

㊔ 動物園

⓭ Let's Start 6

㊔ 1月

⓮ Let's Start 6

㊔ 2月

⓯ Let's Start 6

㊔ 3月

⓰ Let's Start 6

㊔ 4月

⓱ Let's Start 6

㊔ 5月

⓲ Let's Start 6

㊔ 6月

⓳ Let's Start 6

㊔ 7月

⓴ Let's Start 6

㊔ 8月

㉑ Let's Start 6

㊔ 9月

㉒ Let's Start 6

㊔ 10月

23 Let's Start 6

November

24 Let's Start 6

December

25 Let's Start 6

Monday

26 Let's Start 6

Tuesday

27 Let's Start 6

Wednesday

28 Let's Start 6

Thursday

29 Let's Start 6

Friday

30 Let's Start 6

Saturday

31 Let's Start 6

Sunday

32 Unit 1

dance

33 Unit 1

everyone

34 Unit 1

fan

35 Unit 1

from

36 Unit 1

good

37 Unit 1

morning

38 Unit 1

movie

39 Unit 1

player

40 Unit 1

sing

41 Unit 1

swim

42 Unit 2

animal

43 Unit 2

book

44 Unit 2

box

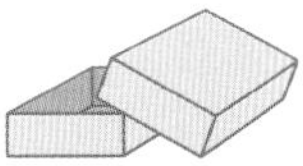

45 Unit 2

brother

46 Unit 2

classroom

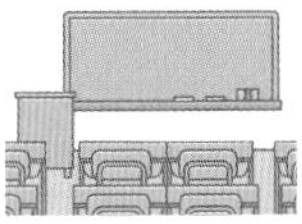

教科書ぴったりトレーニング　英語1年　啓林館版　付録　②表

25 Let's Start 6

(名) 月曜日

24 Let's Start 6

(名) 12月

23 Let's Start 6

(名) 11月

28 Let's Start 6

(名) 木曜日

27 Let's Start 6

(名) 水曜日

26 Let's Start 6

(名) 火曜日

31 Let's Start 6

(名) 日曜日

30 Let's Start 6

(名) 土曜日

29 Let's Start 6

(名) 金曜日

34 Unit 1

(名) ファン

33 Unit 1

(代) みんな，［呼びかけて］みなさん

32 Unit 1

(動) ダンスをする

37 Unit 1

(名) 朝

36 Unit 1

(形) よい，上手な

35 Unit 1

(前) ［出身・出所・起源］～から（の）

40 Unit 1

(動) 歌う

39 Unit 1

(名) 選手

38 Unit 1

(名) 映画

43 Unit 2

(名) 本

42 Unit 2

(名) 動物

41 Unit 1

(動) 泳ぐ

46 Unit 2

(名) 教室

45 Unit 2

(名) 兄弟

44 Unit 2

(名) 箱

47 Unit 2

cool

48 Unit 2

cousin

49 Unit 2

cute

50 Unit 2

father

51 Unit 2

for

52 Unit 2

friend

53 Unit 2

glasses

54 Unit 2

grandfather

55 Unit 2

grandmother

56 Unit 2

in

57 Unit 2

lunch

58 Unit 2

meet

59 Unit 2

mother

60 Unit 2

nice

61 Unit 2

notebook

62 Unit 2

pen

63 Unit 2

pencil

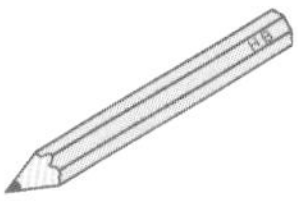

64 Unit 2

really

65 Unit 2

room

66 Unit 2

sister

67 Unit 2

teacher

68 Unit 2

tool

69 Let's Talk 1

a.m.

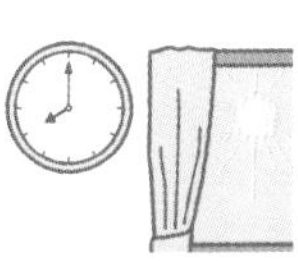

70 Let's Talk 1

how

47 Unit 2

(形) すばらしい，かっこいい

48 Unit 2

(名) いとこ

49 Unit 2

(形) かわいい

50 Unit 2

(名) 父

51 Unit 2

(前) ［用途］～のための，～用の

52 Unit 2

(名) 友だち

53 Unit 2

(名) めがね

54 Unit 2

(名) 祖父，おじいさん

55 Unit 2

(名) 祖母，おばあさん

56 Unit 2

(前) ［場所・領域］～(の中)に［で］

57 Unit 2

(名) 昼食

58 Unit 2

(動) ～に会う

59 Unit 2

(名) 母

60 Unit 2

(形) すばらしい

61 Unit 2

(名) ノート

62 Unit 2

(名) ペン

63 Unit 2

(名) えんぴつ

64 Unit 2

(副) 本当に

65 Unit 2

(名) 部屋

66 Unit 2

(名) 姉妹

67 Unit 2

(名) 先生

68 Unit 2

(名) 道具

69 Let's Talk 1

(副) 午前

70 Let's Talk 1

(副) ［状態］どのようで

71 Let's Talk 1

now

72 Let's Talk 1

p.m.

73 Let's Talk 1

sorry

74 Let's Talk 1

time

75 Unit 3

after

76 Unit 3

bed

77 Unit 3

cook

78 Unit 3

dinner

79 Unit 3

draw

80 Unit 3

drink

81 Unit 3

eat

82 Unit 3

enjoy

83 Unit 3

food

84 Unit 3

go

85 Unit 3

hand

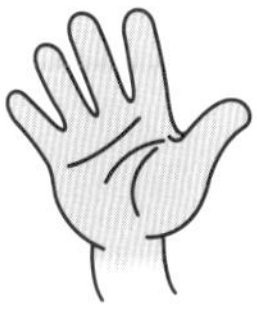

86 Unit 3

have

87 Unit 3

here

88 Unit 3

home

89 Unit 3

like

90 Unit 3

look

91 Unit 3

make

92 Unit 3

phone

93 Unit 3

picture

94 Unit 3

play

71 Let's Talk 1

(副) 今

72 Let's Talk 1

(名) 午後

73 Let's Talk 1

(形) すまないと思って

74 Let's Talk 1

(名) 時間

75 Unit 3

(前) ～のあとに

76 Unit 3

(名) ベッド

77 Unit 3

(動) （～を）料理する
(名) コック，料理人

78 Unit 3

(名) 夕食

79 Unit 3

(動) （絵など）をかく

80 Unit 3

(動) ～を飲む

81 Unit 3

(動) ～を食べる

82 Unit 3

(動) ～を楽しむ

83 Unit 3

(名) 食べ物

84 Unit 3

(動) 行く

85 Unit 3

(名) 手

86 Unit 3

(動) ～を飼っている

87 Unit 3

(副) ここに［で，へ］

88 Unit 3

(名) 家，家庭

89 Unit 3

(動) ～が好きである

90 Unit 3

(動) 見る

91 Unit 3

(動) ～を作る

92 Unit 3

(名) 電話

93 Unit 3

(名) 絵，写真

94 Unit 3

(動) ～を演奏する

95 Unit 3

rice

96 Unit 3

run

97 Unit 3

sport

98 Unit 3

study

99 Unit 3

summer

100 Unit 3

together

101 Unit 3

wash

102 Unit 3

window

103 Unit 3

winter

104 Let's Talk 2

delicious

105 Unit 4

another

106 Unit 4

beautiful

107 Unit 4

bird

108 Unit 4

carefully

109 Unit 4

chair

110 Unit 4

color

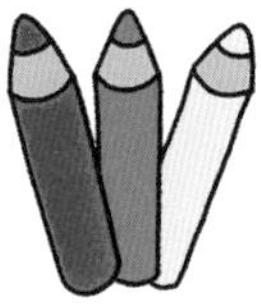

111 Unit 4

dictionary

112 Unit 4

dish

113 Unit 4

down

114 Unit 4

event

115 Unit 4

face

116 Unit 4

family

117 Unit 4

many

118 Unit 4

people

97 Unit 3

(名) スポーツ

96 Unit 3

(動) 走る

95 Unit 3

(名) 米

100 Unit 3

(副) いっしょに

99 Unit 3

(名) 夏

98 Unit 3

(動) （～を）勉強する

103 Unit 3

(名) 冬

102 Unit 3

(名) 窓

101 Unit 3

(動) ～を洗う

106 Unit 4

(形) 美しい

105 Unit 4

(形) もう1つの，もう1人の

104 Let's Talk 2

(形) おいしい

109 Unit 4

(名) いす

108 Unit 4

(副) 注意深く

107 Unit 4

(名) 鳥

112 Unit 4

(名) 皿

111 Unit 4

(名) 辞書

110 Unit 4

(名) 色

115 Unit 4

(名) 顔

114 Unit 4

(名) 行事，催し，出来事

113 Unit 4

(副) 下へ

118 Unit 4

(名) 人々

117 Unit 4

(形) 多くの，たくさんの

116 Unit 4

(名) 家族

119 Unit 4

program

120 Unit 4

see

121 Unit 4

strange

122 Unit 4

subject

123 Unit 4

table

124 Unit 4

TV

125 Unit 4

want

126 Unit 4

with

127 Let's Talk 3

dress

128 Let's Talk 3

great

129 Let's Listen 1

shopping

130 Let's Listen 1

where

131 Project 1

birthday

132 Project 1

favorite

133 Unit 5

at

134 Unit 5

aunt

135 Unit 5

boy

136 Unit 5

classmate

137 Unit 5

fast

138 Unit 5

funny

139 Unit 5

girl

140 Unit 5

know

141 Unit 5

man

142 Unit 5

right

13+8=21

121 Unit 4

㊎ 奇妙な，不思議な

120 Unit 4

㊍ ～が見える，～を見る

119 Unit 4

㊔ 番組

124 Unit 4

㊔ テレビ

123 Unit 4

㊔ テーブル

122 Unit 4

㊔ 教科

127 Let's Talk 3

㊔ ドレス，婦人服

126 Unit 4

㊎ ～といっしょに

125 Unit 4

㊍ ～がほしい

130 Let's Listen 1

㊎ どこに［で］

129 Let's Listen 1

㊔ ショッピング，買い物

128 Let's Talk 3

㊎ すばらしい

133 Unit 5

㊎ ［場所］～で

132 Project 1

㊎ （いちばん）好きな

131 Project 1

㊔ 誕生日

136 Unit 5

㊔ クラスメート，同級生

135 Unit 5

㊔ 男の子，少年

134 Unit 5

㊔ おば

139 Unit 5

㊔ 女の子，少女

138 Unit 5

㊎ おもしろい

137 Unit 5

㊎ 速く

142 Unit 5

㊎ 正しい

141 Unit 5

㊔ 男性

140 Unit 5

㊍ （～を）知っている

143 Unit 5

speak

144 Unit 5

uncle

145 Unit 5

well

146 Unit 5

woman

147 Let's Talk 4

maybe

148 Unit 6

busy

149 Unit 6

day

150 Unit 6

early

151 Unit 6

field

152 Unit 6

fruit

153 Unit 6

garbage

154 Unit 6

grow

155 Unit 6

help

156 Unit 6

live

157 Unit 6

on

158 Unit 6

out

159 Unit 6

read

160 Unit 6

take

161 Unit 6

teach

162 Unit 6

there

163 Unit 6

walk

164 Unit 6

weekend

165 Unit 6

work

166 Let's Talk 5

all

145 Unit 5

副 上手に，よく，うまく

144 Unit 5

名 おじ

143 Unit 5

動 話す

148 Unit 6

形 いそがしい

147 Let's Talk 4

副 もしかしたら

146 Unit 5

名 女性

151 Unit 6

名 畑

150 Unit 6

副 早く

149 Unit 6

名 日

154 Unit 6

動 ～を育てる，栽培する

153 Unit 6

名 ごみ

152 Unit 6

名 フルーツ

157 Unit 6

前 ［特定の日時］～に

156 Unit 6

動 住む

155 Unit 6

動 ～を手伝う，助ける

160 Unit 6

動 ～を持っていく，連れていく

159 Unit 6

動 ～を読む

158 Unit 6

副 外へ

163 Unit 6

動 歩く

162 Unit 6

副 そこに［で，へ］

161 Unit 6

動 ～を教える

166 Let's Talk 5

副 すべて，すっかり

165 Unit 6

動 働く，取り組む

164 Unit 6

名 週末

167 Let's Talk 5

cut

168 Let's Talk 5

sure

169 Let's Talk 5

vegetable

170 Unit 7

bag

171 Unit 7

bath

172 Unit 7

before

173 Unit 7

begin

174 Unit 7

bike

175 Unit 7

breakfast

176 Unit 7

bring

177 Unit 7

brush

178 Unit 7

bus

179 Unit 7

by

180 Unit 7

come

181 Unit 7

computer

182 Unit 7

desk

183 Unit 7

find

184 Unit 7

free

185 Unit 7

homework

186 Unit 7

month

187 Unit 7

near

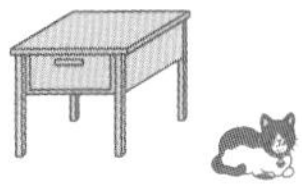

188 Unit 7

practice

189 Unit 7

put

190 Unit 7

rainy

169 Let's Talk 5

㊔野菜

168 Let's Talk 5

㊙もちろん，どうぞ

167 Let's Talk 5

㊓～を切る

172 Unit 7

㊖～の前に

171 Unit 7

㊔入浴

170 Unit 7

㊔バッグ

175 Unit 7

㊔朝食

174 Unit 7

㊔自転車 ［＝bicycle］

173 Unit 7

㊓始まる

178 Unit 7

㊔バス

177 Unit 7

㊓～を（ブラシで）みがく

176 Unit 7

㊓～を持ってくる

181 Unit 7

㊔コンピューター

180 Unit 7

㊓来る

179 Unit 7

㊖～のそばに

184 Unit 7

㊝無料の，ただの

183 Unit 7

㊓～を見つける

182 Unit 7

㊔机

187 Unit 7

㊖～の近くに［で，の］

186 Unit 7

㊔月

185 Unit 7

㊔宿題

190 Unit 7

㊝雨の

189 Unit 7

㊓～を置く

188 Unit 7

㊓（～を）練習する

191 Unit 7

sleep

192 Unit 7

student

193 Unit 7

under

194 Unit 7

until

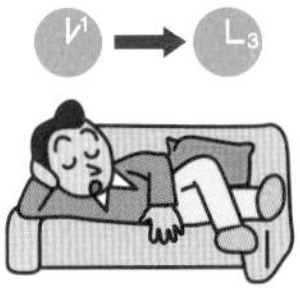

195 Unit 7

vacation

196 Unit 7

wall

197 Unit 7

year

198 Let's Talk 6

left

199 Let's Talk 6

library

200 Let's Talk 6

miss

201 Let's Talk 6

straight

202 Let's Talk 6

street

203 Let's Talk 6

turn

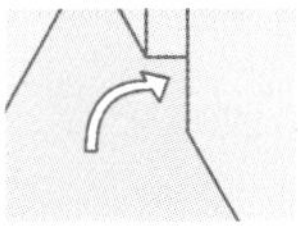

204 Let's Talk 6

welcome

205 Unit 8

a lot of ~

206 Unit 8

because

207 Unit 8

big

208 Unit 8

choose

209 Unit 8

cold

210 Unit 8

exciting

211 Unit 8

expensive

212 Unit 8

hair

213 Unit 8

hard

214 Unit 8

kind

193 Unit 7

㊉ ～の下に

192 Unit 7

㊔ 生徒

191 Unit 7

㊍ 眠る

196 Unit 7

㊔ 壁

195 Unit 7

㊔ 休日，休み

194 Unit 7

㊉ ［時間が］～まで

199 Let's Talk 6

㊔ 図書館

198 Let's Talk 6

㊔㊖ 左（へ）

197 Unit 7

㊔ 年

202 Let's Talk 6

㊔ 通り，道路

201 Let's Talk 6

㊖ まっすぐに

200 Let's Talk 6

㊍ ～を見逃す

205 Unit 8

たくさんの～

204 Let's Talk 6

㊑ 歓迎される

203 Let's Talk 6

㊍ 曲がる

208 Unit 8

㊍ ～を選ぶ

207 Unit 8

㊑ 大きい

206 Unit 8

㊎ （なぜなら）～だから

211 Unit 8

㊑ （値段が）高い

210 Unit 8

㊑ わくわくさせる

209 Unit 8

㊑ 寒い

214 Unit 8

㊔ 種類

213 Unit 8

㊖ 熱心に

212 Unit 8

㊔ 髪の毛

215 Unit 8

long

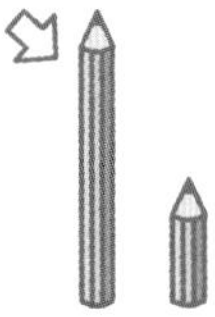

216 Unit 8

only

217 Unit 8

sale

218 Unit 8

sea

219 Unit 8

shoe

220 Unit 8

short

221 Unit 8

small

222 Unit 8

tea

223 Unit 8

thick

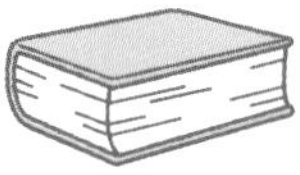

224 Unit 8

thin

225 Unit 8

use

226 Unit 8

visit

227 Unit 8

week

228 Let's Listen 2

large

229 Project 2

singer

230 Project 2

song

231 Unit 9

afternoon

232 Unit 9

arrive

233 Unit 9

buy

234 Unit 9

cafe

235 Unit 9

clean

236 Unit 9

garden

237 Unit 9

later

238 Unit 9

listen

217 Unit 8

(名) 安売り，特売

216 Unit 8

(形) ただ1つの

215 Unit 8

(形) 長い

220 Unit 8

(形) 短い

219 Unit 8

(名) くつ

218 Unit 8

(名) 海

223 Unit 8

(形) 厚い

222 Unit 8

(名) お茶，紅茶

221 Unit 8

(形) 小さい

226 Unit 8

(動) ～を訪れる，～に行く

225 Unit 8

(動) ～を使う

224 Unit 8

(形) 薄い

229 Project 2

(名) 歌手

228 Let's Listen 2

(形) 大きい

227 Unit 8

(名) 週

232 Unit 9

(動) 到着する

231 Unit 9

(名) 午後

230 Project 2

(名) 歌

235 Unit 9

(動) ～を掃除する

234 Unit 9

(名) カフェ，軽食堂

233 Unit 9

(動) ～を買う

238 Unit 9

(動) 聞く

237 Unit 9

(副) あとで，のちに

236 Unit 9

(名) 庭

239 Unit 9

ride

240 Unit 9

snow

241 Unit 9

stay

242 Unit 9

tree

243 Unit 9

worker

244 Unit 9

yesterday

245 Let's Talk 8

happy

246 Let's Talk 8

present

247 Unit 10

around

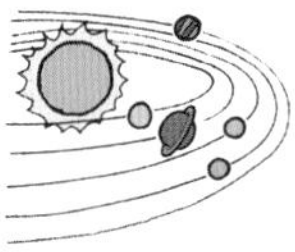

248 Unit 10

baby

249 Unit 10

ball

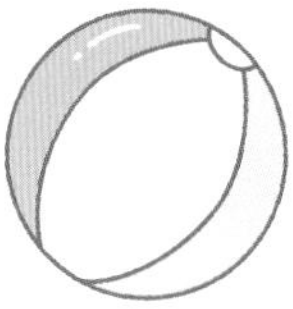

250 Unit 10

become

251 Unit 10

between

252 Unit 10

bridge

253 Unit 10

culture

254 Unit 10

example

255 Unit 10

interested

256 Unit 10

laugh

257 Unit 10

magazine

258 Unit 10

old

259 Unit 10

paint

260 Unit 10

sell

261 Unit 10

smile

262 Unit 10

talk

241 Unit 9

(動) 滞在する

240 Unit 9

(名) 雪

239 Unit 9

(動) ～に乗る

244 Unit 9

(名)(副) 昨日（は）

243 Unit 9

(名) 作業員

242 Unit 9

(名) 木

247 Unit 10

(前) ～の周りをまわって

246 Let's Talk 8

(名) プレゼント

245 Let's Talk 8

(形) うれしい，幸せな

250 Unit 10

(動) ～になる

249 Unit 10

(名) ボール

248 Unit 10

(名) 赤ちゃん

253 Unit 10

(名) 文化

252 Unit 10

(名) 橋，かけ橋

251 Unit 10

(前) ～の間に

256 Unit 10

(動) 笑う

255 Unit 10

(形) 興味を持った

254 Unit 10

(名) 例

259 Unit 10

(動)（絵の具で絵を）かく

258 Unit 10

(形) 古い

257 Unit 10

(名) 雑誌

262 Unit 10

(動) 話す

261 Unit 10

(動) ほほえむ

260 Unit 10

(動) ～を売る

263 Unit 10

today

264 Unit 10

wear

265 Unit 10

wonderful

266 Unit 10

world

267 Unit 10

young

268 Let's Listen 3

famous

269 Let's Listen 3

line

270 Let's Listen 3

musician

271 Let's Listen 3

wait

272 Project 3

easy

1+1=

273 Project 3

win

274 Let's Read 1

collect

275 Let's Read 1

drop

276 Let's Read 1

idea

277 Let's Read 1

into

278 Let's Read 1

little

279 Let's Read 1

think

280 Let's Read 1

water

281 Let's Read 2

answer

282 Let's Read 2

behind

283 Let's Read 2

carry

284 Let's Read 2

farmer

285 Let's Read 2

question

286 Let's Read 2

river

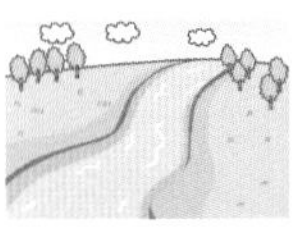

263 Unit 10

(副) 今日（は）

264 Unit 10

(動) ～を着ている

265 Unit 10

(形) すばらしい

266 Unit 10

(名) 世界

267 Unit 10

(形) 若い

268 Let's Listen 3

(形) 有名な

269 Let's Listen 3

(名) 列

270 Let's Listen 3

(名) 音楽家

271 Let's Listen 3

(動) 待つ

272 Project 3

(形) 簡単な，楽な

273 Project 3

(動) ～に勝つ

274 Let's Read 1

(動) ～を集める

275 Let's Read 1

(動) ～を落とす

276 Let's Read 1

(名) 考え

277 Let's Read 1

(前) ～の中へ

278 Let's Read 1

(形) 少しの

279 Let's Read 1

(動) 考える

280 Let's Read 1

(名) 水

281 Let's Read 2

(名) 答え

282 Let's Read 2

(副) 後ろに，あとに

283 Let's Read 2

(動) ～を運ぶ

284 Let's Read 2

(名) 農夫

285 Let's Read 2

(名) 質問，問題

286 Let's Read 2

(名) 川

目次

教科書ぴったりトレーニング
啓林館版 英語1年

自分にあった学習法を
見つけよう!

成績アップのための学習メソッド

ぴたトレ1
要点チェック

教科書の基礎内容についての理解を深め，基礎学力を定着させます。

- 教科書で扱われている文法事項の解説をしています。
- 新出単語を和訳・英訳ともに掲載しています。
- 重要文をもとにした基礎的な問題を解きます。

問題を解くペース
英語は問題を解く時間が足りなくなりやすい教科。普段の学習から解く時間を常に意識しよう!

「ナルホド!」で文法を復習
最初に取り組むときは必ず読もう!

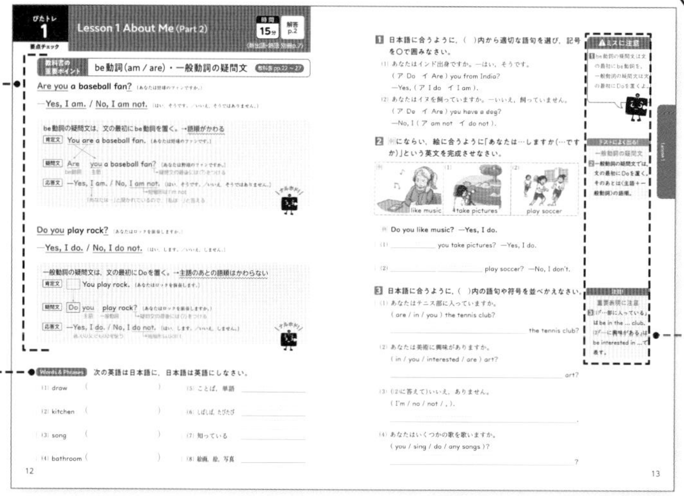

Words & Phrases
単語や熟語のチェックをしよう。
ここに載っている単語は必ず押さえよう!

注目!
ミスに注意
テストによく出る!
テストで狙われやすい，ミスしやすい箇所が一目でわかるよ!

学習メソッド

STEP0 学校の授業を受ける

STEP1 ぴたトレ1を解く
ナルホド!も読んで，基礎をおさらいしよう。

STEP2 解答解説で丸付け
間違えた問題にはチェックをつけて，
何度もやり直そう。

STEP3 別冊mini bookで確認
単語や基本文を
繰り返し読んで覚えよう。

STEP4 得点UPポイントを確認
「注目!」「ミスに注意!」「テストによく出る!」を確認してから，
ぴたトレ2に進もう。

時間のないときは「ナルホド」を読んでから，「注目!」「ミスに注意!」「テストによく出る!」を確認しよう!これだけで最低限のポイントが抑えられるよ!

ぴたトレ2 練習

より実践的な内容に取り組みます。
また，専用アプリを使ってスピーキングの練習をします。

- 教科書の文章を読み，内容をしっかり把握します。
- スピーキング問題を解いて，答え合わせをし，文章と解答を音声アプリに吹き込みます。
  （アプリは「おんトレ」で検索し，インストールしてご利用ください。ご利用に必要なコードはカバーの折り返しにあります）

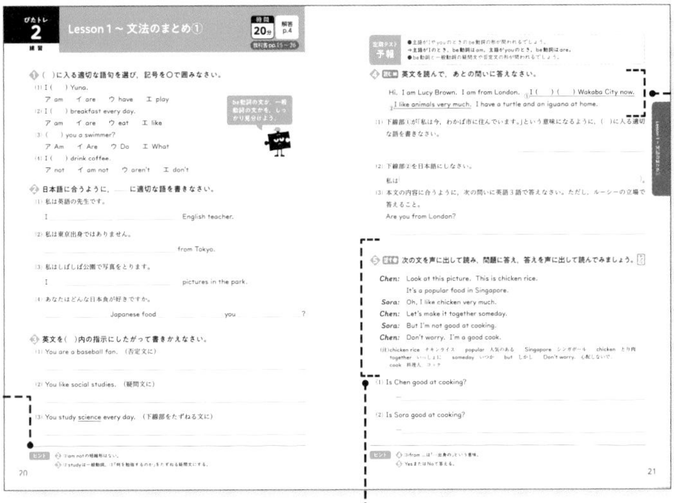

ぴたトレ 2 練習 Lesson 1 ～ 文法のまとめ① 時間 20分 解答 p.4

❶ (　)に入る適切な語句を選び，記号を○で囲みなさい。
(1) I (　) Yuna.
ア am　イ are　ウ have　エ play
(2) I (　) breakfast every day.
ア am　イ are　ウ eat　エ like
(3) (　) you a swimmer?
ア Am　イ Are　ウ Do　エ What
(4) I (　) drink coffee.
ア not　イ am not　ウ aren't　エ don't

❷ 日本語に合うように，＿＿に適切な語を書きなさい。
(1) 私は英語の先生です。
I ＿＿ ＿＿ English teacher.
(2) 私は東京出身ではありません。
＿＿ ＿＿ from Tokyo.
(3) 私はしばしば公園で写真をとります。
I ＿＿ ＿＿ pictures in the park.
(4) あなたはどんな日本食が好きですか。
＿＿ Japanese food ＿＿ you ＿＿?

❸ 英文を(　)内の指示にしたがって書きかえなさい。
(1) You are a baseball fan.（否定文に）
(2) You like social studies.（疑問文に）
(3) You study science every day.（下線部をたずねる文に）

20

定期テスト予報
●主語がIやyouのときのbe動詞の形が問われるでしょう。
⇒主語がIのとき，be動詞はam，主語がyouのとき，be動詞はare。
●be動詞と一般動詞の疑問文や否定文の形が問われるでしょう。

❹ 読む 英文を読んで，あとの問いに答えなさい。
Hi. I am Lucy Brown. I am from London. ①I (　) (　) Wakaba City now. ②I like animals very much. I have a turtle and an iguana at home.
(1) 下線部①が「私は今，わかば市に住んでいます。」という意味になるように，(　)に入る適切な語を書きなさい。
(2) 下線部②を日本語にしなさい。
私は（　　　）。
(3) 本文の内容に合うように，次の問いに英語3語で答えなさい。ただし，ルーシーの立場で答えること。
Are you from London?

❺ 話す 次の文を声に出して読み，問題に答え，答えを声に出して読んでみましょう。
Chen: Look at this picture. This is chicken rice.
It's a popular food in Singapore.
Sora: Oh, I like chicken very much.
Chen: Let's make it together someday.
Sora: But I'm not good at cooking.
Chen: Don't worry. I'm a good cook.
(注)chicken rice チキンライス　popular 人気のある　Singapore シンガポール　chicken とり肉　together いっしょに　someday いつか　but しかし　Don't worry. 心配しないで。　cook 料理人，コック
(1) Is Chen good at cooking?
(2) Is Sora good at cooking?

21

読む
教科書の本文と，対応する問題は，テスト本番でもよく狙われるよ。

ヒント
解答に迷ったときは，問題を解く手助けとなるヒントを読もう。

アプリ　アプリマークのある問題は，付属のアプリを使って，スピーキングに挑戦！テスト前に取り組むのがおすすめ。

スピーキングアプリの使い方　Google Play で手に入れよう　App Store からダウンロード

❶ アプリマークのある問題を解く。
❷ 答え合わせをする。
❸ アプリの指示に従って，読解文を1文ずつアプリに吹き込む。
❹ 質問文と，答え合わせをした解答の音声をアプリに吹き込む。
❺ 音声が適切か判定される。

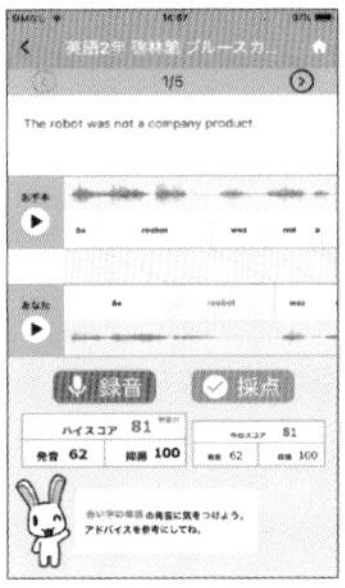

英語の音やアクセントを聞き分けたり，発音する基礎練習問題も一緒にやってみよう。

学習メソッド

STEP1 ぴたトレ2を解く

STEP2 解答・解説を見て答え合わせをする

STEP3 アプリを使って，スピーキング問題を解く

わからない単語や知らない単語があるときはお手本を聞いてまねしてみよう!

ター坊

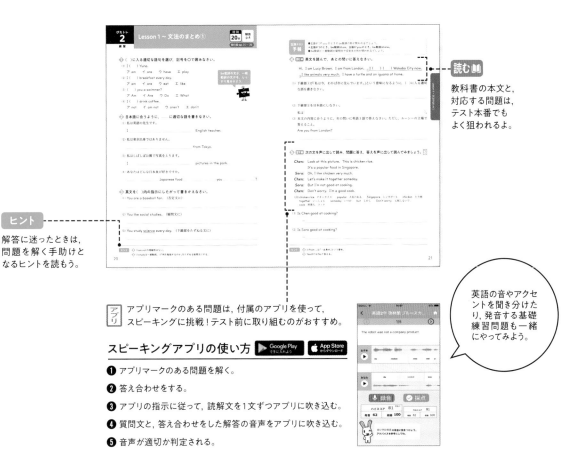

成績アップのための 学習メソッド

ぴたトレ3
確認テスト

テストで出題されやすい文法事項，教科書の内容をさらに深めるオリジナルの読解問題を掲載しています。

- 学習した文法や単語の入ったオリジナルの文章を載せています。
  初めて読む文章に対応することで，テスト本番に強くなります。
- 「よく出る」「差がつく」「点UP」で，重要問題が一目でわかります。

発音問題もチェック!

発音・アクセント問題も掲載!
何度も声に出して読んで発音を意識しよう。

オリジナル長文に挑戦!

ぴたトレ1や2で学習した文法を基にした長文が出題されるよ。
初めて見る文章にも強くなろう。

読む 書く 聞く 話す

4技能マークに注目!

4技能に対応!
このマークがついている問題は要チェック!

※「聞く」問題は，巻末のリスニングに掲載しています。

よく出る　差がつく　点UP

繰り返し練習しよう!

ポイントとなる問題は繰り返し練習して，テストでも解けるようにしよう!

学習メソッド

STEP1 ぴたトレ3を解く
テスト本番3日前になったら時間を計って解いてみよう。

STEP2 解答解説を読む
英作文には採点ポイントが示されているよ。
できなかった部分をもう一度見直そう。

STEP3 定期テスト予想問題を解く
巻末にあるテスト対策問題を解いて最後のおさらいをしよう。

STEP4 出題傾向を読んで，苦手な箇所をおさらいしよう
定期テスト予想問題の解答解説には出題傾向が載っているよ。
テストでねらわれやすい箇所をもう一度チェックしよう。

ぴたトレ3には「観点別評価」も示されてるよ!
これなら内申点も意識できるね!

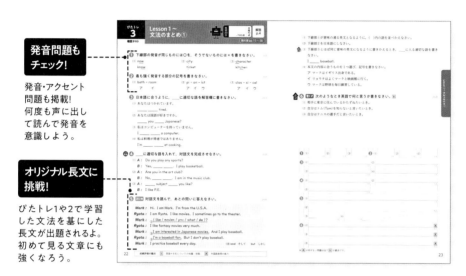

ピー助

定期テスト予想問題

定期テスト直前に解くことを意識した，全5回の実力テスト問題です。

- 長文問題を解くことを通して，解答にかかる時間のペースを意識しましょう。

定期テスト予想問題 1　Starter ～ 文法のまとめ①　解答 p.29

1 ユキが留学生のマークと話しています。対話文を読んで，あとの問いに答えなさい。

Yuki : Hi, I'm Tanaka Yuki. I live (①) Aoba city now.
Mark : Hi, Yuki. I am Mark Davis. I'm from the U.S.A. I live (①) Midori city.
Yuki : Do you play any sports?
Mark : (②), I play basketball. I'm in the basketball club. I sometimes play soccer. Do you like sports, Yuki?
Yuki : No, I don't. I like movies very much.
Mark : ③(movie / you / do / like / what)?
Yuki : I like fantasy movies. I watch movies at home. I don't go to theaters. Do you watch movies, Mark?
Mark : Yes, I do. I like animated movies.
Yuki : Do you know any Japanese songs?
Mark : Yes. I sometimes sing songs at home. ④(in / interested / I'm / music / J-pop).

2 ( )内から適切な語を選び，記号で答えなさい。
(1) I (ア am　イ are) fine.
(2) You (ア am　イ are) Hana.
(3) I sometimes (ア run　イ take) pictures.
(4) You (ア use　イ speak) a computer every day.
(5) I (ア clean　イ eat) the bathroom on Sunday.

3 ＿に適切な語を入れて，対話文を完成させなさい。

4 英文を( )内の指示にしたがって書きかえなさい。
(1) I'm from London.（否定文に）
(2) You are in the art club.（疑問文に）
(3) You practice judo every day.（疑問文に）
(4) I have a turtle at home.（下線部をiguanaに変えて）

5 日本語に合う英文になるように，( )内の語を並べかえなさい。
(1) 私は数学が得意です。（ math / am / I / at / good ）.
(2) 私は中国語を話しません。（ not / I / Chinese / do / speak ）.

観点別評価

本書では，
「言語や文化についての知識･技能」
「外国語表現の能力」
の2つの観点を取り上げ，成績に結び付くようにしています。

リスニング

文法ごとにその学年で扱われやすいリスニング問題を掲載しています。どこでも聞けるアプリに対応!

- リスニング問題はくりかえし聞いて，耳に慣れるようにしておきましょう。

※一部標準的な問題を出題している箇所があります（教科書非準拠）。
※リスニングには「ポケットリスニング」のアプリが必要です。
（使い方は表紙の裏をご確認ください。）

英作文

やや難易度の高い英作文や，表やグラフなどを見て必要な情報を英文で説明する問題を掲載しています。

- 学年末や，入試前の対策にぴったりです。
- 難しいと感じる場合は，解答解説の 英作力 UP を読んでから挑戦してみましょう。

［ ぴたトレが支持される3つの理由!! ］

1 35年以上続く超ロングセラー商品

昭和59年の発刊以降，教科書改訂にあわせて教材の質を高め，多くの中学生に使用されてきた実績があります。

2 教科書会社が制作する唯一の教科書準拠問題集

教科書会社の編集部が問題集を作成しているので，授業の進度にあわせた予習･復習にもぴったり対応しています。

3 日常学習～定期テスト対策まで完全サポート

部活などで忙しくても効率的に取り組むことで，テストの点数はもちろん，成績･内申点アップも期待できます。

ぴたトレ 1

要点チェック

Let's Start ① 学校での会話を聞こう

時間 15分　解答 p.1

〈新出語・熟語 別冊pp.6〜7〉

教科書 pp.8 〜 9

単語　右の日本語に合う英語を，それぞれの頭文字に続けて書きましょう。

□① a ＿＿＿＿〔芸術，美術〕　□② E ＿＿＿＿〔英語〕

□③ J ＿＿＿＿〔日本語，国語〕　□④ m ＿＿＿＿〔数学〕

□⑤ m ＿＿＿＿〔音楽〕　□⑥ P ＿＿＿＿〔体育〕

□⑦ s ＿＿＿＿〔科学，理科〕

□⑧ m ＿＿＿＿ ＿＿＿＿〔道徳〕

□⑨ s ＿＿＿＿ ＿＿＿＿〔社会科〕

□⑩ t ＿＿＿＿ ＿＿＿＿ ＿＿＿＿ ＿＿＿＿

〔技術・家庭〕

Let's Start ②
町での会話を聞こう

時間 15分　解答 p.1

〈新出語・熟語 別冊pp.6～7〉

教科書 pp.10 ～ 11

単語　右の日本語に合う英語を，それぞれの頭文字に続けて書きましょう。

□① h ＿＿＿＿〔病院〕　□② b ＿＿＿＿〔銀行〕

□③ s ＿＿＿＿〔スーパーマーケット〕　□④ s ＿＿＿＿〔駅〕

□⑤ h ＿＿＿＿〔ホテル〕　□⑥ r ＿＿＿＿〔レストラン〕

□⑦ b ＿＿＿＿〔本屋，書店〕　□⑧ p ＿＿＿＿〔公園〕

□⑨ p ＿＿＿＿ ＿＿＿＿〔警察署〕

□⑩ f ＿＿＿＿ ＿＿＿＿〔消防署〕

□⑪ p ＿＿＿＿ ＿＿＿＿〔郵便局〕

□⑫ c ＿＿＿＿ ＿＿＿＿〔コンビニエンスストア〕

□⑬ f ＿＿＿＿ ＿＿＿＿〔花屋〕

□⑭ c ＿＿＿＿ ＿＿＿＿〔喫茶店〕

□⑮ c ＿＿＿＿ ＿＿＿＿〔ケーキ店〕

□⑯ d ＿＿＿＿ ＿＿＿＿〔デパート〕

□⑰ g ＿＿＿＿ ＿＿＿＿〔ガソリンスタンド〕

□⑱ i ＿＿＿＿ ＿＿＿＿ ＿＿＿＿〔アイスクリーム店〕

Let's Start ③ アルファベットを読み書きしよう ④ 英語の文字が表す音を聞こう

時間 15分 解答 p.1

〈新出語・熟語 別冊pp.6～7〉

教科書 pp.12～15

アルファベット アルファベットの大文字を順番どおりに書きましょう。

単語 右の日本語に合う英語を，それぞれの頭文字に続けて書きましょう。

□① a	〔リンゴ〕	□② b	〔クマ〕
□③ c	〔ネコ〕	□④ d	〔イヌ〕
□⑤ i	〔インク〕	□⑥ j	〔ジャム〕
□⑦ k	〔王〕	□⑧ l	〔ライオン〕
□⑨ q	〔女王〕	□⑩ r	〔ウサギ〕
□⑪ s	〔太陽〕	□⑫ z	〔動物園〕
□⑬ e	〔卵〕	□⑭ f	〔カエル〕
□⑮ g	〔ギター〕	□⑯ h	〔(ふちのある)帽子〕
□⑰ m	〔地図〕	□⑱ o	〔タコ〕
□⑲ p	〔ブタ〕	□⑳ u	〔かさ〕
□㉑ v	〔バイオリン〕	□㉒ w	〔腕時計〕

Let's Start ⑤ 英語の文字が表す音に慣れよう

時間 15分　解答 p.1

〈新出語・熟語 別冊pp.6~7〉

教科書 pp.16 ~ 17

単語　右の日本語に合う英語を，それぞれの頭文字に続けて書きましょう。

□① f ________〔魚〕
□② b ________〔箱〕
□③ k ________〔かぎ〕
□④ t ________〔トラ〕
□⑤ t ________〔テーブル〕
□⑥ d ________〔ドラム〕
□⑦ q ________〔クイズ〕
□⑧ l ________〔レモネード〕
□⑨ g ________〔ゴリラ〕
□⑩ m ________〔マンゴー〕
□⑪ n ________〔9(の)〕
□⑫ b ________〔バナナ〕
□⑬ l ________〔レモン〕
□⑭ c ________〔色〕
□⑮ m ________〔メール〕
□⑯ b ________〔バッグ〕
□⑰ p ________〔ピンク〕
□⑱ m ________〔マグカップ〕
□⑲ h ________〔めんどり〕
□⑳ m ________〔モップ〕
□㉑ p ________〔ピン〕
□㉒ h ________〔暑い〕
□㉓ c ________〔ケーキ〕
□㉔ f ________〔5(の)〕
□㉕ c ________〔かわいい〕
□㉖ h ________〔家，家庭〕
□㉗ s ________〔6(の)〕
□㉘ c ________〔~を切る〕
□㉙ p ________〔ペット〕
□㉚ p ________〔ポット〕

Let's Start ⑥ 数字を聞いて使ってみよう

時間 15分 解答 p.1

〈新出語・熟語 別冊pp.6～7〉

教科書 pp.18～19

単語 右の日本語に合う英語を，それぞれの頭文字に続けて書きましょう。

□① z ________ 〔0(の)〕　□② o ________ 〔1(の)〕
□③ t ________ 〔2(の)〕　□④ t ________ 〔3(の)〕
□⑤ f ________ 〔4(の)〕　□⑥ f ________ 〔5(の)〕
□⑦ s ________ 〔6(の)〕　□⑧ s ________ 〔7(の)〕
□⑨ e ________ 〔8(の)〕　□⑩ n ________ 〔9(の)〕
□⑪ t ________ 〔10(の)〕　□⑫ e ________ 〔11(の)〕
□⑬ t ________ 〔12(の)〕　□⑭ t ________ 〔13(の)〕
□⑮ t ________ 〔20(の)〕　□⑯ t ________ 〔30(の)〕
□⑰ f ________ 〔1日〕　□⑱ s ________ 〔2日〕
□⑲ t ________ 〔3日〕　□⑳ f ________ 〔4日〕
□㉑ t ________ 〔20日〕　□㉒ t ________ 〔30日〕
□㉓ J ________ 〔1月〕　□㉔ A ________ 〔4月〕
□㉕ J ________ 〔7月〕　□㉖ S ________ 〔9月〕
□㉗ o ________ ________ 〔100(の)〕
□㉘ o ________ ________ 〔1,000(の)〕

Let's Start ⑦ 英語を聞いて使ってみよう

時間 15分 解答 p.2

〈新出語・熟語 別冊pp.6～7〉

教科書 pp.20 ～ 21

単語 右の日本語に合う英語を，それぞれの頭文字に続けて書きましょう。

□① s＿＿＿＿＿＿＿＿＿＿＿＿ 〔体育祭〕

□② s＿＿＿＿＿＿＿＿＿＿＿＿ 〔修学旅行〕

□③ f＿＿＿＿＿＿＿＿＿＿＿＿ 〔遠足，校外学習〕

□④ s＿＿＿＿＿＿＿＿＿＿＿＿ 〔水泳大会〕

□⑤ g＿＿＿＿＿＿＿＿＿＿＿＿ 〔卒業式〕

□⑥ b＿＿＿＿＿＿＿＿＿＿＿＿ 〔野球部〕

□⑦ t＿＿＿＿＿＿＿＿＿＿＿＿ 〔テニス部〕

□⑧ j＿＿＿＿＿＿＿＿＿＿＿＿ 〔柔道部〕

□⑨ d＿＿＿＿＿＿＿＿＿＿＿＿ 〔ダンス部〕

□⑩ s＿＿＿＿＿＿＿＿＿＿＿＿ 〔科学部〕

□⑪ n＿＿＿＿＿＿＿＿＿＿＿＿ 〔新聞部〕

□⑫ b＿＿＿＿＿＿＿＿＿＿＿＿ 〔吹奏楽部〕

□⑬ a＿＿＿＿＿＿＿＿＿＿＿＿ 〔美術部〕

□⑭ b＿＿＿＿＿＿＿＿＿＿＿＿ 〔バスケットボール部〕

□⑮ t＿＿＿＿＿＿＿＿＿＿＿＿＿＿＿＿＿＿＿＿＿＿＿＿

〔陸上部〕

ぴたトレ 1
要点チェック

Unit 1 英語で話そう(Part 1)

時間 15分 解答 p.2

〈新出語・熟語 別冊p.7〉

教科書の重要ポイント 「私は～です」の文

教科書 pp.22～23

I am Moana Bell. 〔私はモアナ・ベルです。〕

I'm from New Zealand. 〔私はニュージーランド出身です。〕

I'm good at singing. 〔私は歌うのが得意です。〕

私は　モアナ・ベル　です。

「私は」「～です」「モアナ・ベル」という語順になる

I　am　Moana Bell.

I　=　Moana Bell　「私」=「モアナ・ベル」

▼「私は～です。」 =I am ～.

・I amはI'mと短縮することもできる。

▼ I'm from ～.は「私は～から来ました。」と出身を言うときに使う。

▼ I'm good at ～.は「私は～が得意です。」と得意なことを言うときに使う。

Words & Phrases 次の英語は日本語に，日本語は英語にしなさい。

□(1) morning (　　　　　　)

□(2) everyone (　　　　　　)

□(3) hi (　　　　　　)

□(4) from (　　　　　　)

□(5) 歌う ＿＿＿＿＿＿

□(6) よい ＿＿＿＿＿＿

□(7) 泳ぐ ＿＿＿＿＿＿

□(8) ダンスをする ＿＿＿＿＿＿

1 **日本語に合うように，(　)内から適切なものを選び，記号を○で囲みなさい。**

□(1) 私は藤原ユリです。

I (ア am　イ are) Fujiwara Yuri.

□(2) 私はスペイン出身です。

I'm (ア at　イ from) Spain.

□(3) 私はバスケットボールをするのが得意です。

I'm good (ア at　イ from) basketball.

テストによく出る!

be動詞の形

「私は～です」と言うとき，be動詞はamを使う。

2 **絵を見て例にならい，「私は～です」という文を完成させなさい。**

例 **I am Masaki.**

□(1) ________________ Sayaka.

□(2) ________________ ________________ Takashi.

□(3) ________________ ________________ Egypt.

注目!

I amの短縮形

I am の短縮形はI'm。

3 **日本語に合うように，(　)内の語句を並べかえなさい。**

□(1) 私はサトウアキラです。

(Sato Akira / am / I).

____.

□(2) 私はオーストラリア出身です。

(from / Australia / I'm).

____.

□(3) 私は英語が得意です。

(English / I'm / at / good).

____.

Unit 1

Unit 1 英語で話そう(Part 2)

時間 15分　解答 p.2

〈新出語・熟語 別冊p.7〉

教科書の重要ポイント　「あなたは～です」の文

教科書 pp.24～25

<u>You are</u> a rugby fan.〔あなたはラグビーファンです。〕

▼「あなたは～です。」＝You are[You're] ～.

・You areはYou'reと短縮することができる。

Are you a rugby fan?〔あなたはラグビーファンですか。〕

Yes, <u>I am</u>. [No, <u>I am not</u>.]〔はい，そうです。[いいえ，ちがいます。]〕

肯定文　You are a rugby fan.

areをyouの前に出す

疑問文　Are you a rugby fan?

答え方　Yes, I am. [No, I am not.]　amのあとにnotを置く

・I am notはI'm notと短縮することができる。

Words & Phrases　次の英語は日本語に，日本語は英語にしなさい。

□(1) movie　(　　　　　　)

□(2) volleyball　(　　　　　　)

□(3) ファン　＿＿＿＿＿＿

□(4) メンバー　＿＿＿＿＿＿

1 絵を見て例にならい，「あなたは～ですか」という文を完成させなさい。

例 **Are you a tennis fan?**

□(1) ＿＿＿＿＿＿ you a golf fan?

□(2) ＿＿＿＿＿＿ ＿＿＿＿＿＿ a badminton fan?

文の書き方

時間 15分　解答 p.2

教科書の重要ポイント　文の書き方

教科書 pp.26 ~ 27

Hi, I'm Moana Bell.
(①H ②I ③M ⑤.)

Are you a rugby fan?
(④ 単語の間 ⑤?)

▼ 英文を書くときのルール

① 文のはじめは大文字で書く。
② I (＝私は)は文の途中でも大文字で書く。
③ 人の名前，地名などの固有名詞のはじめは大文字で書く。
④ 単語と単語の間は１文字分くらいあける。
⑤ 平叙文の終わりにはピリオド(.)を，疑問文の終わりにはクエスチョンマーク(?)を書く。

1 次の英語を四線に書きなさい。

□(1) February

□(2) Wednesday

□(3) Chinese

2 次の英語を四線に書きなさい。

□(1) I'm from China.

□(2) Are you from New York? —No, I'm not.

□(3) I'm good at singing.

Unit 1 ～ 文の書き方

時間 20分　解答 p.2

教科書 pp.22 ～ 27

1 正しいものを２つの中から選び，記号に○をつけなさい。

□(1) I (　　) Shibata Marina.

ア am　　イ are

□(2) (　　) you a member of the cooking club?

ア Am　　イ Are

□(3) I'm a member (　　) the badminton team.

ア from　　イ of

2 日本語に合うように，正しいものを４つの中から選び，記号に○をつけなさい。

□(1) 私は水泳が得意です。

I'm good (　　) swimming.

ア at　イ from　ウ in　エ of

□(2) 私はイギリス出身です。

I'm (　　) the UK.

ア at　イ from　ウ in　エ of

□(3) あなたは卓球のファンですか。―はい，そうです。

Are you a table tennis fan? ―Yes, (　　).

ア I am　イ I'm not　ウ you are　エ you are not

3 日本語に合うように，(　)内の語を並べかえなさい。

□(1) 私は中国語が得意です。

(Chinese / I'm / at / good).

______________________________.

□(2) あなたは野球部の一員ですか。

(of / team / baseball / member / the / are / you / a)?

______________________________?

4 書く 次の日本語を英語にしなさい。

□(1) おはようございます。

____

ヒント　4 (3)「歌手」singer

定期テスト 予報
●主語に合わせてどのbe動詞を使うかが問われるでしょう。
⇒主語がIならbe動詞はamを，youならareを使いましょう。
● 平叙文と疑問文の語順が問われるでしょう。
⇒ 平叙文は<主語＋be動詞～.>，疑問文は< be動詞＋主語～?>の語順になります。

□(2) 私は理科が得意です。

□(3) あなたはよい歌手ですか。

5 読む 次の会話文を読んで，あとの問いに答えなさい。

Ms. Bell : Are you a rugby fan?
Sora : No, (①). I'm a soccer fan.
Ms. Bell : Oh, ②(あなたはサッカーのファンです). Are you a good player?
Sora : Yes, I am. ③I'm a member of the soccer team.

□(1) (①)に入る適切な語句を書きなさい。 ①

□(2) 下線部②の( )内の日本語を英語にしなさい。

□(3) 下線部③の英語を日本語にしなさい。
( )

6 読む 次の自己紹介文を読み，David Brownになったつもりであとの問いに答えなさい。

Hi, I'm David Brown. I'm from New Zealand. I'm good at math. I'm a member of the handball team.

□(1) Are you from New Zealand?
—

□(2) Are you a member of the soccer team?
—

ヒント 6 David Brownとして，Are you ～?とたずねられているので，Iを使って答える。

3

確認テスト

Unit 1 〜
文の書き方

時間
30分　／100点

合格
70点

解答
p.3

教科書 pp.22 〜 27

❶ 下線部の発音が同じものには〇を，そうでないものには×を，解答欄に書きなさい。 6点

(1) f<u>a</u>n
d<u>a</u>nce

(2) h<u>i</u>
sw<u>i</u>m

(3) F<u>e</u>bruary
Chin<u>e</u>se

❷ 最も強く発音する部分の記号を解答欄に書きなさい。 6点

(1) morn – ing
　　ア　　イ

(2) vol – ley – ball
　　ア　　イ　　ウ

(3) ev – ery – one
　　ア　　イ　　ウ

❸ 日本語に合うように，＿＿＿に入る適切な語を書きなさい。 18点

(1) 私はイタリア出身です。

I'm ＿＿＿＿＿ Italy.

(2) あなたは野球ファンです。

You ＿＿＿＿＿ a baseball fan.

よく出る (3) あなたはコンピューター部の一員ですか。—はい，そうです。

Are you a member of the computer club? —Yes, ＿＿＿＿＿ ＿＿＿＿＿.

❹ 日本語に合うように，（ ）内の語句を並べかえなさい。 18点

(1) 私はテニスが得意です。

(at / good / tennis / I'm).

(2) あなたはバレーボールのファンです。

(are / you / a volleyball fan).

(3) あなたはスポーツファンですか。

(a / you / sports fan / are)?

❺ 読む 次の会話文を読んで，あとの問いに答えなさい。 28点

Ken : Hi, I'm Kawata Ken.

Jane : Hi, I'm Jane White. I'm (①) Canada. ②I'm a member of the basketball team.

Ken : Wow. ③(＿＿＿＿)(＿＿＿＿) a good player?

Jane : Yes, I am.

Ken : I'm a member of the science club. ④(私は理科が得意です。)

成績評価の観点　知…言語や文化についての知識・技能　表…外国語表現の能力

(1) (①)に入る適切なものを1つ選び，記号を書きなさい。

ア from　　イ of

(2) 下線部②の英語を日本語にしなさい。

差がつく (3) 下線部③の(　)内に適切な語を入れて，文を完成させなさい。

(4) 下線部④の(　)内の日本語を英語にしなさい。

点UP ❻ 書く! 次のようなとき英語で何と言うか，(　)内の語数で解答欄に書きなさい。表

24点

(1) 私はバドミントンのファンだと言うとき。(4語)

(2) 相手が演劇部の一員かたずねるとき。(8語)

(3) (2)に「いいえ」と答えて，演劇部ではなくバレーボール部の一員だと伝えるとき。(10語)

❶	(1) 2点	(2) 2点	(3) 2点		
❷	(1) 2点	(2) 2点	(3) 2点		
❸	(1) 6点	(2) 6点	(3) 6点		
❹	(1) . 6点	(2) . 6点	(3) ? 6点		
❺	(1) 4点	(2) 8点	(3) 8点	(4) 8点	
❻	(1) 表 8点	(2) 表 8点	(3) 表 8点		

▶ 表 の印がない問題は全て 知 の観点です。

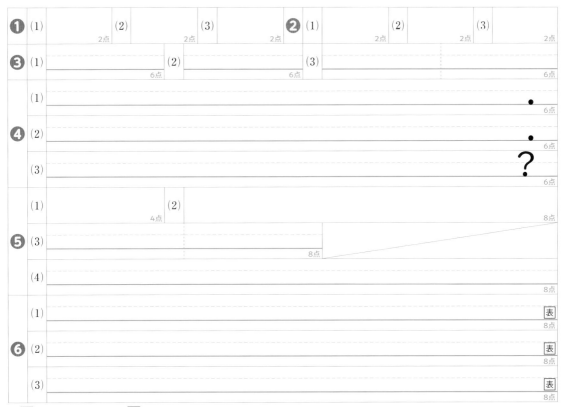

Unit 2 学校で（Part 1）

時間 15分　解答 p.4

〈新出語・熟語 別冊p.8〉

教科書の重要ポイント　「これは～です」の文

教科書 pp.28 ～ 29

This is a lollipop. 〔これは棒つきキャンディーです。〕

近くにあるものを指す

That is a lollipop. 〔あれは棒つきキャンディーです。〕

離(はな)れたところにあるものを指す

▼「これは～です。」= This is ～.

▼「あれは～です。」= That is ～.

・That isはThat'sと短縮することができる。

Is this a lollipop? 〔これは棒つきキャンディーですか。〕

Yes, it is. [No, it is not. It is a pen.] 〔はい，そうです。［いいえ，ちがいます。それはペンです。］〕

肯定文　This is a lollipop.

（isをthisの前に出す）

疑問文　Is this a lollipop?

答え方　Yes, it is.

No, it is not. It is a pen.

（答えるときはitを使う）

（isのあとにnotを置く）

Words & Phrases　次の英語は日本語に，日本語は英語にしなさい。

□(1) cute （　　　　）

□(2) cool （　　　　）

□(3) glasses （　　　　）

□(4) book （　　　　）

□(5) バナナ ＿＿＿＿

□(6) ノート ＿＿＿＿

□(7) ケース，入れ物 ＿＿＿＿

□(8) えんぴつ ＿＿＿＿

1 日本語に合うように，（　）内から適切なものを選び，記号を○で囲みなさい。

□(1) これはキツネです。
（ア This　イ That）is a fox.

□(2) あれは銀行です。
That（ア is　イ are）a bank.

□(3) これはかさですか。―はい，そうです。
Is this an umbrella? ―Yes,（ア that　イ it）is.

注目!
itの使い方
すでに話題に出てきたものは，itを使って説明する。

2 絵を見て[例]にならい，「これ[あれ]は～ですか」という文を完成させなさい。

[例] **Is this a dog?**

□(1) ＿＿＿＿ that a notebook?

□(2) ＿＿＿＿ ＿＿＿＿ a hat?

□(3) ＿＿＿＿ ＿＿＿＿ a ＿＿＿＿?

テストによく出る!
thisとthatの使い分け
近くにあるものを指すときはthis，離(はな)れたところにあるものを指すときはthatを使います。

3 日本語に合うように，（　）内の語句を並べかえなさい。

□(1) これは博物館ですか。
（a museum / this / is）?
＿＿＿＿＿＿＿＿＿＿＿＿＿＿?

□(2) いいえ，ちがいます。それは動物園です。((1)に答えて)
No, it isn't.（a zoo / is / it）.
No, it isn't.
＿＿＿＿＿＿＿＿＿＿＿＿＿＿.

Unit 2 学校で(Part 2)

時間 15分　解答 p.4

〈新出語・熟語 別冊p.8〉

教科書の重要ポイント　「これは何ですか」の文

教科書 pp.30 ~ 31

What is this? 〔これは何ですか。〕

It is a cleaner. 〔それはクリーナーです。〕

肯定文　This is a cleaner.

疑問文　Is this a cleaner?

たずねたいもの→what「何」に置きかえる

What is this?

答え方　It is a cleaner.

答えるときはitを使う

▼ What isはWhat'sと短縮することができる。

Words & Phrases　次の英語は日本語に，日本語は英語にしなさい。

□(1) really　(　　　　　)

□(2) for　(　　　　　)

□(3) tool　(　　　　　)

□(4) lunch　(　　　　　)

□(5) and　(　　　　　)

□(6) 教室　＿＿＿＿＿

□(7) チョコレート　＿＿＿＿＿

□(8) 黒い　＿＿＿＿＿

□(9) 先生　＿＿＿＿＿

□(10) 動物　＿＿＿＿＿

1 日本語に合うように，(　)内から適切なものを選び，記号を○で囲みなさい。

□(1) あれは何ですか。

(ア That's　イ What's) that?

□(2) あれはデザート用の皿です。

That is a dish (ア at　イ for) dessert.

□(3) これは卵です。

This is (ア a　イ an) egg.

⚠ミスに注意

母音で始まる名詞の前には，aではなくanを使うよ。

2 絵を見て 例 にならい，「これ[あれ]は何ですか。—それは～です。」という文を完成させなさい。

例 **What's this? — It's an eraser.**

□(1) ＿＿＿＿ ＿＿＿＿ ? —It's a pencil.

□(2) What's that? — ＿＿＿＿ ＿＿＿＿ bookstore.

□(3) ＿＿＿＿ ＿＿＿＿ ?

— ＿＿＿＿ ＿＿＿＿ apple.

3 日本語に合うように，(　)内の語句を並べかえなさい。

□(1) これは何ですか。

(this / what / is)?

＿＿＿＿＿＿＿＿＿＿＿＿＿＿＿＿ ?

□(2) それはそのネコのためのベッドです。((1)に答えて)

(the cat / for / it's / a bed).

＿＿＿＿＿＿＿＿＿＿＿＿＿＿＿＿ .

テストによく出る!

疑問詞what

whatを使って「これは[あれは]何ですか。」とたずねるときは，whatを文の最初に置いて使います。

Unit 2 学校で(Part 3)

時間 15分　解答 p.5

〈新出語・熟語 別冊p.8〉

教科書の重要ポイント 「彼[彼女]は～です」の文

教科書 pp.32～33

This is Kento. He is my cousin. 〔こちらはケントです。彼は私のいとこです。〕

This is Emily. She is my friend. 〔こちらはエミリーです。彼女は私の友だちです。〕

This is Kento. He is my cousin.
男性 → be動詞はisを使う

This is Emily. She is my cousin.
女性 → be動詞はisを使う

▼ he, sheはすでに話題に出てきた人を指すときに使う。
▼ 男性にはheを，女性にはsheを使う。
▼ he isはhe's, she isはshe'sと短縮することができる。

Words & Phrases 次の英語は日本語に，日本語は英語にしなさい。

□(1) brother (　　　　)
□(2) grandfather (　　　　)
□(3) meet (　　　　)
□(4) nice (　　　　)
□(5) 母
□(6) 祖母
□(7) (～も)また
□(8) 姉妹

1 日本語に合うように，(　)内から適切なものを選び，記号を○で囲みなさい。

□(1) あちらは佐々木先生です。彼は私の英語の先生です。
That is Mr. Sasaki. He (ア is　イ are) my English teacher.

□(2) こちらはカオリです。彼女は私の姉です。
This is Kaori. (ア He　イ She) is my sister.

□(3) こちらこそはじめまして。
Nice to meet you, (ア to　イ too).

注目!
heとsheの使い分け
男性にはheを，女性にはsheを使う。

2 絵を見て例にならい，「こちら[あちら]は～です／彼[彼女]は～です」という文を完成させなさい。

例 **This is Ann. She's my friend.**

□(1) That is Jun. ________ my brother.

□(2) ________ ________ Mr. Makita.
________ my teacher.

□(3) ________ ________ Ms. Nozaki.
________ ________ ________ .

テストによく出る!
短縮形
She isはShe's，He isはHe'sと短縮することができる。空所の数に応じて短縮形を使う。

3 日本語に合うように，(　)内の語を並べかえなさい。

□(1) 彼は私の友だちです。 (friend / my / he / is).
________________________________ .

□(2) はじめまして。 (you / to / meet / nice).
________________________________ .

ぴたトレ 1 要点チェック

Let's Talk 1 時刻

時間 15分　解答 p.5

〈新出語・熟語 別冊p.8〉

教科書の重要ポイント　時刻をたずねたり答えたりする文

教科書p.34

What time is it? 〔何時ですか。〕

時間をたずねるときに使用する。

What time is it now?　「今何時ですか。」

It's 1:00 a.m. 〔午前1時です。〕

「It isの短縮形」

▼「～時です。」= It's ～.

～には時間が入る　【a.m.= 午前　p.m.= 午後】

時間を答えるときに使用する。

Words & Phrases　次の英語は日本語に，日本語は英語にしなさい。

□(1) how (　　　　　　)　　□(4) 眠い ＿＿＿＿＿＿

□(2) but (　　　　　　)　　□(5) 時間 ＿＿＿＿＿＿

□(3) now (　　　　　　)　　□(6) すまないと思って ＿＿＿＿＿＿

1 時間をたずねて，それに答える文を完成させなさい。

□(1) What time ＿＿＿＿ ＿＿＿＿ in New York?

—It's 1:00 a.m.

□(2) ＿＿＿＿ ＿＿＿＿ is it in Ottawa?

—＿＿＿＿ 3:00 p.m.

2 日本語に合うように，(　)内の語を並べかえなさい。

□(1) 今何時ですか。

(time / now / it / what / is)?

＿＿＿＿＿＿＿＿＿＿＿＿＿＿ ?

□(2) カナダでは午前6時です。

(6:00 / it / a.m. / is) in Canada.

＿＿＿＿＿＿＿＿＿＿＿＿ in Canada.

Targetのまとめ①

時間 15分　解答 p.5

教科書の重要ポイント　be動詞

教科書p.35

I am Sara. 〔私はサラです。〕

You are Emily. 〔あなたはエミリーです。〕

He is Chen. 〔彼はチェンです。〕

This is a pencil case. 〔これは筆箱です。〕

▼ be動詞は主語によって形が変わる。

主語	be動詞	短縮形
I	am	I'm
you	are	you're
he / she	is	he's / she's
this / that / it	is	that's / it's

否定文

She is not thirteen years old. 〔彼女は13歳ではありません。〕

▼「～ではありません」という否定文はbe動詞のあとにnotを置く。
▼ are notはaren't, is notはisn'tと短縮することができる。

疑問文

Are you a junior high school student? —Yes, I am. [No, I am not[I'm not]].

〔あなたは中学生ですか。—はい，そうです[いいえ，ちがいます]。〕

肯定文　You are a junior high school student.

be動詞を主語の前に出す

疑問文　Are you a junior high school student?

1 日本語に合うように，(　)内から適切なものを選び，記号を○で囲みなさい。

□(1) あなたはよいダンサーです。
　You (ア am　イ are) a good dancer.

□(2) これは時計ではありません。
　This (ア is not　イ not is) a clock.

□(3) 彼はあなたの父親ですか。
　(ア He is　イ Is he) your father?

Unit 2 ～ Targetのまとめ①

時間 20分　解答 p.5

教科書 pp.28 ～ 35

1 正しいものを2つの中から選び，記号に○をつけなさい。

(1) What's this? — (　　) a map.

ア It's　　イ That's

(2) That's (　　) racket.

ア a　　イ an

(3) It's 8 a.m. (　　) Greece.

ア for　　イ in

2 日本語に合うように，正しいものを4つの中から選び，記号に○をつけなさい。

(1) あれはデパートですか。—いいえ，ちがいます。それはスーパーマーケットです。

Is that a department store? —No, (　　). It's a supermarket.

ア I'm not　イ it is　ウ it isn't　エ this is

(2) タクマは野球ファンです。彼は野球チームの一員です。

Takuma is a baseball fan. (　　) a member of a baseball team.

ア I'm　イ You're　ウ He's　エ She's

(3) 私は眠いです。

(　　) sleepy.

ア I　イ I'm　ウ You　エ You're

3 書く 次の日本語を英語にしなさい。

(1) あれは何ですか。

(2) 郵便局です。((1)に答えて)

(3) こちらは川崎先生(Ms. Kawasaki)です。

ヒント　1 (3)「ギリシャで」という意味になるようにする。　3 (2)「郵便局」post office

定期テスト予報
●身の回りのものについて説明したり，人を紹介するときの言い方が問われるでしょう。
⇒近くにあるか，離(はな)れたところにあるかでthisとthatのどちらを使うか判断しましょう。
●すでに話題に出てきた人を指すときの言い方が問われるでしょう。
⇒男性か女性かで，heとsheのどちらを使うか判断しましょう。

4 読む 次の会話文を読んで，あとの問いに答えなさい。

Aoi : Emily, ①( ) Kento. (②) my cousin. Kento, ①( ) Emily. She's my friend. She's from the USA.

Emily : Nice to meet you, Kento.

Kento : ③Nice to meet you, ( ), Emily.

Aoi : Emily, he's a good dancer. Kento, she's good at dancing, too.

□(1) 下線部①が「こちらはケントです」，「こちらはエミリーです」という意味になるように，( )に入る適切な語句を書きなさい。

① ________ ________

□(2) (②)に入る適切な語を書きなさい。 ② ________

□(3) 下線部③が「こちらこそはじめまして」という意味になるように，( )に入る適切な語を書きなさい。

③ ________

5 読む 次の会話文を読んで，あとの問いに答えなさい。

Bill : What's that?

Nanami : It's a soba restaurant.

Bill : What is soba?

Nanami : Noodles.

Bill : Wow. That's cool. ①(今何時ですか。)

Nanami : It's 1:00 p.m.

Bill : It's a good time for lunch.

□(1) 下線部①の( )内の日本語を英語にしなさい。

____

□(2) ビルはこれから何をしたいと考えていると思われますか。( )内から適切なものを選び，下の文を完成させなさい。

(ア 昼食 イ 夕食)にそばを食べたいと考えている。

ヒント 5 (2)noodles「めん」

Unit 2 ～ Targetのまとめ①

時間30分　／100点　合格70点　解答p.6

教科書 pp.28 ～ 35

1 下線部の発音が同じものには○を，そうでないものには×を，解答欄に書きなさい。 6点

(1) sister
time

(2) mother
notebook

(3) room
tool

2 最も強く発音する部分の記号を解答欄に書きなさい。 6点

(1) e - ras - er
ア イ ウ

(2) choc - o - late
ア イ ウ

(3) ba - nan - a
ア イ ウ

よく出る **3** 日本語に合うように，____に入る適切な語を書きなさい。 12点

(1) これは本当にかわいいです。
This is ______ cute.

(2) これは何ですか。―それは私の消しゴムです。
What's this? ―It's ______ eraser.

(3) これはそのペン用のインクです。
This is ink ______ the pen.

差がつく **4** (　)内の指示に従って，英文を書きかえなさい。 15点

(1) That is a stadium. (否定文に)

(2) This is a TV. (下線部をたずねる疑問文に)

(3) You are an artist. (主語をsheに変えて)

5 日本語に合うように，(　)内の語を並べかえなさい。 15点

(1) それは自己防衛用の道具です。
(tool / a / self-defense / it's / for).

(2) あれは何ですか。
(that / is / what)?

(3) 今何時ですか。
(it / now / is / time / what)?

6 読む 次の会話文を読んで，あとの問いに答えなさい。 25点

Yusuke : Emma, this is Yurina. (①) my sister. Yurina, this is Emma.
(①) my friend.

Emma : ②Nice to meet you, Yurina.

成績評価の観点　知…言語や文化についての知識・技能　表…外国語表現の能力

***Yurina*:** Nice to meet you too, Emma.

***Emma*:** ③(これはギターですか?)

***Yurina*:** No, it isn't. It's a bass guitar. I'm a member of a popular music band.

***Emma*:** Wow. That's cool.

(1) (①)に入る適切な語を書きなさい。

(2) 下線部②の英語を日本語にしなさい。

(3) 下線部③の( )内の日本語を英語にしなさい。

点UP **❼** 書く 次のようなとき英語で何と言うか，( )内の語数で解答欄に書きなさい。表 21点

(1)「お元気ですか。」とあいさつするとき。(3語)

(2) 近くにあるものがコンピューターかたずねるとき。(4語)

(3) スティーブにいとこのサエを紹介(しょうかい)するとき。(「スティーブ，こちらがサエです。」という文に続けて，3語)

Steve, this is Sae. ______________________

❶	(1)	2点	(2)	2点	(3)	2点	❷	(1)	2点	(2)	2点	(3) 2点
❸	(1)	4点	(2)	4点	(3)	4点						
❹	(1)	5点										
	(2)	5点										
	(3)	5点										
❺	(1)	. 5点										
	(2)	? 5点										
	(3)	? 5点										
❻	(1)	7点	(2)	9点								
	(3)	9点										
❼	(1)	表 7点										
	(2)	表 7点										
	(3)	表 7点										

▶ 表 の印がない問題は全て 知 の観点です。

ぴたトレ 1 要点チェック

Unit 3 海外からの転校生(Part 1)

時間 15分 解答 p.7

〈新出語・熟語 別冊p.9〉

教科書の重要ポイント 「私は～します」の文

教科書 pp.36～37

I like badminton. 〔私はバドミントンが好きです。〕

私は　バドミントン　が好きです。

「私は」「～が好きである」「バドミントン」という語順になる

I　like　badminton.

主語＋動詞　＋　目的語　という語順になる

▼be動詞と一般(いっぱん)動詞

・be動詞は「AはBです」と，前後をイコールで結ぶ働きを持つ動詞。am，are，isなど。

・一般動詞は「～する」「～が好きである」「～を持っている」などの具体的な動作や状態を表す動詞。likeは一般動詞。

Words & Phrases 次の英語は日本語に，日本語は英語にしなさい。

□(1) leave (　　　　)
□(2) popular (　　　　)
□(3) go (　　　　)
□(4) get up (　　　　)
□(5) Call me ～. (　　　　)
□(6) 名前 ＿＿＿＿
□(7) (～を)勉強する ＿＿＿＿
□(8) とても ＿＿＿＿
□(9) 夕食 ＿＿＿＿
□(10) ～を楽しむ ＿＿＿＿

1 日本語に合うように，(　)内から適切なものを選び，記号を○で囲みなさい。

□(1) 私はロンが好きです。
　I (ア am　イ like) Ron.

□(2) 私は昼食後にバスケットボールをします。
　I (ア basketball play　イ play basketball) after lunch.

□(3) 私は11時に寝ます。
　I (ア go bed　イ go to bed) at eleven.

□(4) 私はカレーライスが好きです。あなたはどうですか。
　I like curry and rice. How (ア about　イ for) you?

テストによく出る!

一般動詞の文

「私は～します」と言うときは，〈主語＋一般動詞＋目的語〉という語順にする。

2 絵を見て例にならい，「私は～します」という文を完成させなさい。

例 **I like ice cream.**

□(1) I ____________ math.

□(2) ____________ ____________ soccer.

□(3) ____________ ____________ breakfast ____________ seven.

注目!

時を表す前置詞at

「～時に」という意味を表したいときは，atを使う。

3 日本語に合うように，(　)内の語を並べかえなさい。

□(1) 私の名前はアキです。
　(name / Aki / my / is).
　____.

□(2) 私は放課後ピアノをひきます。
　(play / after / I / the / piano) school.
　____ school.

□(3) 野球は日本で人気のあるスポーツです。
　(sport / is / popular / in / baseball / a) Japan.
　____ Japan.

注目!

形容詞の位置

形容詞で名詞を修飾するとき，ふつうは形容詞を名詞の前に置く。

ぴたトレ 1
要点チェック

Unit 3 海外からの転校生 (Part 2)

時間 15分　解答 p.7

〈新出語・熟語 別冊p.9〉

教科書の重要ポイント

「あなたは～しますか」「私は～しません」の文

教科書 pp.38～39

Do you like Japanese food? 〔あなたは日本食が好きですか。〕

—Yes, I do. [No, I do not.] 〔はい，好きです。[いいえ，好きではありません。]〕

肯定文　I like Japanese food.
文の始めにdoを置く

疑問文　Do you like Japanese food?
〈Do＋主語＋一般動詞～?〉

答え方　Yes, I do.
No, I do not.　doのあとにnotを置く

・do notはdon'tと短縮することができる。

I do not like Japanese food. 〔私は日本食が好きではありません。〕

肯定文　I like Japanese food.
一般動詞の前にdo notを置く

否定文　I do not like Japanese food.
〈主語＋do not＋一般動詞～.〉

Words & Phrases　次の英語は日本語に，日本語は英語にしなさい。

□(1) summer (　　　　　　)
□(2) winter (　　　　　　)
□(3) onion (　　　　　　)
□(4) food (　　　　　　)
□(5) トマト ＿＿＿＿＿＿
□(6) ～を飼っている ＿＿＿＿＿＿
□(7) ミルク ＿＿＿＿＿＿
□(8) ペット ＿＿＿＿＿＿

1 日本語に合うように，（　）内から適切なものを選び，記号を○で囲みなさい。

□(1) あなたは夕食のあとに皿を洗いますか。—はい，洗います。
（ア Are　イ Do）you wash the dishes after dinner?
—Yes, I（ウ am　エ do）.

□(2) 私はフルートを演奏しません。
I（ア am not　イ don't）play the flute.

□(3) 私はウサギを飼っています。
I（ア have　イ like）a rabbit.

⚠ミスに注意

一般動詞の疑問文や否定文ではbe動詞は使わないよ。

2 絵を見て例にならい，「あなたは～しますか」という文を完成させなさい。

例 **Do you eat breakfast?**

□(1) ＿＿＿＿＿ you play golf?

□(2) ＿＿＿＿＿ ＿＿＿＿＿ drink coffee?

□(3) ＿＿＿＿＿ ＿＿＿＿＿ ＿＿＿＿＿ a cat?

3 日本語に合うように，（　）内の語を並べかえなさい。

□(1) あなたは夕食のあとにテレビを見ますか。
（after / you / TV / do / watch）dinner?
＿＿＿＿＿＿＿＿＿＿＿＿＿＿＿＿＿＿＿＿ dinner?

□(2) 私はサッカーが好きです。
—私もです。バスケットボールはどうですか？
I like soccer. —I like it, too.（basketball / about / how）?
I like soccer. —I like it, too. ＿＿＿＿＿＿＿＿＿＿＿＿?

□(3) 私は自転車に乗りません。
（don't / bicycles / ride / I）.
＿＿＿＿＿＿＿＿＿＿＿＿＿＿＿＿＿＿＿＿＿＿.

テストによく出る!

一般動詞の疑問文

「あなたは～しますか。」とたずねるときは，〈Do＋主語＋一般動詞～?〉という語順にする。

Unit 3 海外からの転校生（Part 3）

時間 15分　解答 p.7

〈新出語・熟語 別冊p.9〉

教科書の重要ポイント　「～しなさい」の文

教科書 pp.40～41

Look at this picture. 〔この写真を見て。〕

肯定文　You look at this picture.

主語を入れず，動詞で文を始める

命令文　Look at this picture.

▼「～しなさい」と言うときは動詞の原形（元の形）で文を始める。

Don't look at this picture. 〔この写真を見ないで。〕

肯定の命令文　Look at this picture.

動詞の前にDon'tを置く

否定の命令文　Don't look at this picture.

▼「～しないで（ください）」と言うときは〈Don't＋動詞の原形〉で文を始める。

Words & Phrases　次の英語は日本語に，日本語は英語にしなさい。

□(1) together（　　　　　）
□(2) window（　　　　　）
□(3) wash（　　　　　）
□(4) take off ～（　　　　　）
□(5) ～を作る ＿＿＿＿＿
□(6) ～を開ける ＿＿＿＿＿
□(7) ここに ＿＿＿＿＿
□(8) 米 ＿＿＿＿＿

1 日本語に合うように，(　)内から適切なものを選び，記号を○で囲みなさい。

□(1) 足元に気をつけて。
(ア Watch　イ Do you watch) your step.

□(2) ここで写真をとらないでください。
(ア Don't　イ Not) take pictures here.

□(3) ピザを作りましょう。
(ア Make　イ Let's make) pizza.

注目!
Let's ～.
相手と自分で「いっしょに～しましょう。」と誘うときは，Let's ～.を使います。

2 絵を見て例にならい，「～しなさい」という文を完成させなさい。

例 **Study English.**

□(1) ＿＿＿＿＿ your hands.

□(2) ＿＿＿＿＿ ＿＿＿＿＿ your cap.

□(3) ＿＿＿＿＿ the ＿＿＿＿＿.

3 日本語に合うように，(　)内の語を並べかえなさい。

□(1) 今は本を読まないでください。
(book / read / a / don't) now.
＿＿＿＿＿＿＿＿＿＿＿＿＿＿＿＿＿＿＿＿ now.

□(2) いっしょに昼食を食べましょう。
(lunch / eat / let's) together.
＿＿＿＿＿＿＿＿＿＿＿＿＿＿＿＿＿＿＿＿ together.

□(3) 私はスパゲッティがとても好きです。
(very / spaghetti / like / I) much.
＿＿＿＿＿＿＿＿＿＿＿＿＿＿＿＿＿＿＿＿ much.

テストによく出る!
重要表現
very much「とても，たいへん」
very muchは動詞を修飾する。

Unit 3

Let's Talk 2 私もです

時間 15分　解答 p.8

〈新出語・熟語 別冊p.9〉

教科書の重要ポイント　あいづちをうつときの文　教科書p.42

A: I like pizza very much. 〔私はピザが大好きです。〕

B: Me, too. 〔私もです。〕
「肯定文に対して同意する」

▼「私も同じです。」= Me, too.

ただし，同意したい文が否定文や目的語がyouの場合は使用しない

相手に同意を示すときに使用する。

Words & Phrases　次の英語は日本語に，日本語は英語にしなさい。

□(1) pizza (　　　　　　)
□(2) Cool! (　　　　　　)
□(3) おいしい ＿＿＿＿＿＿
□(4) ほんとうに？ ＿＿＿＿＿＿

1 絵を見て，それぞれ会話文を完成させなさい。

□(1) A : I like movies very ＿＿＿＿＿＿.
B : Me, ＿＿＿＿＿＿.

□(2) A : I like Emily. ＿＿＿＿＿＿ about you?
B : ＿＿＿＿＿＿, ＿＿＿＿＿＿.

注目!
あいづち
あいづちを上手に使うと話がスムーズに進む。
Oh, yes.〔ああ，そうだね。〕は同意を表し，Really?〔ほんとうに?〕，Wow!〔わあ!〕，Great!〔すごいね！〕は驚きを表す。
実際に会話の中で使ってみよう。

2 日本語に合うように，(　)内の語を並べかえなさい。

□(1) A：ラーメンが好きです。B：ラーメンが好きなんだ。私も。
A : I like *ramen*. B : (you / me / *ramen* / like / , / . / too).
A : I like *ramen*. B : ＿＿＿＿＿＿＿＿＿＿＿＿＿＿＿＿.

□(2) A：スポーツが好きです。B：ああ，なるほど。放課後にサッカーしてるよね。
A : I like sports. B : (oh / , / see / I). You play soccer after school.
A : I like sports. B : ＿＿＿＿＿＿＿＿＿＿＿＿. You play soccer after school.

Targetのまとめ② 一般動詞

時間 15分 解答 p.8

教科書の重要ポイント 一般動詞「(…は)～します」 教科書p.43

▼「(…は)～します」〈(主語＋)一般動詞〉

肯定文 I play basketball. 〔私はバスケットボールをします。〕

be動詞以外の動詞で，主語がIでもYouでも形は変わらない

※一般動詞は，主語の後ろに置いて，「(…は)～します」の意味を表す。

一般動詞は，主語が行う動作や状態を表すよ。 ナルホド！

否定文 I do not(=don't) play basketball. 〔私はバスケットボールをしません。〕

※否定文は，一般動詞の前にdo not (短縮形はdon't)を置く。

疑問文 Do you play basketball? 〔あなたはバスケットボールをしますか。〕

応答文 — Yes, I do. / No, I don't. 〔はい，します。/ いいえ，しません。〕

※疑問文は，doを主語の前に置き，文末にクエスチョンマーク(?)をつける。

1 絵を見て例にならい，一般動詞を使った文を完成させなさい。

例 **I like math class.**

□(1) I ______ ______ early.

□(2) You ______ ______ ______ a cat.

□(3) ______ you ______ a bicycle to school?

2 次の文を(　)内の指示にしたがって書きかえなさい。

□(1) I like basketball. (疑問文に)

______

□(2) I have a pet. (否定文に)

______

ぴたトレ 2 練習

Unit 3 ～ Targetのまとめ②

時間 20分　解答 p.8

教科書 pp.36～43

1 正しいものを４つの選択肢の中から選びなさい。

具体的な動作や状態を表す一般動詞の使い方を覚えよう。

□(1) I (　　) table tennis.

ア have　イ want　ウ like　エ am

□(2) I like skiing. (　　) about you?

ア Are　イ Do　ウ How　エ What

□(3) Do you (　　) newspapers?

ア read　イ are　ウ have　エ go

□(4) (　　) at that dog.

ア Call　イ Look　ウ Get　エ See

2 日本語に合うように，____に入る適切な語を書きなさい。

□(1) 私は朝食に焼き魚を食べます。

I ________ grilled ________ for breakfast.

□(2) 私は７時に家を出ます。

________ ________ home at ________.

□(3) あなたは放課後にサッカーをしますか。

________ ________ ________ soccer after school?

□(4) この箱を開けないで。

________ ________ this box.

3 英文に合うように，日本語訳を完成させなさい。

□(1) I practice songs for chorus.

私は (　　　　　　　　　　　　　　　　)。

□(2) Do you like summer?

(　　　　　　　　　　　　　　　　)。

□(3) Take off your shoes.

(　　　　　　　　　　　　　　　　)。

□(4) Don't enter the room.

(　　　　　　　　　　　　　　　　)。

ヒント
2 (4)「～しないで」と言うときは，〈Don't＋動詞の原形〉で文を始める。
3 (1)この文のforは「～用の」の意味を表している。

定期テスト予報	●be動詞と一般動詞の使い分けが問われるでしょう。 ⇒You are a student. (You = a student) / You like tomato. (You ≠ tomato) ●平叙文と命令文の使い分けが問われるでしょう。 ⇒一般動詞の命令文では，主語を省略して動詞の原形から始めます。

4 読む 次の会話文を読んで，あとの問いに答えなさい。

Sora : (①) you like Japanese food?
Chen : Yes, I do. I like *ramen*.
Sora : ②I like it, too. How about *natto*?
Chen : Um... ③I (　　)(　　) *natto*.

□(1) (①)に入る適切な語を書きなさい。

① ＿＿＿＿

□(2) 下線部②の英語を日本語にしなさい。

(　　　　　　　　)

□(3) 下線部③が「私は納豆が好きではありません」という意味になるように，(　)に入る適切な語を書きなさい。

③ ＿＿＿＿ ＿＿＿＿

5 話す 次の文を声に出して読み，問題に答え，答えを声に出して読んでみましょう。アプリ

Chen : Look at this picture. This is chicken rice. It's a popular food in Singapore.
Sora : Oh, I like chicken very much.
Chen : Let's make it together someday.
Sora : But I'm not good at cooking.
Chen : Don't worry. I'm a good cook.

□(1) What is chicken rice?

— ＿＿＿＿

□(2) Is Sora good at cooking? (主語をheにして答える)

— ＿＿＿＿

□(3) Is Chen good at cooking? (主語をheにして答える)

— ＿＿＿＿

ヒント
4 (3)一般動詞の否定文では動詞の前にdo not，もしくはその短縮形を置く。
5 (2)(3)文頭にbe動詞を置いた疑問文では，be動詞を用いて答える。

3
確認テスト

Unit 3 ～
Targetのまとめ②

時間
30分　／100点

合格
70点

解答
p.9

教科書 pp.36 ～ 43

❶ 下線部の発音が同じものには〇を，そうでないものには×を，解答欄に書きなさい。　6点

(1) ab<u>ou</u>t　　　　　　(2) s<u>u</u>mmer　　　　　　(3) p<u>i</u>cture

c<u>ou</u>sin　　　　　　　m<u>u</u>ch　　　　　　　　chi<u>c</u>ken

❷ 最も強く発音する部分の記号を解答欄に書きなさい。　6点

(1) win - dow　　　　　(2) en - joy　　　　　　(3) text - book
　ア　　イ　　　　　　　ア　　イ　　　　　　　ア　　　イ

❸ 日本語に合うように，＿＿に入る適切な語を書きなさい。　18点

よく出る (1) 私は放課後にテニスをします。

I ＿＿＿＿ ＿＿＿＿ after ＿＿＿＿.

(2) 私はスシが好きです。あなたはどうですか？

I like sushi. ＿＿＿＿ ＿＿＿＿ you?

(3) 今すぐに寝なさい。

＿＿＿＿ ＿＿＿＿ ＿＿＿＿ now.

❹ 日本語に合うように，（ ）内の語句を並べかえなさい。　18点

(1) 私は夕食後に宿題をします。

(do / my / I / homework) after dinner.

(2) あなたはチキンライスが好きですか。―はい，好きです。

(like / you / do / chicken rice)? ―(I / yes / do / ,).

差がつく (3) 美術館で電話で話さないでください。

(talk / in / don't / museum / on the phone / the / art).

❺ 読む📖 次の会話文を読んで，あとの問いに答えなさい。　28点

Greg :　Do you like animals?

Aya :　①Yes, (＿＿＿)(＿＿＿). I have five dogs.

Greg :　Really?

Aya :　②(this / at / picture / look).

Greg :　Wow! You have five dogs.

Aya:　How (③) you?

Greg :　I like cats very much.

成績評価の観点　知…言語や文化についての知識・技能　表…外国語表現の能力

Aya: ④<u>Me, too.</u>

注) like animals：動物が好きである　five dogs：５匹のイヌ　like cats：ネコが好きである

(1) 下線部①の(　)内に適切な語を入れて，文を完成させなさい。

(2) 下線部②が意味の通る英文となるように，(　)内の語を正しく並べかえなさい。

(3) (　③　)に入る適切な語を書きなさい。

(4) 下線部④を日本語にしなさい。

点UP ❻ 書く 次のようなとき英語で何と言うか，(　)内の語数で解答欄に書きなさい。表

24点

(1) シートベルトをしめるように伝えるとき。(４語)

(2) 教室では走らないように伝えるとき。(５語)

(3) 私は放課後にギターの練習をすると言うとき。(６語)

❶	(1)	2点	(2)	2点	(3)	2点
❷	(1)	2点	(2)	2点	(3)	2点
❸	(1)	6点	(2)	6点		
❸	(3)	6点				
❹	(1)	after dinner. 6点				
❹	(2)	?　. 6点				
❹	(3)	. 6点				
❺	(1)	6点				
❺	(2)	8点				
❺	(3)	6点	(4)	8点		
❻	(1)	表 8点				
❻	(2)	表 8点				
❻	(3)	表 8点				

▶ 表 の印がない問題は全て 知 の観点です。

Unit 4 美術館で（Part 1）

時間 15分　解答 p.9

〈新出語・熟語 別冊p.10〉

教科書の重要ポイント　相手が何をするのかをたずねる

教科書 pp.44 ～ 45

What do you see in the picture? 〔あなたはその絵の中に何が見えますか。〕

What animal do you see in the picture? 〔あなたはその絵の中にどんな動物が見えますか。〕

—I see a horse. 〔私はウマが見えます。〕

▼「(あなたは)何を～しますか。」＝〈What＋一般動詞の疑問文の形(do you ～)?〉で表す。
「何を[何が]」とたずねるときは，whatを文の最初に置き，そのあとは疑問文の形にする。

What do you see on the table? 〔あなたはそのテーブルの上に何が見えますか。〕

Do you see pizza on the table? 〔あなたはそのテーブルの上のピザが見えますか。〕
という疑問文におけるpizzaがwhatに変わって文の最初に置かれているイメージ。

▼「どんな[何の]～」とたずねるときは，〈what＋名詞〉を使う。

What food do you see on the table? 〔あなたはそのテーブルの上にどんな食べ物が見えますか。〕
〈what＋名詞〉

※「何ですか」とたずねるbe動詞を使った疑問文とのちがいを確認しよう。

What is that? 〔あれは何ですか。〕
〈what＋be動詞の疑問文の形〉

be動詞を使った疑問文はUnit 2を確認しよう。
ナルホド!

Words & Phrases　次の英語は日本語に，日本語は英語にしなさい。

□(1) another （　　　　　　）
□(2) carefully （　　　　　　）
□(3) with （　　　　　　）
□(4) subject （　　　　　　）
□(5) 顔 ＿＿＿＿＿＿
□(6) 青 ＿＿＿＿＿＿
□(7) 色 ＿＿＿＿＿＿
□(8) テレビ番組 ＿＿＿＿ ＿＿＿＿

1 日本語に合うように，(　)内から適切なものを選び，記号を○で囲みなさい。

□(1) あなたは壁に何が見えますか。

(ア What do you see　イ What you see) on the wall?

□(2) あなたは手に何を持っていますか。

(ア What do you have　イ Do you have what) in your hand?

□(3) あなたは何色が好きですか。

(ア What color　イ What's color) do you like?

ミスに注意

(3)「どんな[何の]～」は〈what＋名詞〉で表します。

2 絵を見て例にならい，「あなたは何を～しますか」または「あなたはどんな…を～しますか」とたずねる文を完成させなさい。

テストによく出る!

イラストの内容と動詞の組み合わせを考える

(1)空欄が1つであることに注意。(3)sportに合う動詞を考えよう。

例 **What subject do you like?**

□(1) ______ do you drink?

□(2) ______ ______ do you eat?

□(3) ______ sport do you ______?

3 日本語に合うように，(　)内の語句を並べかえなさい。

□(1) あなたはそのテーブルの上に何が見えますか。

(you / see / what / the table / do / on)?

______?

□(2) あなたはどんなテレビ番組を見ますか。

(you / what / watch / program / TV / do)?

______?

□(3) あなたはランチで何を食べますか。

(you / lunch / eat / what / do / for)?

______?

注目!

What と What ○○の使い分けに慣れる

日本語が「どんな○○」，「何の○○」の場合は What ○○になって，○○に当たる名詞が必要。

1
要点チェック

Unit 4 美術館で(Part 2)

時間 **15分**
解答 p.10

〈新出語・熟語 別冊p.10〉

教科書の重要ポイント　2つ[2人]以上のもの[人]を表す　教科書 pp.46 ～ 47

I see two animals in the picture. 〔私はその絵の中に2匹の動物が見えます。〕

▼ 複数(2つ[2人]以上)のもの[人]を表すときは，その名詞の最後にsやesをつける。
　sやesをつけたものを名詞の複数形という。

〈名詞が単数の場合〉 I see an animal in the picture. 〔私はその絵の中に1匹の動物が見えます。〕
　　　　　　　　　　 単数形 ※ a [an]は名詞が単数であることを表す

〈名詞が複数の場合〉 I see two animals in the picture. 〔私はその絵の中に2匹の動物が見えます。〕
　　　　　　　　　　　　 複数形

▼ 複数形の作り方

> faceは複数形にしてsを
> つけるとceの部分の発
> 音も変化するよ。

| sをつける単語 | picture ⇒ pictures, face ⇒ faces |

| esをつける単語 | peach ⇒ peaches, box ⇒ boxes, watch ⇒ watches |

ナルホド!

Words & Phrases　次の英語は日本語に，日本語は英語にしなさい。

☐(1) strange （　　　　　　　　　）　　☐(6) ペンギン ＿＿＿＿＿＿＿＿

☐(2) upside （　　　　　　　　　）　　☐(7) 下へ ＿＿＿＿＿＿＿＿

☐(3) cow （　　　　　　　　　）　　☐(8) 人々 ＿＿＿＿＿＿＿＿

☐(4) want （　　　　　　　　　）　　☐(9) 鳥 ＿＿＿＿＿＿＿＿

☐(5) peach （　　　　　　　　　）　　☐(10) レモン ＿＿＿＿＿＿＿＿

1 日本語に合うように，（　）内から適切なものを選び，記号を○で囲みなさい。

□(1) 私はリンゴが３つほしいです。
I want three (ア apple　イ apples).

□(2) 私は筆箱に１本のえんぴつを持っています。
I have a (ア pencil　イ pencils) in my pencil case.

□(3) あなたは腕時計を２つ持っていますか。
Do you have two (ア watch　イ watches)?

⚠ミスに注意
名詞の前にa[an]が置かれていたらその名詞は単数ということ。

2 絵を見て 例 にならい，「私は～が…つ[匹，羽]見えます」という文を完成させなさい。

テストによく出る!
複数形でesをつける単語を覚えよう
複数形でesをつける単語の数の方が少ないから，それらを覚えればそれら以外はsをつけるだけの単語だと覚えよう。

例 **I see two cats.**

□(1) I see ＿＿＿＿ ＿＿＿＿.

□(2) I ＿＿＿＿ ＿＿＿＿ ＿＿＿＿.

□(3) ＿＿＿＿ ＿＿＿＿ ＿＿＿＿ ＿＿＿＿.

3 日本語に合うように，（　）内の語を並べかえなさい。

□(1) 私には２人の兄弟がいます。
(two / have / brothers / I).
＿＿＿＿＿＿＿＿＿＿＿＿＿＿＿＿.

□(2) あれは３匹のイヌの奇妙な絵です。
That (picture / a / is / dogs / three / of / strange).
That ＿＿＿＿＿＿＿＿＿＿＿＿＿＿＿＿.

注目!
haveの訳し方
「～を持っている」と訳すのが一般的ですが，～の部分が人であれば「～がいる」などと訳したほうが日本語らしい場合があります。

教科書の重要ポイント　**「いくつ」と人やものの数をたずねる文**　教科書 pp.48 ～ 49

How many postcards do you want? 〔あなたは, 絵はがきが何枚ほしいですか。〕

▼ 「何人の［いくつの］…を〜しますか」＝〈How many ＋名詞の複数形〉を使った疑問文

How many <u>pens</u> do you need? 〔あなたはペンを何本必要ですか。〕
　　　　名詞の複数形

―I need <u>three</u> pens. 〔私はペンを3本必要です。〕
　　答えるときは数を具体的に答える

How many に続く名詞は複数形にすることを忘れないように！

Yes か No で答える疑問文と比べてみよう

Do you need any pens? 〔あなたはペンをいくつか必要ですか。〕
　―Yes, I do. 〔はい（必要です）。〕／ No, I don't. 〔いいえ（必要ではありません）。〕

ナルホド！

Words & Phrases　次の英語は日本語に, 日本語は英語にしなさい。

- (1) some 　（　　　　　　）
- (2) Let me see. （　　　　　　）
- (3) souvenir （　　　　　　）
- (4) key ring （　　　　　　）
- (5) glass 　（　　　　　　）
- (6) dish 　（　　　　　　）
- (7) 家族 _____
- (8) これらの _____
- (9) それらは _____
- (10) 美しい _____
- (11) 辞書 _____
- (12) ハンカチ _____

1 日本語に合うように，(　)内から適切なものを選び，記号を○で囲みなさい。

□(1) あなたはいくつ帽子を持っていますか。
How many (ア hat　イ hats) do you have?

□(2) あなたはスプーンをいくつかほしいですか。
Do you want any (ア spoon　イ spoons)?

□(3) 私はいすがいくつか必要です。
I need some (ア chair　イ chairs).

注目!
anyとsome
anyもsomeも後ろには複数形の名詞が続くよ。

2 絵を見て例にならい，「あなたはいくつの～がほしいですか」という文を完成させなさい。

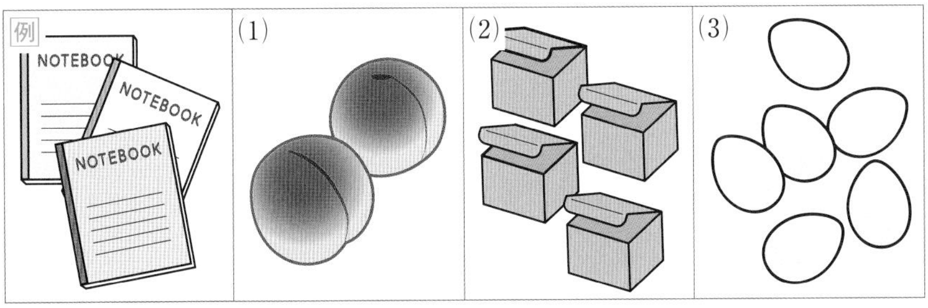

⚠ミスに注意
esをつけて複数形にする名詞は覚えているかな？

例 **How many notebooks do you want?**

□(1) How ________ ________ do you want?

□(2) ________ ________ ________ do you want?

□(3) How many ________ ________ ________
________?

3 日本語に合うように，(　)内の語を並べかえなさい。

□(1) あなたは写真の中で何匹(ひき)の動物が見えますか。
(you / see / animals / many / how / do) in the picture?
________________________ in the picture?

□(2) あなたにはいとこが何人いますか。
(have / many / how / cousins / you / do)?
________________________?

□(3) いとこは1人もいません。((2)に答えて)
(I / any / have / don't / cousins).
________________________.

テストによく出る!
否定文におけるany
any ～が否定文の中で使われると「～は1つ[1人]もない」の意味になる。

Unit 4

Let's Talk 3 ショッピング

時間 15分　解答 p.10

〈新出語・熟語 別冊p.10〉

教科書の重要ポイント　値段をたずねる文　教科書p.50

A : How much is it? 〔それはいくらですか。〕

B : It's 3,000 yen. 〔それは3,000円です。〕

▼ A「～はいくらですか。」＝How much is [are] ～?

～には値段をたずねたいものが入る

値段をたずねるときに使用する。

【たずねたいものが単数ならisを使う】

How much is this bag?
〔このバッグはいくらですか。〕

How much is this watch?
〔この時計はいくらですか。〕

How much is it?
〔それはいくらですか。〕

【たずねたいものが複数(扱い)ならareを使う】

How much are these shoes?
〔このくつはいくらですか。〕

How much are these pants?
〔このズボンはいくらですか。〕

How much are they?
〔それらはいくらですか。〕

▼ B「～円です。」＝It's [They're] ～ yen.

値段を答えるときに使用する。

単数なら，It's ～ yen.　「It isの短縮形」

複数なら，They're ～ yen.　「They areの短縮形」

Words & Phrases 次の英語は日本語に，日本語は英語にしなさい。

□(1) dress　(　　　　　　)

□(2) moment　(　　　　　　)

□(3) great　(　　　　　　)

□(4) Tシャツ　＿＿＿＿＿＿

□(5) 100　＿＿＿＿＿＿

□(6) 1,000　＿＿＿＿＿＿

1 日本語に合うように，(　)内から適切なものを選び，記号を○で囲みなさい。

□(1) それはいくらですか。

How (ア much　イ long　ウ many) is it?

□(2) このレインコートはいくらですか。

How (ア much are　イ much is　ウ much does) this raincoat?

□(3) このめがねはいくらですか。

How (ア much are　イ much is　ウ much does) these glasses?

2 絵を見て，会話文を完成させなさい。

Hana : Excuse me. I want this dress. (1) How ______ is it?

A clerk : (2)______ 4,000 yen.

Hana : I like these pants. (3)How ______ ______ they?

A clerk : (4)They are ______ yen. How about this cap too?

Hana : OK, that's nice. How much is it *in total?

A clerk : (5)______ 7,800 yen.

(注) in total：合計で

3 日本語に合うように，(　)内の語句を並べかえなさい。

□(1) このシャツはいくらですか。

(shirt / how / is / this / much)?

______________________________?

□(2) 10,000円です。

(it / yen / ten thousand / is).

______________________________.

□(3) この手袋はいくらですか。

(are / these / how / gloves / much)?

______________________________?

Targetのまとめ③　名詞の複数形

時間 15分　解答 p.11

教科書の重要ポイント　英語の名詞には単数と複数で別の形がある　教科書p.52

▼ 複数(2つ[2人]以上)のもの[人]を表すときは，その名詞の最後にsやesをつける。
そのsやesをつけたものを名詞の複数形という。

※複数形の作り方

sをつける単語　animal ⇒ animals，card ⇒ cards，table ⇒ tables

esをつける単語　box ⇒ boxes，dish ⇒ dishes，glass ⇒ glasses
dictionary ⇒ dictionaries（最後のyをiに変えてesをつける）

▼ 複数形の名詞の前ではthisはthese，thatはthoseになる。

I need this dish. ⇒ I need these dishes.
「この皿」　「これらの皿」
〔私にはこの皿が必要です。〕　〔私にはこれらの皿が必要です。〕

▼ 複数形の名詞・代名詞が主語のとき，be動詞はareを使う。

These[Those] pictures are beautiful. / They are beautiful pictures.
〔これら[あれら]の絵は美しいです。〕　〔それらは美しい絵です。〕

▼「何人の[いくつの]…を～しますか」と人やものの数をたずねる。
=〈How many＋名詞の複数形〉を使った疑問文を作る。

How many peaches do you want?　〔あなたはモモをいくつほしいですか。〕
〈How many＋名詞の複数形〉

—I want three peaches.　〔私はモモを３つほしいです。〕

1 次の文を(　　)内の指示にしたがって書きかえなさい。

□(1) Look at this bird.（下線部を複数形に変えて）

____

□(2) It is a beautiful picture.（下線部を複数形に変えて）

____

□(3) I have three lemons?（下線部をたずねる疑問文に）

____

Project 1 自己紹介をしよう

時間 15分　解答 p.11

〈新出語・熟語 別冊p.10〉

教科書の重要ポイント　自己紹介でよく使う表現

教科書 pp.53 ～ 55

▼ 自己紹介の基本的なパターンを身につける

基本的なパターン

①最初のあいさつ　Hi. / Hello.

②自分のプロフィールを伝える

名前	I'm Kenta Suzuki. / My name is Yui Tanaka. / Call me Ken.
出身・住んでいるところ	I'm from Minami Elementary School. / I come from Osaka. / I come from Tokyo. / I live in Osaka, Japan.
年齢（ねんれい）・誕生日	I'm twelve years old. / My birthday is September fifth.
部活動	I'm a member of the basketball team. / I'm on the basketball team. / I belong to the art club.
好きなこと[人]・特技	I like tennis. / I'm a baseball fan. / My favorite basketball player is Rui Hachimura. / I'm good at cooking.
趣味（しゅみ）・ふだんすること	I study English on Wednesday. / I play the guitar.
ペット・家族	I have a cat. / I have a brother and a sister. / I'm an only child.
そのほか	I have many CDs. / I'm cheerful [easygoing, outgoing].

③終わりのあいさつ　Thank you.

1 日本語に合うように，＿＿に入る適切な語を書きなさい。

□(1) 私のことはマイと呼んでください。

＿＿＿＿ ＿＿＿＿ Mai.

□(2) 私は13歳です。

I'm ＿＿＿＿ ＿＿＿＿ ＿＿＿＿.

□(3) 私の好きなテニス選手はケイです。

＿＿＿＿ ＿＿＿＿ ＿＿＿＿ ＿＿＿＿

is Kei.

⚠ミスに注意

(1)「～してください」は動詞の原形から始める命令文で表すよ。(2)「～歳」を表すときに使う名詞の形に注意しよう。

Unit 4 ～ Project 1

時間 20分　解答 p.11
教科書 pp.44 ～ 55

1 正しいものを２つの選択肢の中から選びなさい。

□(1) I (ア look　イ see) a penguin in that picture.

□(2) Do you want a (ア lemon　イ lemons)?

□(3) (ア How many　イ What) sport do you play?

□(4) I don't have (ア any　イ some) pets.

2 日本語に合うように，＿＿に入る適切な語を書きなさい。

□(1) あなたは何の科目が好きですか。

________ ________ do you ________?

□(2) 私は腕時計を４つ持っています。

I ________ ________ ________.

□(3) この絵はがきをさかさまに見てください。

Look ________ this ________ ________ down.

□(4) 私は辞書を３冊持っています。

I ________ ________ ________.

yで終わる名詞には複数形にするときyをiに変えてからesをつけるものがあるよ。

3 英文に合うように，日本語訳を完成させなさい。

□(1) I have two dogs and a cat.

私は (　　　　　　　　　　　　　　　　　　　　)。

□(2) How many dishes do you need?

あなたは (　　　　　　　　　　　　　　　　　　　　)。

□(3) How much is this T-shirt?

このTシャツは (　　　　　　　　　　　　　　　　　　　　)。

□(4) What do you have in that case?

あなたは (　　　　　　　　　　　　　　　　　　　　)。

ヒント　1 (3)(　)の後ろの名詞sportが単数形であることから正答を判断できる。
3 (1)「(動物)を持っている」よりもふさわしい表現にしよう。

定期テスト予報

●WhatやHow manyなどを使った疑問文の作り方が問われるでしょう。
⇒doを使う一般動詞の疑問文やbe動詞の疑問文の作り方を今一度確認しておきましょう。
●名詞の複数形の知識が問われるでしょう。
⇒box, dish, glass, dictionaryなどの複数形にesをつけるタイプの名詞を覚えましょう。

4 読む 次の会話文を読んで，あとの問いに答えなさい。

Chen : I want some postcards.
Aoi : ①<u>How many postcards do you want?</u>
Chen : ②<u>(　　) (　　) (　　)</u>.... ③<u>I want three for my family.</u> Aoi, do you want any souvenirs?
Aoi : Yes, I do. I want these key rings. They're beautiful.

□(1) 下線部①を日本語にしなさい。

① (　　　　　　　　　　　　　　　　)

□(2) 下線部②が「ええと」という意味になるように，(　)に入る適切な語を書きなさい。

② ＿＿＿＿ ＿＿＿＿ ＿＿＿＿

□(3) 下線部③I want three for my family.のthreeの後ろに省略されている英語を書きなさい。

＿＿＿＿＿＿

5 話す 次の文を声に出して読み，問題に答え，答えを声に出して読んでみましょう。アプリ

絵：三輪みわ（アソビディア）

Emily : This is a strange picture of a penguin.
Sora : I see two animals in the picture. Look at the picture upside down.
Emily : Oh, now I see a cow. Do you see two people's faces, too?
Sora : No, I don't.

□(1) What animal do you see? （どちらか一方の動物を答える）

— ＿＿＿＿＿＿＿＿＿＿＿＿

□(2) Do you see two people's faces? （あなたの意見を答える）

— ＿＿＿＿＿＿＿＿＿＿＿＿

ヒント
4 (3)下線部①の問いかけに対する返答であることを考える。
5 (1)どんな動物かを答える。

ぴたトレ 3

得点アップテスト

Unit 4 ～ Project 1

時間 30分 ／100点 合格 70点 解答 p.12

教科書 pp.44 ～ 55

❶ 下線部の発音が同じものには○を，そうでないものには×を，解答欄に書きなさい。 9点

(1) face
strange

(2) these
please

(3) books (bookの複数形)
tables (tableの複数形)

❷ 最も強く発音する部分の記号を解答欄に書きなさい。 9点

(1) sub - ject
ア イ

(2) pro - gram
ア イ

(3) an - oth - er
ア イ ウ

❸ 日本語に合うように，____に入る適切な語を書きなさい。 18点

(1) 私はペットを何匹か飼っています。

I ______ ______ ______.

(2) あなたは何冊辞書が必要ですか。

______ ______ ______ do you need?

よく出る (3) 私は10枚の皿が必要です。

I ______ ______ ______.

❹ 日本語に合うように，(　)内の語句を並べかえなさい。 18点

(1) 彼らはどんな食べ物が好きですか。

(like / food / do / they / what)?

(2) あなたは筆箱の中に何を持っていますか。

(you / your / do / have / what / in / pencil case)?

(3) あなたはこの絵の中に鳥が何羽見えますか。

(many / do / birds / see / you / how) in this picture?

❺ 読む 次の会話文を読んで，あとの問いに答えなさい。 22点

Mai : ①(do / you / what / in / have / your bag)?

Nick : I have many fruits in it.

Mai : ②What fruit are they?

Nick : ③They are oranges and (peach). Do you want some?

Mai : Yes, I do. I want oranges.

Nick : ④(　　) (　　) (　　) do you want?

Mai : I want two oranges.

成績評価の観点 知…言語や文化についての知識・技能 表…外国語表現の能力

(1) 下線部①が意味の通る英文となるように，( )内の語を正しく並べかえなさい。

(2) 下線部②を日本語にしなさい。

(3) 下線部③の( )内の語を正しい形に変化させて，文を完成させなさい。

差がつく (4) 下線部④が意味の通る英文となるように，( )に適切な語を入れなさい。

点UP 6 書く 次のようなとき英語で何と言うか，( )内の語数で解答欄に書きなさい。表

24点

(1) 道をたずねたいときなど，知らない相手に声をかけるとき。(２語)

(2) 話をするのに「ええと」と少し間を置くとき。(３語)

(3) 兄弟がいるかとたずねられて，１人もいないと答えるとき。(５語)

1	(1)		3点
1	(2)		3点
1	(3)		3点
2	(1)		3点
2	(2)		3点
2	(3)		3点
3	(1)		6点
3	(2)		6点
3	(3)		6点
4	(1)	?	6点
4	(2)	?	6点
4	(3)	in this picture?	6点
5	(1)		6点
5	(2)		6点
5	(3)		4点
5	(4)		6点
6	(1)	表	8点
6	(2)	表	8点
6	(3)	表	8点

▶ 表 の印がない問題は全て 知 の観点です。

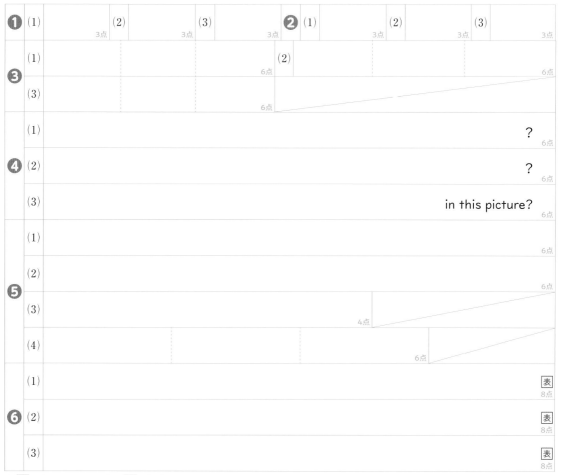

Unit 5 エミリーの家で(Part 1)

時間 15分 解答 p.12

〈新出語・熟語 別冊p.11〉

教科書の重要ポイント 「～することができる[できない]」の文 教科書 pp.56～57

I can play the guitar. 〔私はギターをひくことができます。〕

▼「～することができる」=〈主語+can+動詞の原形～〉

She can play the sax well. 〔彼女はサックスを上手にふくことができます。〕
動詞の原形（play）

※主語が何であっても，canの後ろには動詞の原形がくる。

I cannot play the guitar. 〔私はギターをひくことができません。〕

▼「～することができない」=〈主語+cannot[can't]+動詞の原形～〉

She cannot[can't] play the sax. 〔彼女はサックスをふくことができません。〕
can't=cannotの短縮形

※「～することができない」という否定文は動詞の前にcannot[can't]を置く。

Can you play the guitar? 〔あなたはギターをひくことができますか。〕

▼「～することができますか。」=〈Can+主語+動詞の原形～?〉

Can Emily play the sax? 〔エミリーはサックスをふくことができますか。〕
Canを文頭に置く

→ Yes, she can. 〔はい，できます。〕/ No, she cannot[can't]. 〔いいえ，できません。〕

※canを使った疑問文はcanを主語の前に出して文頭に置く。

Words & Phrases 次の英語は日本語に，日本語は英語にしなさい。

□(1) well ( )
□(2) fast ( )
□(3) drum ( )
□(4) スキー ______
□(5) 話す ______
□(6) 中国語 ______

1 日本語に合うように，(　)内から適切なものを選び，記号を○で囲みなさい。

□(1) 彼女は写真を上手にとることができます。
She (ア can　イ can't) take pictures well.

□(2) 私は速く走ることができません。
I (ア don't　イ can't) run fast.

□(3) あなたはピザを作ることができますか。
(ア Can　イ Do) you make pizza?

ミスに注意
「～することができない」という否定文は，cannot [can't] を使う。

2 絵を見て 例 にならい，canを使った文を完成させなさい。

例 **I can help with her homework.**

□(1) He ＿＿＿＿＿ speak English.

□(2) Hana ＿＿＿＿＿ ＿＿＿＿＿ pictures well.

□(3) ＿＿＿＿＿ you ＿＿＿＿＿ tennis?
Yes, ＿＿＿＿＿ ＿＿＿＿＿.

テストによく出る!
canを使った疑問文の答え方
Can～?の疑問文は，be動詞やDo～?の疑問文と同様にcanを使って答える。
Can you ～?
肯定
Yes, I can.
否定
No, I can't.

3 日本語に合うように，(　)内の語を並べかえなさい。

□(1) 彼は日本語を話すことができません。
(can't / Japanese / he / speak).
＿＿＿＿＿＿＿＿＿＿＿＿＿＿＿＿＿＿＿＿＿＿＿＿＿.

□(2) 私にはここから美しい山々が見えます。
(see / mountains / I / here / can / beautiful / from).
＿＿＿＿＿＿＿＿＿＿＿＿＿＿＿＿＿＿＿＿＿＿＿＿＿.

□(3) ユウタは一輪車に乗ることができますか。—はい，できます。
(unicycle / Yuta / can / ride / a)? —(can / yes / he / ,).
＿＿＿＿＿＿＿＿＿＿＿＿＿＿? —＿＿＿＿＿＿＿＿＿＿.

注目!
canの位置
canは肯定文では動詞の前，疑問文では主語の前に置く。

Unit 5 エミリーの家で(Part 2)

時間 15分　解答 p.13

〈新出語・熟語 別冊p.11〉

教科書の重要ポイント 「～はだれですか」の文

教科書 pp.58～59

Who is this girl?　〔この女の子はだれですか。〕

知らない人についてたずねる

▼「～はだれですか。」＝〈Who＋be動詞＋主語？〉

Who is this man?　〔この男性はだれですか。〕
（is：be動詞　this man：主語）

※Whoの後ろは疑問文の順番にする。

This man is Mr. Yamada.　〔この男性は山田さんです。〕

Who is this man ?　〔この男性はだれですか。〕

He is[He's] Mr. Yamada.　〔彼は山田さんです。〕

this manをheに変えて答える

Who isはWho'sと短縮することができる。
Who is she?　→　Who's she?

※主語によってbe動詞を変える。

Who are those girls?　〔あの女の子たちはだれですか。〕
（are：be動詞はare　those girls：主語が複数）

Words & Phrases　次の英語は日本語に，日本語は英語にしなさい。

□(1) funny (　　　　　　)　　□(4) 親切な ＿＿＿＿＿＿

□(2) uncle (　　　　　　)　　□(5) おば ＿＿＿＿＿＿

□(3) teammate (　　　　　　)　　□(6) トランペット ＿＿＿＿＿＿

1 日本語に合うように，(　)内から適切なものを選び，記号を○で囲みなさい。

□(1) この女性はだれですか
(ア What　イ Who) is this woman?

□(2) あの男の子はだれですか。
(ア Who is　イ Who are) that boy?

□(3) 彼はチェンです。((2)に答えて)
(ア Those boys　イ He) is Chen.

⚠ミスに注意
主語が単数か，動詞が単数かに注意する。

2 絵を見て例にならい，「～はだれですか」という文を完成させなさい。

例 **Who is this woman?**

□(1) ＿＿＿＿ ＿＿＿＿ this boy?

□(2) ＿＿＿＿ this girl?
—＿＿＿＿ is Mia.

□(3) ＿＿＿＿ ＿＿＿＿ those girls?

テストによく出る!
Who isとWho's
空所の数によってWho isとWho'sを使い分ける。

3 日本語に合うように，(　)内の語を並べかえなさい。

□(1) あなたといっしょにいるこの女の子はだれですか。
(with / who / girl / you / is / this)?
＿＿＿＿＿＿＿＿＿＿＿＿＿＿＿＿＿＿＿＿?

□(2) このおもしろい男性はだれですか。
(man / this / who's / funny)?
＿＿＿＿＿＿＿＿＿＿＿＿＿＿＿＿＿＿＿＿?

□(3) この男の子たちはだれですか。—彼らは私のチームメイトです。
(these / are / who / boys)? —(are / teammates / my / they).
＿＿＿＿＿＿＿＿＿＿＿＿＿＿＿＿＿＿＿＿?
—＿＿＿＿＿＿＿＿＿＿＿＿＿＿＿＿＿＿＿＿.

注目!
代名詞「この」「あの」の位置
対象の位置や名詞が単数か複数かによって変わる。
・単数で近い場合
→〈This＋名詞〉
・単数で離れたところの場合
→〈That＋名詞〉
・複数で近い場合
→〈These＋名詞〉

ぴたトレ 1 要点チェック

Unit 5 エミリーの家で（Part 3）

時間 15分　解答 p.13

〈新出語・熟語 別冊p.11〉

教科書の重要ポイント　「～を［に］」の文

教科書 pp.60～61

This is my sister. Do you know her? 〔これは私の妹［姉］です。あなたは彼女を知っていますか。〕

These are our cats. I like them. 〔これらは私たちのネコです。私はそれらが好きです。〕

▼「～を，～に」＝目的語で使われる代名詞

This is my sister. Do you know her?

単数形の文　herは「彼女を［に］」という意味の代名詞

These are our cats. I like them.

複数形の文　themは「彼ら／彼女らを［に］／それらを［に］」という意味の代名詞

※同じ人やものについて言うときは，上の文のようにすでに出てきた語を繰り返さずに代名詞を使う。

▼人やものについて目的語で使われる代名詞

主語「～が（は）」	I	we	you	he	she	it	they
目的語「～を（に）」	me	us	you	him	her	it	them

※人やものについて「～の」という場合は，次の所有を表す代名詞を使う。

所有「～の」	my	our	your	his	her	its	their

（例）Do you know his friend, Ken? 〔彼の友だちのケンを知っていますか。〕

Words & Phrases　次の英語は日本語に，日本語は英語にしなさい。

□(1) know （　　　　　　）　□(4) ネコ ＿＿＿＿＿＿

□(2) at school （　　　　　　）　□(5) 妹［姉］ ＿＿＿＿＿＿

□(3) sometimes （　　　　　　）　□(6) かわいい ＿＿＿＿＿＿

1 日本語に合うように，（　）内から適切なものを選び，記号を〇で囲みなさい。

□(1) 私は彼女をあまりよく知りません。
I don't know (ア hers　イ her) very well.

□(2) ときどき彼を学校で見ます。
I sometimes see (ア him　イ his) at school.

□(3) 彼らを知っていますか。
Do you know (ア they　イ them)?

⚠ミスに注意
代名詞が動詞のあとにきているので，動詞の目的語になる。代名詞の主語，目的語，所有の形は覚えておこう。

2 絵を見て例にならい，英文を完成させなさい。

例 **I like her mother and her sister. → I like them.**

□(1) I need this book. → I need ＿＿＿＿＿＿.

□(2) I like my aunt very much. → I like ＿＿＿＿＿＿ very much.

□(3) I know the man very well. → I know ＿＿＿＿＿＿ very well.

テストによく出る!
物を表す代名詞
物を表す語が目的語になる場合，その代名詞は，単数ならit，複数ならthemになる。

3 日本語に合うように，（　）内の語句を並べかえなさい。

□(1) 彼らが見えますか。
(you / them / can / see)?
＿＿＿＿＿＿＿＿＿＿＿＿＿＿＿＿＿＿?

□(2) ときどき公園で彼女を見かけます。
I sometimes (her / see / the park / in).
I sometimes ＿＿＿＿＿＿＿＿＿＿＿＿＿＿＿＿.

□(3) これらはDVDです。私は家族といっしょにそれらを見ます。
These are DVDs. (them / watch / family / my / I / with).
These are DVDs. ＿＿＿＿＿＿＿＿＿＿＿＿＿＿.

注目!
動物を代名詞で表すとき
単数で性別がわかる場合には，he / sheを使う。複数の場合はtheyを使う。

Let's Talk 4 だれのもの?

時間 15分　解答 p.13

〈新出語・熟語 別冊p.11〉

教科書の重要ポイント　持ち主をたずねたり答えたりする文　教科書p.62

A : Whose umbrella is this? 〔これはだれのかさですか〕
「だれの」

B : It's Yuya's. 〔それはユウヤのです。〕 / **It's mine.** 〔それは私のものです。〕
所有者を表す　　所有者を表す

▼「これはだれの～ですか。」= Whose ～ is this?
～にはだれのものか聞きたい名詞が入る

※持ち主をたずねるときに使用する。

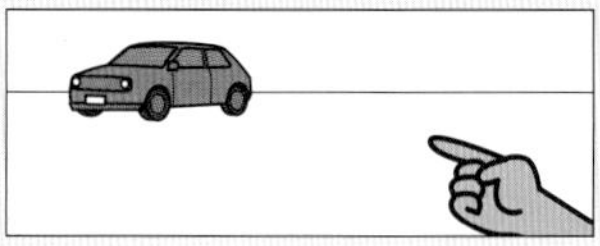

Whose racket is this? 〔これはだれのラケットですか。〕
近くにあるもの

Whose car is that? 〔あれはだれの車ですか。〕
離れたところにあるもの

Whose notebooks are these? 〔これらはだれのノートですか。〕
複数のノート　複数のもの

▼「それは[それらは]～のものです。」=〈It's[They are] + 「～のもの」.〉

自分のもの　It's mine. 〔それは私のものです。〕
だれかのもの　It's Mika's. 〔それはミカのものです。〕
彼のものの場合　They're his. 〔それは彼のものです。〕

※「～のもの」を表す語には次のような語がある。

私のもの	あなた(たち)のもの	彼のもの	彼女のもの	私たちのもの	彼[彼女]らのもの
mine	yours	his	hers	ours	theirs

Words & Phrases　次の英語は日本語に，日本語は英語にしなさい。

□(1) umbrella　(　　　　　)
□(2) Here you are.　(　　　　　)
□(3) bag　(　　　　　)
□(4) ありがとう。　＿＿＿＿＿＿
□(5) 筆箱　＿＿＿＿＿＿ ＿＿＿＿＿＿
□(6) もしかしたら　＿＿＿＿＿＿

1 日本語に合うように，(　)内から適切なものを選び，記号を○で囲みなさい。

□(1) これはだれのエプロンですか。

(ア Who　イ What　ウ Whose) apron is this?

□(2) あれはだれの自転車ですか。

Whose bicycle (ア is this　イ is these　ウ is that)?

□(3) それは私のものです。

It's (ア me　イ mine　ウ my).

2 絵を見て，会話文を完成させなさい。

□(1) ***Eri :*** Whose notebook ＿＿＿＿ ＿＿＿＿?

Sora : Maybe ＿＿＿＿ ＿＿＿＿.

□(2) ***Amy :*** ＿＿＿＿ T-shirt ＿＿＿＿ this?

Sora : It's ＿＿＿＿. It's a present for you.

□(3) ***Eri :*** ＿＿＿＿ ＿＿＿＿ ＿＿＿＿ these?

Sora : ＿＿＿＿ hers.

3 日本語に合うように，(　)内の語を並べかえなさい。

□(1) これはだれのかばんですか。

(bag / this / whose / is)?

＿＿＿＿＿＿＿＿＿＿＿＿＿＿＿＿＿＿＿＿?

□(2) これはだれのサングラスですか。

(these / whose / are / sunglasses)?

＿＿＿＿＿＿＿＿＿＿＿＿＿＿＿＿＿＿＿＿?

□(3) 多分，ソラのものです。

(Sora's / maybe / it's).

＿＿＿＿＿＿＿＿＿＿＿＿＿＿＿＿＿＿＿＿.

Targetのまとめ④　Can

時間 15分　解答 p.14

教科書の重要ポイント　～することができる

教科書p.63

▼「～することができる」＝〈主語＋can＋動詞の原形～〉

肯定文　I can play the piano.〔私はピアノをひくことができます。〕
　　　　主語　動詞（原形）

※canは，動詞の前に置いて，「～することができる」という意味を表す。

主語が何であっても，canの形は変わらず，動詞は原形のままだよ。

否定文　I cannot [=can't] play the piano.〔私はピアノをひくことができません。〕

※否定文は，動詞の前にcannot（短縮形はcan't）を置く。

疑問文　Can you play the piano?〔あなたはピアノをひくことができますか。〕

応答文　— Yes, I can. / No, I can't.〔はい，できます。／いいえ，できません。〕

※疑問文は，canを主語の前に出し，文末にクエスチョンマーク（?）をつける。

＼ナルホド！／

1 絵を見て例にならい，（　）内の指示に従ってcanを使った文を完成させなさい。

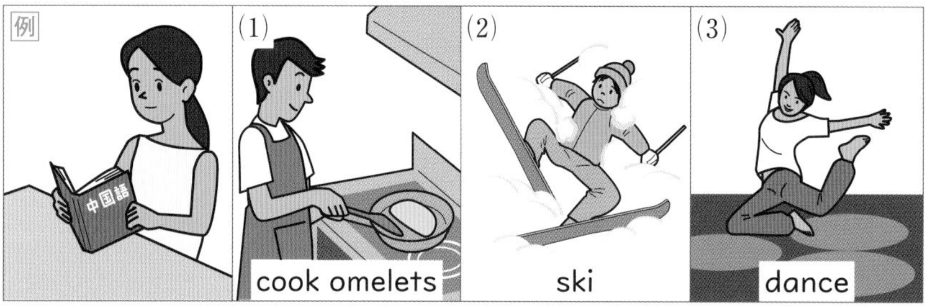

例 **She can read Chinese well.**

□(1) He ＿＿＿＿＿ ＿＿＿＿＿ omelets well.（肯定文で）

□(2) He ＿＿＿＿＿ ＿＿＿＿＿ well.（否定文で）

□(3) ＿＿＿＿＿ she ＿＿＿＿＿ well?（疑問文で）

　—Yes, ＿＿＿＿＿ ＿＿＿＿＿.

2 次の文を（　）内の指示に従って書きかえなさい。

□(1) Ben can play the guitar.（疑問文に）

＿＿＿＿＿＿＿＿＿＿＿＿＿＿＿＿＿＿＿＿

□(2) Ann can take a picture here.（否定文に）

＿＿＿＿＿＿＿＿＿＿＿＿＿＿＿＿＿＿＿＿

Targetのまとめ⑤　代名詞の変化

時間 15分　解答 p.14

教科書の重要ポイント　代名詞の形は，その働きによって変化する　教科書p.64

▼ 代名詞の働きとその形　代名詞は名詞（人やものなど）を代わりに示す。

意味＼働き	主語（～は，～が）	所有（～の）	目的語（～を，～に）	「～のもの」
私	I	my	me	mine
私たち	we	our	us	ours
あなた・あなたたち	you	your	you	yours
彼	he	his	him	his
彼女	she	her	her	hers
それ	it	its	it	
彼ら・彼女ら・それら	they	their	them	theirs
固有名詞	Brown	Brown's	Brown	Brown's

主語(～は,～が)　This is Bob. He is my friend.〔彼は私の友だちです。〕

所有(～の)　This is Selena. She is our teacher.〔彼女は私たちの先生です。〕

目的語(～を，～に)　Do you know us?〔あなたは私たちを知っていますか。〕

「～のもの」　This book is hers.〔この本は彼女のものです。〕

1 絵を見て例にならい，下線部に合う代名詞を書きなさい。

例 **She is a dancer. Do you know her?**

□(1) This is Ken. He is ______ cousin. I sometimes meet ______.

□(2) ______ are the members of my volleyball club. Do you know ______?

□(3) Whose guitar is this? It's ______.

2 日本語に合う英文になるように，(　)内の語を並べかえなさい。

□(1) これは私のお気に入りのTシャツです。私はその色が好きです。(like / color / I / its).

This is my favorite T-shirt. ______________________.

Unit 5 ～ Targetのまとめ⑤

時間 20分　解答 p.14

教科書 pp.56 ～ 64

1 正しいものを4つの選択肢の中から選びなさい。

□(1) I (　　) do kendo.

ア am　イ can　ウ is　エ play

□(2) (　　) is that boy in the room?

ア Who　イ What　ウ When　エ Where

□(3) Do you know (　　)?

ア she　イ her　ウ we　エ he

□(4) They are my friends and I like (　　).

ア her　イ him　ウ it　エ them

動詞に「～することができる」のような意味を加える言い方があったね。

2 日本語に合うように，____に入る適切な語を書きなさい。

□(1) 私は速く泳ぐことはできませんが，速く走ることはできます。

I ________ ________ ________, but I ________ ________ ________.

□(2) あなたは柔道をすることができますか。

________ ________ do judo?

□(3) 教室の中にいるあの男性はだれですか。

________ ________ that man in the classroom?

□(4) 私は彼を知っています。彼は私たちの先生です。

I ________ ________. He is ________ ________.

3 書く (　　)内の指示に従って，英文を書きかえなさい。

□(1) This girl is Hana.（だれかをたずねる文に）

____

□(2) You can dance well.（疑問文にしてyesで答える）

____

—____

ヒント　2 (3)下線____の数から短縮形かどうかがわかる。

定期テスト予報

●「～することができる」を表すcanと単に「～する」の使い分けが問われるでしょう。
⇒例：I can use it.〔私はそれが使える。〕 I use it.〔私はそれを使う。〕
文の意味の違いを確認しておきましょう。
●すでに話題の対象となっている男性や女性，ものの表し方が問われるでしょう。
⇒He[She] is ...の文に加え，単数/複数の表し方でまちがえないようにしましょう。

4 読む 次の会話文を読んで，あとの問いに答えなさい。

Emily : This is my sister Lily. Do you know ①(she)?
Aoi : Yes, I do. ②I sometimes see her at school.
Emily : And these are our cats, Pepper and Mint.
Aoi : They're very cute!
Emily : Yes. ③I (　　)(　　) very much.

□(1) 下線部①の(　)内の語を適切な形に変えなさい。

①＿＿＿＿＿＿

□(2) 下線部②の英文の日本語訳を完成させなさい。
私はときどき（　　　　　　　　　　　　）。

□(3) 下線部③が「私はそれらが大好きです。」という意味になるように，(　　)に入る適切な語を書きなさい。

③＿＿＿＿＿＿ ＿＿＿＿＿＿

5 話す 次の文を声に出して読み，問題に答え，答えを声に出して読んでみましょう。アプリ

Aoi : Oh, you have a guitar. Can you play it?
Emily : Yes, I can. How about you, Aoi?
Aoi : I can't play the guitar, but I can play the sax.
Emily : Great. Let's play music together.

□(1) Can Aoi play the guitar? (sheを主語にして答える)
— ＿＿＿＿＿＿＿＿＿＿＿＿

□(2) Can you play music? (あなた自身の答えを書く)
— ＿＿＿＿＿＿＿＿＿＿＿＿

ヒント 5 (1)名詞でなく代名詞を使って答える。

Unit 5～Target のまとめ⑤

ぴたトレ
3
確認テスト

Unit 5 ～ Targetのまとめ⑤

時間30分　／100点　合格70点

解答 p.15

教科書 pp.56 ～ 64

1 **下線部の発音が同じものには○を，そうでないものには×を，解答欄に書きなさい。** 6点

(1) speak / season　(2) chair / fire　(3) know / boat

2 **最も強く発音する部分の記号を解答欄に書きなさい。** 6点

(1) Chi - nese（ア イ）　(2) trum - pet（ア イ）　(3) to - geth - er（ア イ ウ）

3 **日本語に合うように，____に入る適切な語を書きなさい。** 18点

(1) 私は泳げませんが，スケートはできます。

I ______ ______, but I can ______.

よく出る (2) あの女の子たちはだれですか。

______ ______ ______ girls?

(3) ハナはイヌを2匹(ひき)飼っています。この写真でのそれらを見て。

Hana has ______ ______. Look at ______ in this picture.

4 **日本語に合うように，(　)内の語を並べかえなさい。** 18点

(1) あなたはバレーボールができますか。それをいっしょにやりましょう。

(you / play / volleyball / can)? Let's play it together!

(2) この男性はだれですか。―私のおじです。

(this / man / is / who)? ―(is / my / he / uncle).

(3) アオイに会いたいなあ。あなたは彼女を知っていますか。

I want to see Aoi. (you / her / do / know)?

5 読む **次の会話文を読んで，あとの問いに答えなさい。** 28点

***Amy*:** I like soccer.

***Kevin*:** Me, too! ①(　　) you play it?

***Amy*:** ②(play / I / well / it / can't), but Risa is very good at it.

***Kevin*:** ③Who is Risa? ④I (　　)(　　)(　　).

***Amy*:** Oh, sorry! She is my sister.

***Kevin*:** Really? I'm a good player, too.

***Amy*:** Wow! ⑤(can / you / anything / do / well).

(注) anything：何でも

成績評価の観点　知…言語や文化についての知識・技能　表…外国語表現の能力

(1) 下線部①の(　)内に合う語を入れて，文を完成させなさい。

(2) 下線部②が意味の通る英文となるように，(　)内の語を正しく並べかえなさい。

(3) 下線部③を日本語にしなさい。

(4) 下線部④が「私は彼女を知りません。」という意味になるように，(　)に適切な語を入れて，文を完成させなさい。

差がつく (5) 下線部⑤が意味の通る英文となるように，(　)内の語を正しく並べかえなさい。

点UP 6 書く 次のようなとき英語で何と言うか，(　)内の指示に従って書きなさい。表 24点

(1) 中国語を話せると言うとき。(4語で)

(2) 写真に写っている1人の女性がだれだか知りたいとき。(4語で)

(3) 相手がエミリーという女性について話していて，その人を知っていると答えるとき。(3語で)

1	(1) 2点	(2) 2点	(3) 2点		
2	(1) 2点	(2) 2点	(3) 2点		
3	(1) 6点	(2) 6点			
	(3) 6点				
4	(1) ? 6点				
	(2) ? . 6点				
	(3) ? 6点				
5	(1) 4点	(2) 5点			
	(3) 8点				
	(4) 6点				
	(5) 5点				
6	(1) 表 8点				
	(2) 表 8点				
	(3) 表 8点				

▶ 表 の印がない問題は全て 知 の観点です。

Unit 6 ぼくのおじいさん(Part 1)

時間 15分　解答 p.16

〈新出語・熟語 別冊p.11〉

教科書の重要ポイント　「彼[彼女]は～します」の文

教科書 pp.66～67

I live in Yamagata.　〔私は山形に住んでいます。〕
一般動詞

He lives in Yamagata.　〔彼は山形に住んでいます。〕
一般動詞＋s

▼ 主語がIやyou以外(3人称)で単数のとき，一般動詞にsまたはesがつく。

I live in Yamagata.
動詞の原形←主語はI

He lives in Yamagata.
〈一般動詞＋s〉←主語はHe（Iやyou以外で単数）

	単数	複数	一般動詞
1人称	I	we	live
2人称	you	you	live
3人称	he / she	they	live(s)

※s(es)をつける一般動詞の例

like → likes　　play → plays　　sをつける
teach → teaches　　go → goes　　esをつける
study → studies　　yをiにしてesをつける
have → has　　形を変える

Words & Phrases　次の英語は日本語に，日本語は英語にしなさい。

□(1) cherry　(　　　　)
□(2) weekend　(　　　　)
□(3) usually　(　　　　)
□(4) early　(　　　　)
□(5) orchard　(　　　　)
□(6) ～を育てる　＿＿＿＿
□(7) そこに　＿＿＿＿
□(8) ～を教える　＿＿＿＿
□(9) 祖 父　＿＿＿＿
□(10) 買い物にいく　＿＿＿＿　＿＿＿＿

1 日本語に合うように，（　）内から適切なものを選び，記号を○で囲みなさい。

□(1) 私の友だちはイヌを飼っています。

My friend （ ア have　イ has ） a dog.

□(2) チバさんは日曜日に車を洗います。

Mr. Chiba （ ア wash　イ washes ） his car on Sunday.

□(3) マコトとユミは英語を勉強します。

Makoto and Yumi （ ア study　イ studies ） English.

テストによく出る！

主語に注意する

(3)主語はMakoto　and Yumi。Iやyou以外だが，単数か複数かも注意する必要がある。

2 絵を見て例にならい，文を完成させなさい。

例 Daichi	(1) Emma	(2) Masaru	(3) Mr. Brown
practice / tennis	like / singing	play / the guitar	teach / math

例 **Daichi practices tennis.**

□(1) Emma ＿＿＿＿＿＿＿＿ ＿＿＿＿＿＿＿＿ .

□(2) Masaru ＿＿＿＿＿＿＿＿ ＿＿＿＿＿＿＿＿ ＿＿＿＿＿＿＿ .

□(3) Mr. Brown ＿＿＿＿＿＿＿＿ ＿＿＿＿＿＿＿＿ .

⚠ミスに注意

esをつけるべき動詞にsしかつけないことがないように注意しよう。

3 日本語に合うように，（　）内の語を並べかえなさい。

□(1) 私の姉は早く起きます。

(sister / up / early / gets / my).

＿＿＿＿＿＿＿＿＿＿＿＿＿＿＿＿＿＿＿＿＿ .

□(2) ケンはとても速く走ります。

(fast / very / Ken / runs).

＿＿＿＿＿＿＿＿＿＿＿＿＿＿＿＿＿＿＿＿＿ .

□(3) 私はこの歌がとても好きです。

(this / I / very / song / like / much).

＿＿＿＿＿＿＿＿＿＿＿＿＿＿＿＿＿＿＿＿＿ .

注目！

「早く」や「速く」など動詞を修飾する副詞は，動詞や目的語の後に置かれる。

Unit 6 ぼくのおじいさん(Part 2)

時間 15分　解答 p.16

〈新出語・熟語 別冊p.11〉

教科書の重要ポイント　「彼[彼女]は～しますか」とたずねる文　教科書 pp.68～69

Does he work every day?　〔彼は毎日働きますか。〕

疑問文　Iとyou以外の単数

—Yes, he does. / No, he does not[doesn't].　〔はい，働きます。／いいえ，働きません。〕

肯定　否定

▼「彼[彼女]は～しますか。」＝〈Does＋主語＋動詞の原形～?〉

肯定文　He works every day.　〔彼は毎日働きます。〕

一般動詞＋s

疑問文　Does he work every day?　〔彼は毎日働きますか。〕

主語の前に置く　一般動詞にs(es)はつけない

※主語がIとyou以外の単数で現在のことをたずねる疑問文は，Doesを主語の前に置く。canのときと同様に，主語のあとの一般動詞は原形となることに注意する。

▼「はい，～します。」＝〈Yes,＋主語＋does.〉

▼「いいえ，～しません。」＝〈No,＋主語＋does not[doesn't].〉

答え方　(肯定) Yes, he does.　答えるときもdoesを使う

(否定) No, he does not[doesn't].　doesのあとにnotを置く

does notの短縮形

Words & Phrases　次の英語は日本語に，日本語は英語にしなさい。

□(1) season　(　　　　　)

□(2) garbage　(　　　　　)

□(3) busy　(　　　　　)

□(4) alone　(　　　　　)

□(5) harvest　(　　　　　)

□(6) 整える　＿＿＿＿＿

□(7) 外へ　＿＿＿＿＿

□(8) 歩く　＿＿＿＿＿

□(9) ～の間中　＿＿＿＿＿

□(10) ～を出す　＿＿＿＿＿　＿＿＿＿＿

1 日本語に合うように，(　)内から適切なものを選び，記号を○で囲みなさい。

□(1) 彼女は毎日ピアノをひきますか。

Does she (ア play　イ plays) the piano every day?

□(2) サトウさんは東京に住んでいますか。

(ア Does　イ Do) Mr. Sato live in Tokyo?

□(3) ケンは食器を洗いますか。

Does Ken (ア washes　イ wash) the dishes?

テストによく出る!

Doesを使う疑問文

一般動詞の疑問文の場合，主語がIやyou以外の単数で現在のことであれば，Doesを使う。動詞にsやesはつけない。

2 絵を見て 例 にならい，文を完成させなさい。

例 **Does Yumi dance?**

—Yes, she does.

□(1) ＿＿＿＿ ＿＿＿＿ ＿＿＿＿ pizza?

—Yes, he does.

□(2) ＿＿＿＿ ＿＿＿＿ ＿＿＿＿ in the USA?

—Yes, ＿＿＿＿ ＿＿＿＿.

□(3) ＿＿＿＿ ＿＿＿＿ ＿＿＿＿ ＿＿＿＿ TV?

—No, ＿＿＿＿ ＿＿＿＿.

⚠ミスに注意

Yesで答えるときは〈主語＋does〉，Noで答えるときは〈主語＋doesn't〉だよ。

3 日本語に合うように，(　)内の語を並べかえなさい。

□(1) 彼女はひとりで勉強しますか。

(alone / study / does / she)?

＿＿＿＿＿＿＿＿＿＿＿＿＿＿＿＿＿＿＿＿?

□(2) いいえ，彼女はしません。

(doesn't / she / , / no).

＿＿＿＿＿＿＿＿＿＿＿＿＿＿＿＿＿＿＿＿.

□(3) 彼は休みの間いそがしくありません。

(is / busy / not / during / he) the vacation.

＿＿＿＿＿＿＿＿＿＿＿＿＿＿＿＿＿＿＿＿.

注目!

前置詞の位置

(3)duringは「～の間中」という意味の前置詞。期間を表す語句の前に置かれる。

ぴたトレ 1
要点チェック

Unit 6 ぼくのおじいさん(Part 3)

時間 15分　解答 p.16

〈新出語・熟語 別冊p.11〉

教科書の重要ポイント　「彼[彼女]は～しません」と否定する文　教科書 pp.70～71

He does not[doesn't] grow other fruits.　〔彼はほかの果物は育てません。〕
否定

▼「彼[彼女]は～しません。」=〈He[She] + does not[doesn't] +動詞の原形～.〉

肯定文　He grows other fruits.　〔彼はほかの果物を育てます。〕
一般動詞+s

↓

否定文　He does not[doesn't] grow other fruits.
一般動詞にs(es)はつけない

※主語がIとyou以外の単数で現在のことを言う否定文は，一般動詞の前に does not[doesn't] を置く。そのあとに続く動詞は原形となることに注意する。

Words & Phrases　次の英語は日本語に，日本語は英語にしなさい。

□(1) table tennis (　　　　)
□(2) speak (　　　　)
□(3) help (　　　　)
□(4) Chinese (　　　　)
□(5) novel (　　　　)
□(6) ほかの ______
□(7) 美術 ______
□(8) いつか ______
□(9) ～したい ______ ______ ～
□(10) マンガ本 ______ ______

1 日本語に合うように，(　)内から適切なものを選び，記号を○で囲みなさい。

□(1) 彼はリンゴを食べません。

He doesn't (ア eat　イ eats) apples.

□(2) 彼女は犬を飼っていません。

She (ア isn't　イ doesn't) have a dog.

□(3) ポールは日本語がわかりません。

Paul doesn't (ア understand　イ understands) Japanese.

テストによく出る!

isn'tかdoesn'tかの見分け方

その後ろに一般動詞が続く場合は，doesn't，そうでない場合はisn'tとなる。

2 絵を見て例にならい，文を完成させなさい。

例 **Mr. Jones doesn't like fish.**

□(1) Sally ＿＿＿＿＿ ＿＿＿＿＿ basketball.

□(2) George ＿＿＿＿＿ ＿＿＿＿＿ a bag.

□(3) Mika ＿＿＿＿＿ ＿＿＿＿＿ ＿＿＿＿＿ ＿＿＿＿＿.

⚠ミスに注意

否定文では動詞の原形を使うことに注意。

3 日本語に合うように，(　)内の語句を並べかえなさい。

□(1) 彼女は中国語を話しません。

(speak / she / doesn't / Chinese).

＿＿＿＿＿＿＿＿＿＿＿＿＿＿＿＿＿＿＿＿＿＿＿＿.

□(2) タナカ先生は音楽を教えていません。

(doesn't / Ms. Tanaka / music / teach).

＿＿＿＿＿＿＿＿＿＿＿＿＿＿＿＿＿＿＿＿＿＿＿＿.

□(3) 私は川で泳ぎたいです。

(to / in / want / I / swim / river / the).

＿＿＿＿＿＿＿＿＿＿＿＿＿＿＿＿＿＿＿＿＿＿＿＿.

注目!

doesn'tの位置

doesn'tは，否定文で使われる。いつも動詞の前に置かれる。

Unit 6

Let's Talk 5 お願い

時間 15分　解答 p.17

〈新出語・熟語 別冊p.11〉

教科書の重要ポイント　相手に依頼する文　教科書p.72

A **: Can you help me?**　〔手伝ってもらえますか。〕

B **: Sure. / All right. / OK.**　〔もちろん。／はい。／いいよ。〕

▼「～してくれますか。」＝Can you ～?

～には相手にしてもらいたいことが入る

相手にしてもらいたいことを依頼するときに使用する。

承諾するとき

Sure.〔もちろん。／いいですよ。〕

All right.〔はい。〕

OK.〔いいよ。〕

断るとき

I'm sorry, but I'm busy right now.

〔ごめんね，でも今はいそがしいの。〕

など

Words & Phrases　次の英語は日本語に，日本語は英語にしなさい。

□(1) wipe　(　　　　　　)　□(3) 野菜 ＿＿＿＿＿＿

□(2) cut　(　　　　　　)　□(4) 料理 ＿＿＿＿＿＿

1 英文が正しい会話文となるように，(1)(2)に入る適切な語句をそれぞれ下の□内から選んで書きなさい。

□(1) ***Emily :*** Can you ＿＿＿＿ ＿＿＿＿ ＿＿＿＿?

□(2) ***Sora :*** ＿＿＿＿.

sure / clean / the room

2 日本語に合うように，(　)内の語句を並べかえなさい。

□(1) 皿を洗ってもらえますか。

(you / the dishes / can / wash)?

＿＿＿＿＿＿＿＿＿＿＿＿＿＿＿＿＿＿＿＿?

□(2) 本を片づけてもらえますか。

(put / you / away / can / your books)?

＿＿＿＿＿＿＿＿＿＿＿＿＿＿＿＿＿＿＿＿?

Targetのまとめ⑥

時間 15分　解答 p.17

教科書の重要ポイント　3人称・単数・現在　教科書p.73

▼ 主語が3人称・単数で現在のことを表すとき，一般動詞にsやesをつける。

He likes soccer. 〔彼はサッカーが好きです。〕

She teaches English. 〔彼女は英語を教えます。〕

※3人称とは，自分や相手以外の人やものをいう。

（例）単数　he，she，Kenなど　複数　they，Chen and Soraなど

自分のことは1人称，相手のことは2人称という。

1人称　単数　I　複数　we

2人称　単数　you　複数　you

※3人称・単数・現在の動詞は次のように変形する。

・s，o，sh，chで終わる場合esをつける。（例）go⇒goes，teach⇒teaches

・〈子音字＋y〉で終わる場合yをiに変えてesをつける。（例）study⇒studies

・上記以外はそのままsをつける。（例）like⇒likes，play⇒plays

▼ 疑問文「～しますか。」は，〈Does＋主語＋動詞の原形～?〉の形を使う。

疑問文　答え方

Does Mayu work every day? —Yes, she does. / No, she does not[doesn't].

〔マユは毎日働きますか。〕—〔はい，彼女は働きます。/ いいえ，彼女は働きません。〕

▼ 否定文「～しません。」は，〈主語＋does not[doesn't]＋動詞の原形～.〉の形を使う。

Your brother does not[doesn't] play baseball. 〔あなたの兄は野球をしません。〕

1 絵を見て例にならい，それぞれの絵に合う現在形の文を完成させなさい。

例 **He plays the guitar.**

□(1) The girl ＿＿＿＿＿＿ math.

□(2) ＿＿＿＿＿＿ Makoto ＿＿＿＿＿＿ English? —Yes, he ＿＿＿＿＿＿.

Unit 6 ～ Targetのまとめ⑥

時間 20分　解答 p.17
教科書 pp.66 ～ 73

1 正しいものを2つの選択肢の中から選びなさい。

□(1) He (　　) to school on weekdays.
　ア go　イ goes

□(2) Does Ryoko (　　) in Tokyo?
　ア live　イ lives

□(3) My grandfather doesn't (　　) the piano.
　ア play　イ plays

□(4) Can you (　　) me?
　ア help　イ helps

2 正しいものを4つの選択肢の中から選びなさい。

□(1) My brother (　　) soccer very much.
　ア like　イ likes　ウ play　エ plays

□(2) Does she (　　) shopping with her family?
　ア go　イ have　ウ goes　エ has

□(3) My father does not (　　) up early on weekends.
　ア go　イ goes　ウ get　エ gets

□(4) (　　) you cut tomatoes?
　ア Are　イ Does　ウ Is　エ Can

3 書く (　)内の指示に従って，英文を書きかえなさい。

□(1) He eats beef.（否定文に）

____

□(2) Your grandmother plays table tennis.（疑問文に）

____

―Yes, she does.

ヒント　3 (1)(2)doesやdoesn'tを使ったら，動詞は原形に戻す。

定期テスト 予報	●3人称・単数・現在形では動詞を適切に変化させられるかどうかが問われるでしょう。 ⇒Iとyou以外の単数の主語で現在を表す場合，一般動詞にsかesをつけます。(例外についてはp. 79参照) ●3人称・単数・現在形の平叙文を疑問文に変形できるかどうかが問われるでしょう。 ⇒doesを使う一般動詞の疑問文では動詞を原形に戻すのを忘れないよう，繰り返し練習しましょう。

4 読む 次の会話文を読んで，あとの問いに答えなさい。

Chen : Does your grandfather work every day?
Sora : Yes, he does. He's very busy ①(　　　) the harvest season.
Chen : ②(彼はひとりで働いているのですか。)
Sora : No, he doesn't. ③He works with my uncle and aunt. They live together.

□(1) 下線部①が「収穫期の間は」という意味になるよう，(　)に入る最も適切なものを1つ選び，記号に○をつけなさい。

ア about　イ during　ウ from

□(2) 下線部②の(　)内の日本語を英語にしなさい。

② ______________________________

□(3) 下線部③を日本語にしなさい。

(　　　　　　　　　　　　　　　　　　　　)

5 話す 次の文を声に出して読み，問題に答え，答えを声に出して読んでみましょう。アプリ

Emily : Does your grandfather grow other fruits?
Sora : No. He doesn't grow other fruits. But he grows rice.
Emily : Do you help your grandfather?
Sora : No, I don't. But I want to grow cherries with him someday.

□(1) Does Sora help his grandfather?

— ______________________________

□(2) What does Sora's grandfather grow?

— ______________________________

ヒント 4 (1)aboutは「～について」，duringは「～の間中」，fromは「～から(の)」。
5 (2)〈What does＋主語～?〉で，「主語は何を～していますか」の意味になる。

ぴたトレ **3** 確認テスト

Unit 6 ～ Targetのまとめ⑥

時間 30分　／100点　合格 70点　解答 p.18

教科書 pp.66 ～ 73

1 下線部の発音が同じものには○を，そうでないものには×を，解答欄に書きなさい。 6点

(1) weekend　teach
(2) work　horse
(3) early　year

2 最も強く発音する部分の記号を解答欄に書きなさい。 6点

(1) u – su – al – ly
　ア　イ　ウ　エ
(2) week – end
　ア　イ
(3) a – lone
　ア　イ

3 日本語に合うように，____に入る適切な語を書きなさい。 18点

よく出る (1) ユキはペットを飼っていますか。
____ Yuki have a pet?

(2) 私の兄は歩いて学校に行きます。
My brother ____ to school.

(3) 手伝ってもらえますか。
____ you ____ me?

4 ____に適切な語を入れ，それぞれの会話を完成させなさい。 18点

(1) A : ____ your grandmother like chocolate?
B : Yes, she does.

(2) A : What does John usually eat?
B : He usually ____ bread.

(3) A : ____ your mother cook every day?
B : No, she ____.

5 読む 次の会話文を読んで，あとの問いに答えなさい。 28点

Hana : Look at this picture. This is my aunt.
Kate : Oh, it's a nice picture! Is this London Tower?
Hana : Yes, it is. ①She (in / lives / London) alone.
Kate : (②) she work there?
Hana : Yes, she (③). ④(彼女は日本語を教えています。)
Kate : Wow! ⑤That's great.

成績評価の観点　知…言語や文化についての知識・技能　表…外国語表現の能力

(1) 下線部①の(　)内の語を正しく並べかえなさい。

(2) (②)に入る適切な語を書きなさい。

(3) (③)に入る最も適切なものを１つ選び，記号を書きなさい。

ア do　イ is　ウ does

差がつく (4) 下線部④の(　)内の日本語を英語にしなさい。

(5) 下線部⑤を日本語にしなさい。

点UP **6** 書く **次のようなとき英語で何と言うか，(　)内の語数で書きなさい。** 表　24点

(1) 自分の母が東京で働いていることを伝えるとき。(５語)

(2) ユタカはトランペットを演奏するかどうかをたずねるとき。(５語)

(3) メアリーは日本語を話さないことを伝えるとき。(４語)

❶	(1)	2点	(2)	2点	(3)	2点	❷	(1)	2点	(2)	2点	(3)	2点
❸	(1)	6点	(2)	6点									
	(3)	6点											
❹	(1)	6点	(2)	6点									
	(3)	6点											
❺	(1)	8点	(2)	4点									
	(3)	4点	(4)	8点									
	(5)	4点											
❻	(1)	表 8点											
	(2)	表 8点											
	(3)	表 8点											

▶ 表の印がない問題は全て知の観点です。

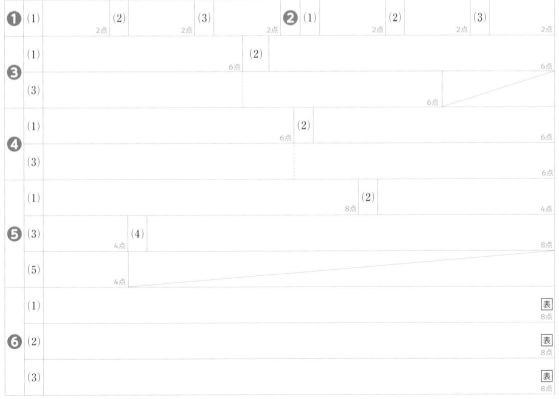

ぴたトレ
1
要点チェック

Unit 7 アメリカの学校(Part 1)

時間 15分 解答 p.19

〈新出語・熟語 別冊p.12〉

教科書の重要ポイント 「いつ」と時をたずねる文

教科書 pp.74～75

When does the school year begin? 〔いつ学年が始まりますか。〕
疑問詞

—It begins in September. 〔それは9月に始まります。〕

▼「～はいつ…しますか。」=〈When+do[does]+主語+一般動詞の原形～?〉
※Whenを文頭に置き，そのあとに一般動詞の疑問文の語順を続ける。

一般動詞の疑問文　Does the school year begin?
↓疑問文の語順のまま
Whenの疑問文　When does the school year begin?

When is Labor Day? 〔労働者の日はいつですか。〕
疑問詞　be動詞

—It is the first Monday of September. 〔それは9月の第1月曜日です。〕

▼「～はいつですか。」=〈When+be動詞+主語?〉
※Whenを文頭に置き，そのあとにbe動詞の疑問文の語順を続ける。

be動詞の疑問文　Is Labor Day on the first Monday of September?
↓疑問文の語順のまま
Whenの疑問文　When is Labor Day?

Words & Phrases 次の英語は日本語に，日本語は英語にしなさい。

□(1) begin (　　　)
□(2) bath (　　　)
□(3) practice (　　　)
□(4) vacation (　　　)
□(5) 朝食 ＿＿＿＿
□(6) 宿題 ＿＿＿＿
□(7) ～をみがく ＿＿＿＿
□(8) ～まで ＿＿＿＿

1 日本語に合うように，(　)内から適切なものを選び，記号を○で囲みなさい。

□(1) いつ冬休みが始まりますか。
When (ア does　イ is) the winter vacation begin?

□(2) あなたはいつピアノの練習をしますか。
When (ア does　イ do) you practice the piano?

□(3) 祭りはいつですか。
When (ア is　イ does) the festival?

テストによく出る!
be動詞か一般動詞かを見きわめる
「～はいつですか。」ならbe動詞，「いつ～しますか。」という動作をともなう質問なら，一般動詞を使う。

2 絵を見て例にならい，文を完成させなさい。

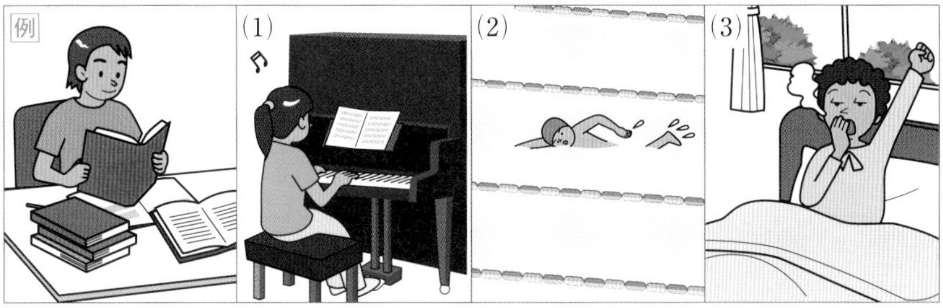

例 **When does Masaki do his homework?**

□(1) ＿＿＿＿ does Mika ＿＿＿＿ the piano?

□(2) ＿＿＿＿ ＿＿＿＿ you ＿＿＿＿?

□(3) ＿＿＿＿ ＿＿＿＿ your mother ＿＿＿＿ up?

⚠ミスに注意
主語はだれか(何か)，動詞は一般動詞か，be動詞かに注意をしよう。

3 日本語に合うように，(　)内の語を並べかえなさい。

□(1) あなたはいつ歯をみがきますか。
(do / your / when / you / brush / teeth)?
＿＿＿＿＿＿＿＿＿＿＿＿＿＿＿＿＿＿＿＿?

□(2) あなたのお父さんはいつ家を出ますか。
(father / leave / when / your / does / home)?
＿＿＿＿＿＿＿＿＿＿＿＿＿＿＿＿＿＿＿＿?

□(3) 私たちは2カ月夏休みがあります。
(two-month / vacation / summer / have / we / a).
＿＿＿＿＿＿＿＿＿＿＿＿＿＿＿＿＿＿＿＿.

注目!
並べかえ問題のコツは，まず動詞を見つけること。そこから，どこへ行くのか，何をするのか，主語はだれか，などをつなげていくよ。

Unit 7 アメリカの学校(Part 2)

時間 15分 解答 p.19

〈新出語・熟語 別冊p.12〉

教科書の重要ポイント 「どこ」と場所をたずねる文

教科書 pp.76～77

Where do they keep their textbooks? 〔彼らはどこに教科書をしまっておきますか。〕
疑問詞 (Where)

—They keep them in their lockers. 〔彼らはそれらをロッカーにしまっておきます。〕

▼「～はどこで…しますか。」＝〈Where＋do[does]＋主語＋一般動詞の原形～?〉

※Whereを文頭に置き，そのあとに一般動詞の疑問文の語順を続ける。

一般動詞の疑問文　Do they keep their textbooks?

↓疑問文の語順のまま

Whereの疑問文　Where do they keep their textbooks?

Where are their lockers? 〔彼らのロッカーはどこにありますか。〕
疑問詞 (Where)　be動詞 (are)

—They are in the hallway. 〔それらは廊下にあります。〕

▼「～はどこですか。」＝〈Where＋be動詞＋主語?〉

※Whereを文頭に置き，そのあとにbe動詞の疑問文の語順を続ける。

be動詞の疑問文　Are their lockers in the hallway?

↓疑問文の語順のまま

Whenの疑問文　Where are their lockers?

Words & Phrases 次の英語は日本語に，日本語は英語にしなさい。

□(1) sleep (　　　　)
□(2) wall (　　　　)
□(3) key (　　　　)
□(4) put (　　　　)
□(5) ソファ ＿＿＿＿
□(6) 生徒 ＿＿＿＿
□(7) ～の下に ＿＿＿＿
□(8) ～を見つける ＿＿＿＿

1 日本語に合うように，(　)内から適切なものを選び，記号を○で囲みなさい。

□(1) あなたのネコはどこですか。

Where (ア are　イ is) your cat?

□(2) アサノさんはどこに住んでいますか。

Where (ア does　イ is) Mr. Asano live?

□(3) あなたは今どこにいますか。

Where (ア are　イ do) you now?

テストによく出る!

do[does]は動詞？

疑問文のときに使うdo[does]は助動詞。だから，ほかに動詞が必要なのです。

2 絵を見て例にならい，文を完成させなさい。

例 **Where does your dog run?**

—He runs in the park.

□(1) ＿＿＿＿＿ ＿＿＿＿＿ the boys play baseball?

—They play baseball in the park.

□(2) ＿＿＿＿＿ ＿＿＿＿＿ Jane ＿＿＿＿＿?

—She ＿＿＿＿＿ at the library.

□(3) ＿＿＿＿＿ ＿＿＿＿＿ Michael ＿＿＿＿＿ on the phone?

—＿＿＿＿＿ ＿＿＿＿＿ in his room.

⚠ミスに注意

答えから質問を類推し，空欄をうめましょう。

3 日本語に合うように，(　)内の語を並べかえなさい。

□(1) 彼女はどこで昼食を食べますか。

(lunch / have / does / she / where)?

＿＿＿＿＿＿＿＿＿＿＿＿＿＿＿＿＿＿＿＿?

□(2) ケンとミホはどこにいますか。

(Ken / are / where / Miho / and)?

＿＿＿＿＿＿＿＿＿＿＿＿＿＿＿＿＿＿＿＿?

□(3) 私は机の上に本を置きません。

(put / I / my / books / desk / on / don't / the).

＿＿＿＿＿＿＿＿＿＿＿＿＿＿＿＿＿＿＿＿.

注目!

Whereをとっても疑問文の形

一般動詞を使う場合も，be動詞を使う場合も，Whereに続く文は，必ず疑問文の形になるよ。

ぴたトレ
1
要点チェック

Unit 7 アメリカの学校(Part 3)

時間 15分　解答 p.19

〈新出語・熟語 別冊p.12〉

教科書の重要ポイント　「どのように」と方法をたずねる文

教科書 pp.78～79

How do they go to school?　〔彼らはどうやって学校に行くのですか。〕

疑問詞

—They go to school by bus.　〔彼らはバスで学校に行きます。〕

▼ 「～はどうやって…しますか。」＝〈How＋do[does]＋主語＋一般動詞の原形～?〉

※Howを文頭に置き，そのあとに一般動詞の疑問文の語順を続ける。

一般動詞の疑問文　Do they go to school?

↓疑問文の語順のまま

Howの疑問文　How do they go to school?

When や Where，How 以外に Who や What などの疑問詞もある。どれも疑問詞のあとは，基本的に疑問文の語順が続く。

Words & Phrases　次の英語は日本語に，日本語は英語にしなさい。

□(1) bike　(　　　　)

□(2) spaghetti　(　　　　)

□(3) finger　(　　　　)

□(4) fork　(　　　　)

□(5) come　(　　　　)

□(6) 故郷の町　＿＿＿＿

□(7) 電車　＿＿＿＿

□(8) ～の近くに　＿＿＿＿

□(9) ～を拾う　＿＿＿＿

□(10) 無料の　＿＿＿＿

1 日本語に合うように，(　)内から適切なものを選び，記号を〇で囲みなさい。

□(1) あなたのお母さんはどうやって仕事に行きますか。
How (ア is　イ does) your mother go to work?

□(2) あなたはどうやってケーキを食べますか。
How (ア do　イ does) you eat cake?

□(3) 彼らはどうやってここへ来ますか。
How do they (ア come　イ comes) here?

テストによく出る!
Howのあとに注目！
Howの続きが正しい疑問文の形になっていれば，正解。

2 絵を見て 例 にならい，文を完成させなさい。

例 **How does Mr. Kim go to work?**
—He goes to work by bus.

□(1) How does Ms. Smith eat *ramen*?
—She ＿＿＿＿＿＿ *ramen* ＿＿＿＿＿＿ chopsticks.

□(2) How does Ted go to the station?
—He ＿＿＿＿＿＿ there by ＿＿＿＿＿＿.

□(3) How do the girls eat spaghetti?
—They ＿＿＿＿＿＿ it ＿＿＿＿＿＿ ＿＿＿＿＿＿.

⚠ミスに注意
3人称・単数・現在のs/esを忘れずに。

3 日本語に合うように，(　)内の語を並べかえなさい。

□(1) あなたはどうやってギターをひきますか。
(guitar / how / play / you / the / do)?
＿＿＿＿＿＿＿＿＿＿＿＿＿＿＿＿＿＿＿＿＿＿＿＿＿＿＿＿＿＿?

□(2) タケルは指ですしを食べます。
(his / sushi / with / eats / Takeru / fingers).
＿＿＿＿＿＿＿＿＿＿＿＿＿＿＿＿＿＿＿＿＿＿＿＿＿＿＿＿＿＿.

□(3) あなたはこの本を学校に持っていきますか。
(book / your / take / you / this / to / do / school)?
＿＿＿＿＿＿＿＿＿＿＿＿＿＿＿＿＿＿＿＿＿＿＿＿＿＿＿＿＿＿?

注目!
withとbyはどう使い分ける？
withは道具によるもの，byは手段・方法によるものと覚えよう。

Let's Talk 6 道案内

時間 15分　解答 p.20

〈新出語・熟語 別冊p.12〉

教科書の重要ポイント　道順を伝える文　教科書p.80

Go straight down this street.　〔この通りをまっすぐ行ってください。〕

▼「～をまっすぐに進んでください。」＝Go straight ～.
～には〈on/down/along＋道路や通り〉などが入る

Turn right at the park.
〔公園で右に曲がってください。〕

It's on your left.
〔それはあなたの左にあります。〕

▼「～で右折してください。」
＝Turn right at ～.
～には曲がる場所が入る

▼「それはあなたの～にあります。」
＝It's on your ～.
～には目的の場所がある方向が入る

Words & Phrases　次の英語は日本語に，日本語は英語にしなさい。

□(1) library　(　　　　　　　　)
□(2) miss　(　　　　　　　　)
□(3) 曲がる　＿＿＿＿＿＿
□(4) 通り(道)　＿＿＿＿＿＿

1 地図を見て，道順を示す文を完成させなさい。

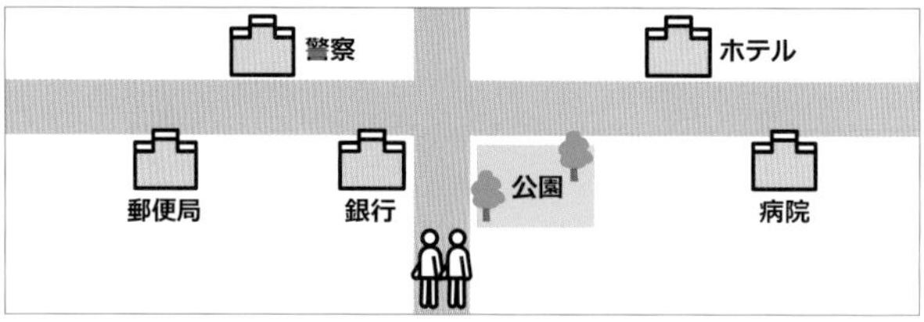

□ ***A tourist :*** Excuse me.　Where's the post office?

Aoi : It's near here.　(1)Go ＿＿＿＿＿ down this street.

(2)Turn ＿＿＿＿＿ at the ＿＿＿＿＿.

(3)It's ＿＿＿＿＿ ＿＿＿＿＿ ＿＿＿＿＿.

2 日本語に合うように，(　)内の語を並べかえなさい。

□(1) この通りを直進してください。
(this / go / down / street / straight).

＿＿＿＿＿＿＿＿＿＿＿＿＿＿＿＿＿＿＿＿.

□(2) 公園で右に曲がってください。
(right / the / park / turn / at).

＿＿＿＿＿＿＿＿＿＿＿＿＿＿＿＿＿＿＿＿.

ぴたトレ 1
要点チェック

Targetのまとめ⑦

時間 15分　解答 p.20

教科書の重要ポイント　疑問詞を使う疑問文

教科書p81

▼ what → 「何を」とたずねるときに使う。whatを文頭に置いたあとは疑問文の形となる。

What do you see in the picture? 〔あなたはこの写真で何が見えますか。〕

「何の～」とたずねるときは〈what＋名詞〉の形を使う。

What food do you like? 〔あなたは何の食べ物が好きですか。〕

▼ who → 知らない人に対して「だれ」とたずねるときに使う。

Who is this girl? 〔この少女はだれですか。〕

▼ whose → 「だれの」とたずねるときに使う。

Whose book is this? 〔これはだれの本ですか。〕

▼ when → 「いつ」と時をたずねるときに使う。

When do you take a bath? 〔あなたはいつ風呂に入りますか。〕

▼ where → 「どこ」と場所をたずねるときに使う。

Where is your pen case? 〔あなたの筆箱はどこですか。〕

▼ how → 「どのように」と方法をたずねるときに使う。

How do you go to school? 〔あなたはどのように学校に行きますか。〕

—I go to school by bike. 〔私は自転車で学校に行きます。〕

1 日本語に合うように，(　)内の語句を並べかえなさい。

□(1) あなたは何時に寝ますか。

(go to bed / time / you / do / what)?

______________________________?

□(2) あなたの学校はいつ始まりますか。

(your school / when / does / begin)?

______________________________?

□(3) あなたはどうやってここに来ますか。

(you / How / come / here / do)?

______________________________?

Unit 7 ～ Targetのまとめ⑦

時間 20分　解答 p.20

教科書 pp.74～81

1 正しいものを４つの選択肢の中から選びなさい。

文全体の意味を推測して，当てはまる答えをさがそう。

□(1) Where (　　) your school?

ア does　イ is　ウ do　エ are

□(2) (　　) does the festival begin?

ア Who　イ What　ウ When　エ Whose

□(3) How (　　) your father go to work?

ア do　イ does　ウ is　エ are

□(4) The post office (　　) on your right.

ア is　イ are　ウ do　エ does

2 日本語に合うように，＿＿に入る適切な語を書きなさい。

□(1) あなたはいつお風呂に入りますか。

When ________ ________ take a bath?

□(2) 図書館のところで左に曲がって。

________ left ________ the library.

□(3) この通りをまっすぐ行って。

________ ________ down this street.

□(4) あなたのお母さんはどうやって病院に行っていますか。

________ ________ your mother ________ to the hospital?

3 書く (　)内の指示に従って，英文を書きかえなさい。

□(1) He usually gets up at seven. (下線部を問う疑問文に)

____

□(2) They put their bags under their desks. (下線部を問う疑問文に)

____

ヒント 3 (1)は時刻，(2)は場所について述べていることに注目する。

定期テスト予報

●適切な疑問詞を使った疑問文を作れるかどうかが問われるでしょう。
⇒「どこで」や「いつ」「どうやって」などを問う疑問文を作る練習をしましょう。
●応答文から疑問文を作れるかどうかが問われるでしょう。
⇒答えだけで，どのようなことを質問しているのかがわかるようにしておきましょう。

4 読む 次の会話文を読んで，あとの問いに答えなさい。

Emily : In the USA, students usually don't bring their textbooks home.
Sora : (①) do they keep their texbooks?
Emily : ②(彼らはそれらを自分たちのロッカーにしまっておきます。)
Sora : Where are the lockers?
Emily : ③They're (　　) (　　) (　　).

□(1) (①)に入る最も適切なものを1つ選び，記号に○をつけなさい。
ア When　イ How　ウ Where

□(2) 下線部②の(　)内の日本語を英語にしなさい。
②＿＿＿＿＿＿＿＿＿＿

□(3) 下線部③が「それらは廊下にあります」という意味になるように，(　)に入る適切な語を書きなさい。
＿＿＿＿ ＿＿＿＿ ＿＿＿＿

5 話す 次の文を声に出して読み，問題に答え，答えを声に出して読んでみましょう。Travelerは男性とします。アプリ

Traveler : Where's the library?
Aoi : It's near here. Go straight on this street. Turn right at the park. It's on your left.
You can't miss it.
Traveler : OK. I see. Thanks.
Aoi : You're welcome.

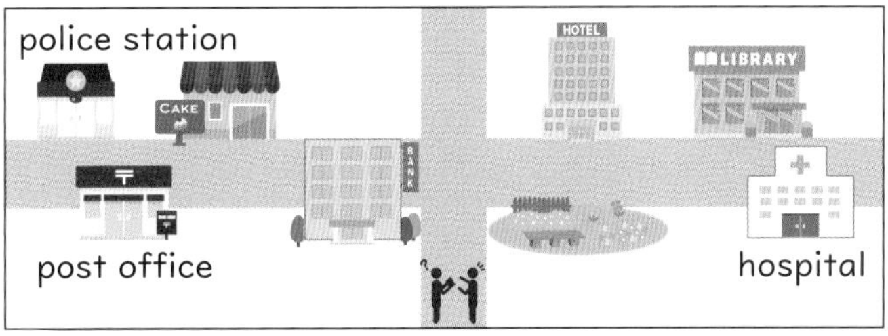

□(1) Where does the traveler go?
―＿＿＿＿＿＿＿＿＿＿

□(2) Please tell the way to the police station.
―＿＿＿＿＿＿＿＿＿＿

ヒント 4 (3)「廊下」はhallway。
5 (1)Aoiの説明に注目する。

Unit7～Targetのまとめ⑦

3
確認テスト

Unit 7 ～
Target のまとめ⑦

時間 30分 ／100点　合格 70点　解答 p.21

教科書 pp.74 ～ 81

❶ 下線部の発音が同じものには〇を，そうでないものには×を，解答欄に書きなさい。　6点

(1) st<u>u</u>dent　　　　(2) strai<u>gh</u>t　　　　(3) k<u>ee</u>p

s<u>u</u>bject　　　　chocolat<u>e</u>　　　　sp<u>ea</u>k

❷ 最も強く発音する部分の記号を解答欄に書きなさい。　6点

(1) break – fast　　　　(2) cal – en – dar　　　　(3) va – ca – tion

　　ア　　イ　　　　　　　ア　　イ　　ウ　　　　　　ア　　イ　　ウ

❸ 日本語に合うように，＿＿＿に入る適切な語を書きなさい。　18点

(1) ナンシーはいつ寝ますか。

When _____ Nancy _____ to bed?

(2) 彼らはどこで野球を練習しますか。

Where _____ they _____ _____?

(3) この食べ物はどうやって食べるのですか。

_____ _____ _____ eat this food?

❹ ＿＿＿に適切な語を入れ，それぞれの会話文を完成させなさい。　18点

(1) **A :** _____ does your grandmother go to the hospital?

B : She goes there by bus.

よく出る (2) **A :** _____ do you have lunch?

B : I have lunch at 12:30.

(3) **A :** _____ do you want to live?

B : I want to live in Nagoya.

❺ 読む 次の会話文を読んで，あとの問いに答えなさい。　28点

Mana :　Come in, this is my room.

Chloe :　Wow, it's so cute!　①(あなたのネコはどこですか。)

Mana :　She's in the living room now. ②(there /usually / she / sleeps).

Chloe :　That's good. (③) does she get up?

Mana :　④She usually gets up before dinner.

成績評価の観点　知 …言語や文化についての知識・技能　表 …外国語表現の能力

差がつく (1) 下線部①の(　)内の日本語を英語にしなさい。

(2) 下線部②の(　)内の語を正しく並べかえなさい。

(3) (③)に入る最も適切なものを1つ選び，記号を書きなさい。

ア How　イ When　ウ Where

(4) 下線部④を日本語にしなさい。

点UP 6 書く 次のようなとき英語で何と言うか，(　)内の語数で書きなさい。表　24点

(1) 相手がどうやって通学しているのかたずねるとき。(6語)

(2) 生徒たちがどこでサッカーをするのかたずねるとき。(5語)

(3) 冬休みがいつ始まるかたずねるとき。(6語)

❶	(1)	2点	(2)	2点	(3)	2点	❷	(1)	2点	(2)	2点	(3)	2点
❸	(1)	6点	(2)	6点									
	(3)	6点											
❹	(1)	6点	(2)	6点	(3)	6点							
❺	(1)	10点											
	(2)	7点	(3)	3点									
	(4)	8点											
❻	(1)	表 8点											
	(2)	表 8点											
	(3)	表 8点											

▶ 表 の印がない問題は全て 知 の観点です。

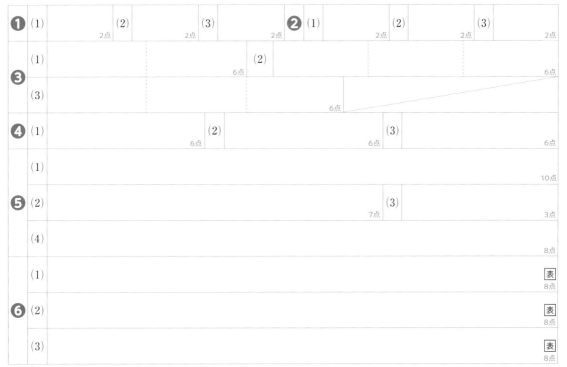

Unit 8 ベル先生の買い物(Part 1)

時間 15分　解答 p22

〈新出語・熟語 別冊p.13〉

教科書の重要ポイント　「どれを」「どちらを」とたずねる文

教科書 pp.82～83

Which do you recommend, a fan heater or a *kotatsu*?

どちらを

〔ファンヒーターとこたつのどちらをおすすめしますか。〕

▼「AとBのどちらが～ですか。」＝Which ～, A or B?

Which do you recommend, a fan heater or a *kotatsu*?

疑問詞　疑問文の語順　A　B

—I recommend a ***kotatsu*.** 〔私はこたつをおすすめします。〕

※いくつかの選択肢がある場合，「どれを」「どちらを」とたずねるときは，疑問詞whichを使う。

〈Which + do[does] + 主語 + 一般動詞，A or B?〉

一般動詞の疑問文の語順

※「AかBか」と特定の選択肢をあげるときは，後ろにA or Bと続ける。

A or Bの前にはコンマ(,)をつけるよ。

Words & Phrases　次の英語は日本語に，日本語は英語にしなさい。

□(1) bread　(　　　　)
□(2) soup　(　　　　)
□(3) tea　(　　　　)
□(4) heater　(　　　　)
□(5) choose　(　　　　)
□(6) ～を使う　＿＿＿＿
□(7) 種類　＿＿＿＿
□(8) 寒い　＿＿＿＿
□(9) ～を訪れる　＿＿＿＿
□(10) サラダ　＿＿＿＿

1 日本語に合うように，(　)内から適切なものを選び，記号を○で囲みなさい。

□(1) 牛肉と魚のどちらを食べますか。
(ア What　イ Which) do you eat, beef or fish?

□(2) 彼はどんな食べ物が好きですか。
(ア What　イ Which) food does he like?

□(3) あなたは野球とバスケットボールのどちらをしますか。
(ア What　イ Which) do you play, baseball or basketball?

テストによく出る!
Which と What はどう使い分ける？
選択肢を限定しているときは，「which＝どれ」と聞き，そうでない場合は「what＝何」と聞く。

2 絵を見て例にならい，文を完成させなさい。

例 Nana	(1) you	(2) Mike	(3) Sam and Ami
		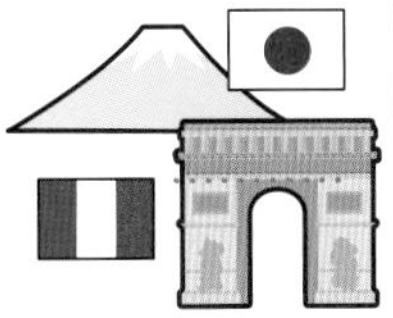	
like bread / rice	drink coffee / milk	want to visit Japan / France	eat *takoyaki* / *okonomiyaki*

例 **Which does Nana like, bread or rice?**

□(1) Which do you ＿＿＿＿＿＿, coffee or milk?

□(2) Which does Mike ＿＿＿＿＿＿ ＿＿＿＿＿＿ ＿＿＿＿＿＿,
Japan or France?

□(3) Which ＿＿＿＿＿ ＿＿＿＿＿ ＿＿＿＿＿ ＿＿＿＿＿ ＿＿＿＿＿,
takoyaki or *okonomiyaki*?

⚠ミスに注意
主語によって，その後の疑問文の形が変わるよ。

3 日本語に合うように，(　)内の語を並べかえなさい。

□(1) あなたはうどんとそばのどちらが好きですか。
(do / *udon* / like / which / , / you / or / *soba*)?
＿＿＿＿＿＿＿＿＿＿＿＿＿＿＿＿＿＿＿＿＿＿＿＿＿＿＿＿＿＿?

□(2) 彼女はどんなバッグがほしいですか。
(of / does / kind / she / what / bag / want)?
＿＿＿＿＿＿＿＿＿＿＿＿＿＿＿＿＿＿＿＿＿＿＿＿＿＿＿＿＿＿?

□(3) 近ごろは暑いですか。
(is / these / hot / days / it)?
＿＿＿＿＿＿＿＿＿＿＿＿＿＿＿＿＿＿＿＿＿＿＿＿＿＿＿＿＿＿?

注目!
，(コンマ)の位置
(1)Whichで始まる文は，後ろにくるA or Bの前にコンマが入る。

Unit 8

ぴたトレ
1
要点チェック

Unit 8 ベル先生の買い物(Part 2)

時間 15分 | 解答 p.22

〈新出語・熟語 別冊p.13〉

教科書の重要ポイント 「なぜ」と理由をたずねる文

教科書 pp.84 ~ 85

Why do you like *kotatsu*? 〔なぜあなたはこたつが好きなのですか。〕
(Why: なぜ)

—Because I can relax in it. 〔こたつではリラックスできるからです。〕
(Because: (なぜなら)~だからです)

▼「なぜ~ですか。」= Why ~? 理由をたずねる

Why do you like *kotatsu*? 一般動詞の場合
(Why: 疑問詞 / do you like *kotatsu*: 疑問文の語順)

Why are you busy? be動詞の場合
(Why: 疑問詞 / are you busy: 疑問文の語順)

※「なぜ」と理由をたずねるときは,〈Why + 疑問文の語順〉の形となる。

▼「(なぜなら)~だからです。」= Because ~. 理由を答える

Because I can relax in it.
(Because: 接続詞 / I can relax in it: 理由を述べる文)

※「なぜ」と理由をたずねられたら,Becauseを文頭に置いて,
そのあとに理由を述べる文を続ける。

Words & Phrases 次の英語は日本語に,日本語は英語にしなさい。

□(1) often ( )
□(2) space ( )
□(3) power ( )
□(4) small ( )
□(5) exciting ( )
□(6) コンテスト ______
□(7) ~もまた ______
□(8) 外国へ ______
□(9) 熱心に ______
□(10) 海 ______

1 日本語に合うように，(　)内から適切なものを選び，記号を○で囲みなさい。

□(1) あなたはなぜ海に行きたいのですか。
(ア Why　イ Which) do you want to go to the sea?

□(2) なぜならそこで泳ぎたいからです。
(ア Because　イ Before) I want to swim there.

□(3) なぜソフィアはこの映画が好きなのですか。
Why does Sophia (ア likes　イ like) this movie?

テストによく出る!

主語と動詞に注意

Whyのあとは通常の疑問文の形なので，be動詞なのか一般動詞なのか，主語は3人称・単数か，そうでないのかに注目する。

2 絵を見て例にならい，文を完成させなさい。

例 you	(1) you	(2) the dancer	(3) Mia

play volleyball exciting	like flowers beautiful	is popular dance very well	study English want to go abroad

例 **Why do you play volleyball?**
—Because it is exciting.

□(1) Why ＿＿＿＿ you like flowers?
—Because they are ＿＿＿＿.

□(2) Why is ＿＿＿＿ ＿＿＿＿ popular?
—＿＿＿＿ he ＿＿＿＿ very well.

□(3) Why ＿＿＿＿ Mia ＿＿＿＿ ＿＿＿＿?
—＿＿＿＿ she ＿＿＿＿ ＿＿＿＿ ＿＿＿＿ abroad.

注目!

abroad「外国へ(で)」

(3)abroadは，それだけで「外国へ」を意味するので，go to abroadとは言わず，go abroadと言う。

3 日本語に合うように，(　)内の語句を並べかえなさい。

□(1) なぜあなたのお父さんは6時に起きるのですか。
(father / why / get up / does / your / at six)?
＿＿＿＿＿＿＿＿＿＿＿＿＿＿＿＿?

□(2) なぜなら彼は朝食前に走るからです。
(he / before / runs / breakfast / because).
＿＿＿＿＿＿＿＿＿＿＿＿＿＿＿＿.

□(3) ミサキはよく私とテニスをします。
(plays / me / often / tennis / Misaki / with).
＿＿＿＿＿＿＿＿＿＿＿＿＿＿＿＿.

⚠ミスに注意

(1)理由をたずねる文はWhyのあとに疑問文の語順がくるよ。

Unit 8

Unit 8 ベル先生の買い物 (Part 3)

教科書の重要ポイント 「(…は)〜でした」の文　教科書 pp.86〜87

This *kotatsu* was 30,000 yen last week. 〔先週, このこたつは30,000円でした。〕
〜でした

過去の肯定文 「(…は)〜でした。」＝〈主語＋be動詞の過去形 〜.〉

過去	現在	未来

▽ last week　　　　　　　　　　　　　　　　　　　▽

This *kotatsu* was 30,000 yen last week.　　This *kotatsu* is 30,000 yen.
be動詞の過去形　　過去を表す語句　　　　　　be動詞の現在形

※be動詞の過去形　　　　am, is → was　／　are → were

ナルホド!

This *kotatsu* was not 30,000 yen last week. 〔先週, このこたつは30,000円ではありませんでした。〕
〜ではありませんでした

過去の否定文 「(…は)〜ではありませんでした。」＝〈主語＋be動詞の過去形＋not 〜.〉

This *kotatsu*　　was not　　30,000 yen last week.
　　　　　〈be動詞の過去形＋not〉　　過去を表す語句

※be動詞の過去の否定形　　is not, am not → was not[wasn't]
　　　　　　　　　　　　　are not　　　→ were not[weren't]

ナルホド!

Was this *kotatsu* 30,000 yen last week? 〔先週, このこたつは30,000円でしたか。〕
〜でしたか

過去の疑問文 「(…は)〜でしたか。」＝〈be動詞の過去形＋主語 〜?〉

Was　　this *kotatsu*　　30,000 yen last week?
be動詞の過去形　　　　　　　　　過去を表す語句

※be動詞の過去の疑問文に対する答え方

—Yes, it was. 〔はい, そうでした。〕

—No, it was not[wasn't]. 〔いいえ, そうではありませんでした。〕

ナルホド!

Words & Phrases　次の英語は日本語に, 日本語は英語にしなさい。

☐(1) expensive (　　　　　　　　　)　　☐(4) 安売り ＿＿＿＿＿＿＿＿＿

☐(2) thin (　　　　　　　　　)　　☐(5) 短い ＿＿＿＿＿＿＿＿＿

☐(3) shoe (　　　　　　　　　)　　☐(6) 厚い ＿＿＿＿＿＿＿＿＿

1 日本語に合うように，(　)内から適切なものを選び，記号を○で囲みなさい。

□(1) 以前そのイヌは小さかったです。

The dog (ア is　イ was) small before.

□(2) 彼は以前水泳が上手でしたか。

(ア Is　イ Was) he good at swimming before?

□(3) いいえ，彼は上手ではなかったです。((2)の質問に答えて)

No, he (ア wasn't　イ weren't).

テストによく出る!

過去を表すことば

before 「以前に」

last month 「先月」

last year 「昨年」

2 絵を見て例にならい，「…は～でした」という英文を完成させなさい。

例 **My grandmother was a teacher before.**

□(1) Her hair ＿＿＿＿＿＿ ＿＿＿＿＿＿ before.

□(2) My father ＿＿＿＿＿＿ ＿＿＿＿＿＿ before.

□(3) Bob and Mike ＿＿＿＿＿＿ ＿＿＿＿＿＿ ＿＿＿＿＿＿

＿＿＿＿＿＿.

⚠ミスに注意

主語が単数ならwas，複数ならwere，youの場合は単複ともにwereとなるよ。

3 日本語に合うように，(　)内の語を並べかえなさい。

□(1) その本は以前人気がありましたか。

(the / was / book / before / popular)?

＿＿＿＿＿＿＿＿＿＿＿＿＿＿＿＿＿＿＿＿＿＿＿＿＿＿?

□(2) 何かご用でしょうか。

(you / can / help / I)?

＿＿＿＿＿＿＿＿＿＿＿＿＿＿＿＿＿＿＿＿＿＿＿＿＿＿?

□(3) この店は今大特売中です。

(a / sale / shop / this / has / big) now.

＿＿＿＿＿＿＿＿＿＿＿＿＿＿＿＿＿＿＿＿＿＿＿＿ now.

注目!

時を表す語句に注意！

now「今」，last week「先週」，before「以前に」のように時を表す語句によって現在形の動詞なのか過去形の動詞なのかがわかる。

Let's Talk 7 ファーストフード店

時間 15分　解答 p.23

〈新出語・熟語 別冊p.13〉

教科書の重要ポイント　飲食店で注文する文

教科書p.88

Can I have three Burger Meals? 〔バーガーミールを3つください。〕

Can I have：飲食店で注文する

▼「～をください。」＝Can I have ～?
～には注文するものが入る

飲食店で注文するときに使用する。

店員：Hi. Can I help you?
［こんにちは。いらっしゃいませ。］

客1：Can I have a hamburger and a cola?
［ハンバーガー1つとコーラをください。］

客2：Can I have two cheeseburger meals with large French fries?
［チーズバーガーミール2つとLサイズのフライドポテトをください。］

客3：Can I have a hot dog and a small coffee?
［ホットドッグ1つとSサイズのコーヒーをください。］

お店で食べる場合

For here (, please).

持ち帰る場合

To go (, please).

Words & Phrases　次の英語は日本語に，日本語は英語にしなさい。

□(1) hamburger (　　　　　)
□(2) French fries (　　　　　)
□(3) ice cream (　　　　　)
□(4) コーラ ＿＿＿＿＿
□(5) チーズバーガー ＿＿＿＿＿
□(6) 飲み物 ＿＿＿＿＿

1 日本語に合うように，(　)内から適切なものを選び，記号を○で囲みなさい。

□(1) バーガーミールを２つください。

(ア Can　イ Will　ウ Am) I have two Burger Meals?

□(2) バーガーミールにSサイズのコーヒーをつけてください。

Can I (ア go　イ have　ウ see) a Burger Meal with a small coffee?

□(3) ここでお願いします(店内で食べます)。

For (ア here　イ there　ウ where), please.

2 絵を見て，注文する文を完成させなさい。

□(1) ***A*** : Hi. Can I help you?

B : Can ________ ________ a Burger Meal?

□(2) ***A*** : Hi. Can I help you?

B : ________ ________ ________ two donuts?

A : ________ ________ or to go?

B : To go.

3 日本語に合うように，(　)内の語句を並べかえなさい。

□(1) バーガーミールを２つください。

(I / have / two / can / Burger Meals)?

____?

□(2) フライドポテトとコーラをください。

(French fries / cola / can / I / a / have / with)?

____?

□(3) 19ドル50セントです。

(nineteen / is / cents / dollars / that / fifty / and).

____.

Targetのまとめ⑧

時間 15分　解答 p.23

教科書の重要ポイント　be動詞の過去形

教科書p.90

▼「(…は)～でした」と言うときは，be動詞を過去形にする。

・be動詞amとisの過去形はwas，areの過去形はwereとなる。

My hair is short now.〔私の髪は今短いです。〕
現在形

My hair was long before.〔私の髪は以前長かったです。〕
過去形

▼ 否定文の作り方

・was，wereの後ろにnotを置く。

I was not[wasn't] at home at that time.〔私はそのとき家にいませんでした。〕
短縮形　were notの場合はweren't

▼ 疑問文の作り方

・was，wereを主語の前に出す。

疑問文　　答え方

Were you busy yesterday? —Yes, I was. / No, I was not[wasn't].

〔あなたは昨日いそがしかったですか。
—はい，私はいそがしかったです。／いいえ，私はいそがしくありませんでした。〕

1 絵を見て例にならい，それぞれの絵に合う単語を入れて文を完成させなさい。

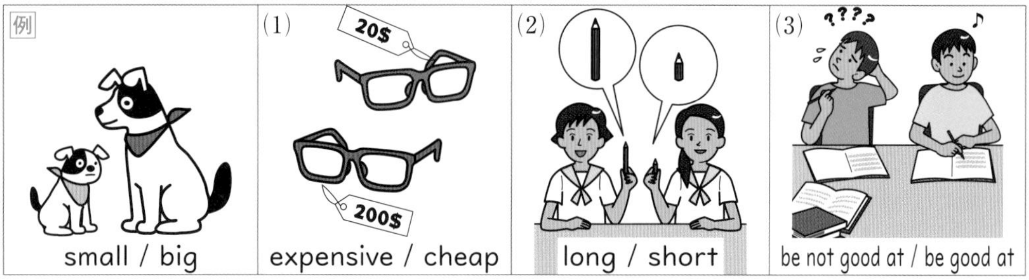

例 **The dog was small before, but it is big now.**

□(1) The glasses ＿＿＿＿＿ expensive before, but they ＿＿＿＿＿ cheap now.

□(2) The pencil ＿＿＿＿＿ ＿＿＿＿＿ before, but it is ＿＿＿＿＿ now.

□(3) I ＿＿＿＿＿ good at English before, but I ＿＿＿＿＿ good at English now.

Project 2 友だちにインタビューしよう

教科書の
重要ポイント　**その人についてたずねる表現**　教科書 pp.91 ～ 93

▼ 友だちにインタビューすると仮定して，質問する事項を決める。

　手順　①質問したいことを日本語で整理する。

　　　　②それぞれの質問を英語にする。

　　　　③インタビューする。

> Are you ~?, Do you ~?などの質問はYes / Noで答えよう。

▼ インタビューで使える便利な表現

　・好きなもの・ことを聞く場合

　　What food do you like? 〔あなたは何の食べ物が好きですか。〕
　　　　　　└ たずねたいこと

　　What is your favorite movie? 〔あなたのお気に入りの映画は何ですか。〕
　　　　　「お気に入りの」└ たずねたいこと

　・友だちについて，もっとよく知りたい場合

　　What do you do in your free time? 〔あなたは自由時間に何をしますか。〕
　　　　　　　「あなたの自由時間に」

　・そのほかの疑問詞を用いた表現

　　When is your birthday? 〔あなたの誕生日はいつですか。〕

　　Which season do you like? 〔あなたはどの季節が好きですか。〕

　　How many brothers do you have? 〔あなたは何人の兄弟がいますか。〕

ナルホド!

1 日本語に合うように，_____ に入る適切な語を書きなさい。

□(1) あなたはどの季節が好きですか。

　　_____ season do you _____?

□(2) あなたのお気に入りの教科は何ですか。

　　_____ is your _____ subject?

□(3) あなたはいつ野球を練習しますか。

　　_____ _____ you practice baseball?

⚠ミスに注意

(1)季節など，限られた選択肢の中から選ぶ場合は，whatではなくwhichを使うよ。

Unit 8 ～ Project 2

1 正しいものを４つの選択肢の中から選びなさい。

☐(1) (　　　) do you like, red or yellow?

　　ア Where　イ When　ウ Which　エ Why

☐(2) (　　　) does Alice study Japanese?

　　ア Can　イ What　ウ Which　エ Why

☐(3) (　　　) she likes Japanese movies.

　　ア Because　イ How　ウ What　エ When

☐(4) George (　　　) good at tennis before, but now he's good at it.

　　ア is　イ isn't　ウ was　エ wasn't

いつのことを話
しているかに気
をつけて！

2 日本語に合うように，＿＿＿に入る適切な語を書きなさい。

☐(1) その映画はよかったですか。

　　＿＿＿＿＿＿＿＿ the movie ＿＿＿＿＿＿＿＿?

☐(2) 彼は東京と京都のどちらに住みたいですか。

　　＿＿＿＿＿＿＿＿ ＿＿＿＿＿＿＿＿ he want to live, Tokyo or Kyoto?

☐(3) コーラをください。

　　＿＿＿＿＿＿＿＿ ＿＿＿＿＿＿＿＿ ＿＿＿＿＿＿＿＿ some cola?

☐(4) 私のお母さんは英語の先生ではありませんでした。

　　My mother ＿＿＿＿＿＿＿＿ ＿＿＿＿＿＿＿＿ an English teacher.

3 書く✐ (　)内の指示に従って，英文を書きかえなさい。

☐(1) Are you at home <u>today</u>? （下線部を昨日に）

＿＿＿＿＿＿＿＿＿＿＿＿＿＿＿＿＿＿＿＿＿＿＿＿＿＿＿＿＿＿＿

☐(2) I am good at science <u>now</u>. （下線部を以前に）

＿＿＿＿＿＿＿＿＿＿＿＿＿＿＿＿＿＿＿＿＿＿＿＿＿＿＿＿＿＿＿

ヒント 　**2** (1)be動詞の疑問文は主語と動詞を入れ替えるが，過去形でも同じ。
　　　　3 (2)「以前に」＝before。

定期テスト 予報	●whichやwhyを使った疑問文とその応答文を作れるかどうかが問われるでしょう。 ⇒「どれを」「どちらを」「なぜ」を問う疑問文とその答え方を繰り返し練習し，型を覚えましょう。 ●be動詞の過去形を使えるかどうかが問われるでしょう。 ⇒現在形と同じように疑問文や否定形を作れるようにしましょう。

4 読む 次の会話文を読んで，あとの問いに答えなさい。

Ms. Bell : Do you speak English?

Shop Clerk : Yes. Can I help you?

Ms. Bell : ①(　　　)(　　　)(　　　)(　　　).

Shop Clerk : Sure. We have a big sale now. This *kotatsu* is 24,000 yen!
It (　②　) 30,000 yen last week.

Ms. Bell : Great! ③(でもそれはまだ高いです。)

□(1) 下線部①が「こたつがほしいのです」という意味になるように，(　　)に入る適切な語を書きなさい。

________ ________ ________ ________

□(2) (　②　)に入る最も適切なものを１つ選び，記号に○をつけなさい。

ア is　イ was　ウ were

□(3) 下線部③の(　)内の日本語を英語にしなさい。(４語で)

③ ________________________________

5 話す 次の文を声に出して読み，問題に答え，答えを声に出して読んでみましょう。アプリ

Ms. Bell : Why do you like *kotatsu*?

Aoi : Because I can relax in it. I often sleep in a *kotatsu*.

Ms. Bell : Oh, really.

Aoi : Also a *kotatsu* is eco-friendly because it warms a small space and doesn't use a lot of power.

Ms. Bell : That's great!

□(1) Why does Aoi like *kotatsu*? (sheを主語にして答える)

— ________________________________

□(2) Does *kotatsu* use a lot of power?

— ________________________________

ヒント 4 (3)stillの位置は強調したい部分の前。5 (1)(2)こたつについて説明されている箇所をチェック。

Unit 8 ~ Project 2

時間 30分　／100点　合格70点　解答 p.24

教科書 pp.82 ~ 93

❶ 下線部の発音が同じものには○を，そうでないものには×を，解答欄に書きなさい。 6点

(1) glove / but　　(2) soup / would　　(3) great / cake

❷ 最も強く発音する部分の記号を解答欄に書きなさい。 6点

(1) ex - pen - sive（ア イ ウ）　　(2) rec - om - mend（ア イ ウ）　　(3) ex - cit - ing（ア イ ウ）

❸ 日本語に合うように，____に入る適切な語を書きなさい。 21点

(1) あなたはなぜ早く寝るのですか。

______ do you ______ to bed early?

よく出る (2) 彼らは私のクラスメートではありませんでした。

______ ______ ______ my classmates.

(3) トムはネコとイヌのどちらが好きですか。

______ ______ Tom like, cats or dogs?

❹ ______に適切な語を入れ，それぞれの会話を完成させなさい。 21点

(1) ***A :*** ______ does James watch this movie?
B : Because it is interesting.

(2) ***A :*** ______ you at home last night?
B : No, I ______.

差がつく (3) ***A :*** ______ does Ms. Yamada teach, music or math?
B : She ______ music.

❺ 読む 次の会話文を読んで，あとの問いに答えなさい。 22点

Fumiya : (①) do you read, Mr. Brown's books or Ms. Smith's books?
Cathy : ②(私はよくブラウンさんの本を読みます。)
Fumiya : Why do you like his books?
Cathy : ③(very / because / exciting / are / they). Do you read his books?
Fumiya : No, I (④). But I like reading very much.

成績評価の観点　知…言語や文化についての知識・技能　表…外国語表現の能力

(1) (①)に入る最も適切なものを１つ選び，記号を書きなさい。

ア What　イ Where　ウ Which

(2) 下線部②の(　)内の日本語を英語にしなさい。

(3) 下線部③の(　)内の語を正しく並べかえなさい。

(4) (④)に入る最も適切なものを１つ選び，記号を書きなさい。

ア don't　イ isn't　ウ wasn't

点UP 6 書く 次のようなとき英語で何と言うか，(　)内の語数で書きなさい。表　24点

(1) 相手がなぜ冬が好きなのかをたずねるとき。(５語)

(2) 相手は北海道と沖縄のどちらを訪ねたいかとたずねるとき。(９語)

(3) 今日は寒かったと言うとき。(４語)

❶	(1)	2点	(2)	2点	(3)	2点	❷	(1)	2点	(2)	2点	(3)	2点
❸	(1)	7点	(2)	7点									
	(3)	7点											
❹	(1)	7点	(2)	7点									
	(3)	7点											
❺	(1)	3点	(2)	8点									
	(3)	8点	(4)	3点									
❻	(1)	表 8点											
	(2)	表 8点											
	(3)	表 8点											

▶ 表 の印がない問題は全て 知 の観点です。

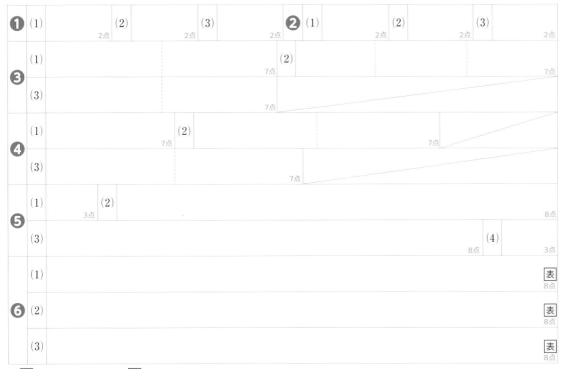

ぴたトレ 1
要点チェック

Unit 9 冬休みの思い出(Part 1)

時間 15分 解答 p.25

〈新出語・熟語 別冊p.14〉

教科書の重要ポイント 「～しました」と過去のことを述べる文(規則動詞) 教科書 pp.94～95

I visited Kanazawa yesterday. 〔私は昨日金沢を訪れました。〕
～を訪れました(過去のこと)

▼「～しました」＝一般動詞(規則動詞)の過去形を使う。

I visit Kanazawa every year. 〔私は毎年金沢を訪れます。〕
現在形　毎年(日常的なこと)
↓
I visited Kanazawa yesterday. 〔私は昨日金沢を訪れました。〕
過去形　昨日(過去のある時点のこと)

※一般動詞の過去形は，動詞にdやedをつけて作る「規則動詞」と不規則に変化する「不規則動詞」(Part 2参照)がある。

「規則動詞」の作り方

・dをつける	use → used	practice → practiced
・edをつける	visit → visited	want → wanted
・語尾がyのときはyをiに変えてedをつける		study → studied
・最後の文字を重ねてedをつける		stop → stopped

※(e)dの発音は，その前の音との関係で，[t]，[d]，[id]のいずれかになる。

[t]　practicedは「プラクティストゥ」
[d]　studied「スタディードゥ」
[id]　wantedは「ウォンティッドゥ」

Words & Phrases 次の英語は日本語に，日本語は英語にしなさい。

□(1) staff (　　　)
□(2) hot spring (　　　)
□(3) cute (　　　)
□(4) relaxing (　　　)
□(5) stay (　　　)
□(6) (飲食物)を出す ______
□(7) 聞く ______
□(8) ～を掃除する ______
□(9) 興味深い ______
□(10) 到着する ______

1 日本語に合うように，(　)内から適切なものを選び，記号を○で囲みなさい。

□(1) 私は昨日テニスをしました。

I (ア play　イ played) tennis yesterday.

□(2) ジョンは毎年北海道を訪れます。

John (ア visits　イ visited) Hokkaido every year.

□(3) ジャックとクロエは今日いっしょに勉強しました。

Jack and Chloe (ア studies　イ studied) together today.

テストによく出る!

習慣は現在形で表す

(2)毎朝，毎日，毎年など，習慣になっている行為は現在形で表す。

2 絵を見て 例 にならい，昨日の出来事についての文を完成させなさい。

例 **The supermarket opened at nine yesterday.**

□(1) I ＿＿＿＿＿ ＿＿＿＿＿ music yesterday.

□(2) Ken ＿＿＿＿＿ ＿＿＿＿＿ yesterday.

□(3) I ＿＿＿＿＿ ＿＿＿＿＿ piano ＿＿＿＿＿.

⚠ミスに注意

楽器をひく，練習するという場合，楽器の前にはtheがつくよ。

3 日本語に合うように，(　)内の語を並べかえなさい。

□(1) ジェイコブは週末の間家にいました。

(home / during / stayed / Jacob / weekend / at / the).

＿＿＿＿＿＿＿＿＿＿＿＿＿＿＿＿＿＿＿＿＿＿＿＿＿.

□(2) その女の子たちは放課後にバスケットボールをしました。

(played / the / basketball / school / girls / after).

＿＿＿＿＿＿＿＿＿＿＿＿＿＿＿＿＿＿＿＿＿＿＿＿＿.

□(3) 妹と私は今日朝食を作りました。

(breakfast / today / sister / cooked / I / and / my).

＿＿＿＿＿＿＿＿＿＿＿＿＿＿＿＿＿＿＿＿＿＿＿＿＿.

注目!

時を表す語句

after school, today, weekendなど時を表す語句は，ふつう文末に置く。

Unit 9 冬休みの思い出(Part 2)

時間 15分　解答 p.26

〈新出語・熟語 別冊p.14〉

教科書の重要ポイント 「~しました」と過去のことを述べる文(不規則動詞) 教科書 pp.96 ~ 97

I went to Kenrokuen Garden last Sunday. 〔私はこの前の日曜日に兼六園に行きました。〕

went：～へ行きました(過去のこと)

▼「~しました」=一般動詞(不規則動詞)の過去形を使う。

I go to Kenrokuen Garden every Sunday. 〔私は毎週日曜日に兼六園に行きます。〕

go：現在形　every Sunday：毎週日曜日(日常的なこと)

↓

I went to Kenrokuen Garden last Sunday. 〔私はこの前の日曜日に兼六園に行きました。〕

went：過去形　last Sunday：この前の日曜日(過去のある時点のこと)

※規則動詞のように(e)dをつけずに，不規則に変化する「不規則動詞」がある。

have → had	make → made	see → saw	buy → bought
take → took	go → went	meet → met	read → read [red] 発音に注意！
get → got	ride → rode	eat → ate	do → did

amとisがwas, areがwereに変化するbe動詞も，不規則変化の1つだよ。

Words & Phrases 次の英語は日本語に，日本語は英語にしなさい。

□(1) married (　　　　)

□(2) later (　　　　)

□(3) parade (　　　　)

□(4) amusement park (　　　　)

□(5) afternoon (　　　　)

□(6) eatの過去形 ＿＿＿＿

□(7) seeの過去形 ＿＿＿＿

□(8) 雪 ＿＿＿＿

□(9) ~を買う ＿＿＿＿

□(10) 誕生日 ＿＿＿＿

1 日本語に合うように，(　)内から適切なものを選び，記号を○で囲みなさい。

□(1) 私は昨夜，家族といっしょに映画を見ました。
I (ア see　イ saw) a movie with my family last night.

□(2) 彼女は毎朝朝食を食べます。
She (ア ate　イ eats) breakfast every morning.

□(3) 次郎は夕食の前に宿題をしました。
Jiro (ア does　イ did) his homework before dinner.

テストによく出る！
規則動詞？不規則動詞？
知っている動詞の過去形を少しずつ覚えていこう。

2 絵を見て例にならい，先週末の出来事についての文を完成させなさい。

例 **Ren saw a movie last weekend.**

□(1) Ali ＿＿＿＿＿＿ a book last weekend.

□(2) Hannah ＿＿＿＿＿＿ ＿＿＿＿＿＿ last weekend.

□(3) My friend and I ＿＿＿＿＿＿ to an ＿＿＿＿＿＿
＿＿＿＿＿＿ last weekend.

⚠ミスに注意
一般動詞の過去形は主語によって変化しないよ。

3 日本語に合うように，(　)内の語句を並べかえなさい。

□(1) 私は昨夜お母さんとフライドポテトを作りました。
(mother / last night / made / French fries / I / with / my).
＿＿＿＿＿＿＿＿＿＿＿＿＿＿＿＿＿＿＿＿＿＿＿＿.

□(2) 私の兄は人気のある野球選手に会いました。
(player / brother / popular / my / met / a / baseball).
＿＿＿＿＿＿＿＿＿＿＿＿＿＿＿＿＿＿＿＿＿＿＿＿.

□(3) 私はこの前の日曜日に図書館で本をたくさん読みました。
(the / read / Sunday / many / last / I / books / at / library).
＿＿＿＿＿＿＿＿＿＿＿＿＿＿＿＿＿＿＿＿＿＿＿＿.

注目！
形容詞を覚えよう
(2)popularは「人気のある」という意味。great, cool, wonderfulなどの「すばらしい」を意味する形容詞もよく使われるよ。

Unit 9 冬休みの思い出(Part 3)

時間 15分 解答 p.26

〈新出語・熟語 別冊p.14〉

教科書の重要ポイント

「(…は)～しましたか」と過去のことをたずねる文 教科書 pp.98～99

Did you visit the museum? 〔あなたたちは美術館を訪れましたか。〕
(Did：～しましたか)

—Yes, we did. / No, we did not. 〔はい，訪れました。／いいえ，訪れませんでした。〕
(did：肯定／did not：否定)

▼「(…は)～しましたか。」＝〈Did＋主語＋一般動詞の原形～?〉

We visited the museum. 〔私たちは美術館を訪れました。〕
(visited：過去形)
↓
Did you visit the museum? 〔あなたたちは美術館を訪れましたか。〕
(Did：文頭に置く　visit：動詞は原形にする)

※過去の疑問文では，Do / Doesがいずれも過去形のDidに変わる。

Do you visit the museum? → Did you visit the museum?
Does he visit the museum? → Did he visit the museum?

We did not visit the museum? 〔私たちは美術館を訪れませんでした。〕
(did not：～しませんでした)

▼「(…は)～しませんでした。」＝〈主語＋did not[didn't]＋一般動詞の原形～.〉

We did not[didn't] visit the museum. 〔私たちは美術館を訪れませんでした。〕
(did not[didn't]：動詞の前に置く)

※過去の否定文では，do not[don't] / does not[doesn't]がいずれもdid not[didn't]に変わる。

I don't visit the museum. → I didn't visit the museum.
He doesn't visit the museum. → He didn't visit the museum.

Words & Phrases 次の英語は日本語に，日本語は英語にしなさい。

□(1) fresh (　　　　　)
□(2) seafood (　　　　　)
□(3) video game(s) (　　　　　)
□(4) curry (　　　　　)
□(5) 美しい ＿＿＿＿＿
□(6) 駅 ＿＿＿＿＿
□(7) 美術館 ＿＿＿＿＿
□(8) 世紀 ＿＿＿＿＿

1 日本語に合うように，(　)内から適切なものを選び，記号を○で囲みなさい。

□(1) あなたは昨日学校へ行きましたか。
(ア Do　イ Did) you go to school yesterday?

□(2) オカモト先生は今日昼食を食べませんでした。
Mr. Okamoto (ア doesn't　イ didn't) eat lunch today.

□(3) 彼女は昨日郵便局に行きましたか。
Did she (ア go　イ went) to the post office yesterday?

注目!
「～に行く」と言いたいとき
ある場所に行くときは，go to ～となる。ただし，何かをしに行く，という場合は，go shopping〔買い物をしに行く〕などとする。

2 絵を見て例にならい，「…は～しましたか」という文を完成させなさい。

例 **Did they watch TV today?**

□(1) Did Momoko ＿＿＿＿＿ her ＿＿＿＿＿ today?

□(2) ＿＿＿＿＿ your father ＿＿＿＿＿ ＿＿＿＿＿ today?

□(3) ＿＿＿＿＿ they ＿＿＿＿＿ ＿＿＿＿＿ ＿＿＿＿＿ last night?

⚠ミスに注意
Didで始まる疑問文のとき，動詞は過去形ではなく原形になるよ。

3 日本語に合うように，(　)内の語を並べかえなさい。

□(1) 彼らはそのレストランでハンバーガーを食べませんでした。
(hamburgers / at / didn't / they / restaurant / the / eat).
＿＿＿＿＿＿＿＿＿＿＿＿＿＿＿＿＿＿＿＿＿＿.

□(2) あなたは家族におみやげを買いましたか。
(buy / you / souvenirs / for / did / your / family)?
＿＿＿＿＿＿＿＿＿＿＿＿＿＿＿＿＿＿＿＿＿＿?

□(3) 私たちは先月遠足がありました。
(had / trip / we / last / field / month / a).
＿＿＿＿＿＿＿＿＿＿＿＿＿＿＿＿＿＿＿＿＿＿.

テストによく出る!
haveの過去形
(3)haveは不規則動詞の1つ。過去形はhad。

ぴたトレ 1

要点チェック

Unit 9 冬休みの思い出（Read & Think）

時間 15分　解答 p.26

〈新出語・熟語 別冊p.14〉

教科書の重要ポイント　「（…は）～しました」「（…は）～しませんでした」の文　教科書 pp.100～101

▼ 規則動詞の過去形＝動詞の後ろにedかdをつける。

I stay at my aunt's apartment every winter.

〔私は毎年冬におばさんのアパートに滞在します。〕〈現在〉

I stayed at my aunt's apartment last winter.

〔私はこの前の冬におばさんのアパートに滞在しました。〕〈過去〉

liveなどeで終わる動詞はedではなくてdをつけるだけでいいんだよ。

ナルホド!

▼ 不規則動詞の過去形＝動詞自体が変化する。

We see a lot of Christmas trees in the city in December.

〔12月に私たちは街でたくさんのクリスマスツリーを見ます。〕〈現在〉

We saw a lot of Christmas trees in the city yesterday.

〔昨日私たちは街でたくさんのクリスマスツリーを見ました。〕〈過去〉

不規則動詞の過去形は see→saw 以外にも，go→went，take→took，buy→bought，have→had，eat→ateなどがあるよ。

ナルホド!

▼ 「（…は）～しませんでした」はdid not（短縮形はdidn't）を動詞の原形の前に置く。

I didn't know that.〔私はそれを知りませんでした。〕

動詞の原形

ナルホド!

Words & Phrases　次の英語は日本語に，日本語は英語にしなさい。

□(1) center (　　　　)

□(2) worker(s) (　　　　)

□(3) large (　　　　)

□(4) so (　　　　)

□(5) アパート ＿＿＿＿

□(6) クリスマス ＿＿＿＿

□(7) カフェ ＿＿＿＿

□(8) 木 ＿＿＿＿

1 日本語に合うように，（　）内から適切なものを選び，記号を○で囲みなさい。

□(1) 私たちは4月に，祖母の家に滞在しました。

We (ア stayed　イ stay) at my grandmother's house in April.

□(2) 私は昨日，公園に行きました。

I (ア go　イ went) to the park yesterday.

□(3) 彼らはこの前の土曜日，テレビゲームを楽しみました。

They (ア enjoy　イ enjoyed) video games last Saturday.

ミスに注意

現在の話なのか，過去の話なのか日本語をよく確認しよう。

2 日本語に合うように，＿＿に入る適切な語を書きなさい。

□(1) 彼女は遊園地でたくさん写真をとりました。

She ＿＿＿＿＿ a lot of pictures at the amusement park.

□(2) 私はこの前の土曜日に博物館を訪れました。

I ＿＿＿＿＿ a museum last Saturday.

□(3) 私たちはTボーンステーキを食べませんでした。

We ＿＿＿＿＿ ＿＿＿＿＿ T-bone steaks.

テストによく出る!

不規則動詞は覚えるしかない

(1)不規則動詞を覚えていれば，それ以外の過去形はedやdをつけるだけの規則動詞と判断できる。

3 日本語に合うように，（　）内の語句を並べかえなさい。

□(1) 彼らはニューヨークで楽しく過ごしました。

(a / in New York / had / great / they / time).

＿＿＿＿＿＿＿＿＿＿＿＿＿＿＿＿＿＿＿＿.

□(2) 私たちはあの大きな木を切り倒しませんでした。

(that / didn't / tree / cut down / large / we).

＿＿＿＿＿＿＿＿＿＿＿＿＿＿＿＿＿＿＿＿.

□(3) 私の父はこの店でクリスマスケーキを買いました。

(at / bought / a Christmas cake / my father / this shop).

＿＿＿＿＿＿＿＿＿＿＿＿＿＿＿＿＿＿＿＿.

注目!

過去を表す否定文ではdidn'tで過去を表し動詞は原形になる。

(2) didn't[did not]と動詞の過去形を同時に使わないこと。

ぴたトレ 1
要点チェック

Let's Talk 8 なんてすてきなの

時間 15分　解答 p.27

〈新出語・熟語 別冊p.14〉

教科書の重要ポイント　感動や驚きを表す文　教科書p.102

What a beautiful towel!　〔なんて美しいタオルなのでしょう！〕

▼「なんて～な…なのでしょう！」＝〈What a[an]＋形容詞＋名詞！〉
強調する

ものを修飾して感動や驚きを表現するときに使用する。

How beautiful!　〔なんて美しいのでしょう！〕

▼「なんて～なのでしょう！」＝〈How＋形容詞(副詞)！〉
強調する

形容詞や副詞を強調して表現したいときに使用する。

Words & Phrases　次の英語は日本語に，日本語は英語にしなさい。

□(1) Happy birthday! (　　　　　　)　□(3) マグカップ ＿＿＿＿＿＿
□(2) present (　　　　　　)　□(4) シャープペンシル ＿＿＿＿＿＿

1 絵を見て，それぞれの文を完成させなさい。

□(1) Look at that!　What a ＿＿＿＿ ＿＿＿＿!
□(2) Wow!　How ＿＿＿＿!
□(3) *Aoi :* Here's a present for you, Emily!
Emily : Thank you! ＿＿＿＿ ＿＿＿＿ ＿＿＿＿ key ring!

2 日本語に合うように，(　)内の語を並べかえなさい。

□(1) なんてかっこいいシャツなんだ！
(What / shirt / cool / a)!
＿＿＿＿＿＿＿＿＿＿＿＿＿＿＿＿＿＿＿＿!

Targetのまとめ⑨

時間 15分　解答 p.27

教科書の重要ポイント　一般動詞の過去形

教科書p.103

▼「(…は)～しました」と言うときは，動詞を過去形にする

・動詞にedまたはdをつける。

現在形	過去形
I play tennis every weekend.	I played tennis yesterday.
〔私は毎週末テニスをします。〕	〔私は昨日テニスをしました。〕

※動詞には，過去形がedで終わる「**規則動詞**」と，形が変わる「**不規則動詞**」がある。

規則動詞の過去形　(例)watch ⇒ watched，use ⇒ used
study ⇒ studied，stop ⇒ stopped

不規則動詞の過去形　(例)go ⇒ went，eat ⇒ ate

▼ 否定文の作り方

・動詞の前にdid not(＝didn't)を置き，動詞は原形になる。

We did not watch TV yesterday. 〔私たちは昨日テレビを見ませんでした。〕

▼ 疑問文の作り方

・didを主語の前に置き，動詞は原形になる。

疑問文	答え方
Did you visit the museum last week?	—Yes, I did. / No, I didn't.

〔あなたは先週博物館を訪れましたか。
—はい，私は訪れました。／いいえ，私は訪れませんでした。〕

1 絵を見て例にならい，「…は～しました」という文を完成させなさい。

例 **She cleaned her room yesterday.**

□(1) They ______ the zoo ______ ______.

□(2) She ______ ______ the beach ______ ______.

□(3) He ______ ______ ______ ______.

Unit 9 ～ Targetのまとめ⑨

時間 20分 解答 p.27

教科書 pp.94 ～ 103

1 正しいものを4つの選択肢の中から選びなさい。

□(1) (　　) your grandfather grow cherries last year?

ア Does　イ Do　ウ Did　エ Was

□(2) (　　) they go to Japan every year?

ア Are　イ Were　ウ Did　エ Do

□(3) I (　　) study math yesterday.

ア didn't　イ wasn't　ウ don't　エ can't

□(4) My sister (　　) have much time today.

ア don't　イ didn't　ウ weren't　エ isn't

空所の数に合わせて，短縮形を使ったり，最適な言葉を選んだりするよ。

2 日本語に合うように，＿＿に入る適切な語を書きなさい。

□(1) ジョージは昨日その本を買いませんでした。

George ＿＿＿＿＿ ＿＿＿＿＿ the book yesterday.

□(2) 彼らは昨晩宿題をしましたか。

＿＿＿＿＿ they ＿＿＿＿＿ ＿＿＿＿＿ homework last night?

□(3) 彼女は昨夜たくさんのピザを食べました。

She ＿＿＿＿＿ ＿＿＿＿＿ ＿＿＿＿＿ ＿＿＿＿＿ pizza last night.

□(4) あなたのお父さんは動物園で写真をとりましたか。

＿＿＿＿＿ your father ＿＿＿＿＿ ＿＿＿＿＿ at the zoo?

3 書く! (　)内の指示に従って，英文を書きかえなさい。

□(1) I met my friend today.（否定文に）

＿＿＿＿＿＿＿＿＿＿＿＿＿＿＿＿＿＿＿＿＿＿＿＿＿＿＿＿＿＿

□(2) My grandmother goes to the park <u>every day</u>.（下線部を昨日に）

＿＿＿＿＿＿＿＿＿＿＿＿＿＿＿＿＿＿＿＿＿＿＿＿＿＿＿＿＿＿

ヒント
2 (2)(4)過去の疑問文では，主語にかかわらず，Didを使う。
3 (1)(2)どちらの動詞も不規則動詞。meet→met　go→went

定期テスト予報	●規則動詞と不規則動詞を正しく覚えているかどうかが問われるでしょう。 ⇒教材に出て来た動詞の過去形を覚え，繰り返し使ってみましょう。 ●一般動詞の過去形を使って，肯定文・否定文・疑問文・応答文を作れるかどうかが問われるでしょう。 ⇒「～しました」「～しませんでした」「～しましたか」という形を繰り返し練習しましょう。

4 読む 次の文を読んで，あとの問いに答えなさい。

I went to New York in December. My sister lives there, (①) I stayed at her apartment. ②(I / and / saw / Rockefeller Center / visited) the beautiful Christmas tree. —中略—
③(私はタイムズスクエアにも行き，写真をとりました。) I bought some souvenirs for my friends at the shops there.

※タイムズスクエア Times Square

□(1) (①)に入る最も適切なものを1つ選び，記号に○をつけなさい。
ア but イ so ウ because

□(2) 下線部②( )内の語句を正しく並べかえなさい。

____

□(3) 下線部③の( )内の日本語を英語にしなさい。

____

5 話す 次の文を声に出して読み，問題に答え，答えを声に出して読んでみましょう。アプリ

Sora : Did you visit the 21st Century Museum?
Emily : No, we didn't. We didn't have much time. But we enjoyed shopping at Kanazawa Station. It's a beautiful station.
Sora : I want to go to Kanazawa.

□(1) Did Emily visit the 21st Century Museum?
— ______________________________

□(2) Where is the 21st Century Museum?
— ______________________________

□(3) Did Emily have much time?
— ______________________________

ヒント 4 (2)ある場所を訪れて，クリスマスツリーを見た，という流れ。 5 (1)(2)(3)Emilyの応答に注目。

ぴたトレ 3
確認テスト

Unit 9 ～
Targetのまとめ⑨

時間 30分 ／100点　合格 70点　解答 p.28

教科書 pp.94 ～ 103

❶ 下線部の発音が同じものには〇を，そうでないものには×を，解答欄に書きなさい。　　6点

(1) b<u>ou</u>ght　　　　　(2) <u>a</u>te　　　　　(3) work<u>er</u>

ab<u>ou</u>t　　　　　　rel<u>a</u>xing　　　　sist<u>er</u>

❷ 最も強く発音する部分の記号を解答欄に書きなさい。　　6点

(1) sou – ve – nir　　　(2) a – part – ment　　(3) beau – ti – ful

　ア　イ　ウ　　　　　　ア　イ　　ウ　　　　　ア　イ　　ウ

よく出る ❸ 日本語に合うように，＿＿に入る適切な語を書きなさい。　　18点

(1) あなたは宿題をしましたか。

　＿＿＿＿ you ＿＿＿＿ your homework?

(2) 私は昨日あまりお金を持っていませんでした。

　I ＿＿＿＿ ＿＿＿＿ ＿＿＿＿ money yesterday.

(3) なんてかわいいイヌなのでしょう！

　＿＿＿＿ ＿＿＿＿ ＿＿＿＿ dog!

❹ ＿＿に適切な語を入れ，それぞれの会話文を完成させなさい。　　18点

(1) **A :** ＿＿＿＿ ＿＿＿＿ you do last weekend?

　　B : I saw a movie and did my homework.

(2) **A :** Did you get up early this morning?

　　B : No, I ＿＿＿＿. I ＿＿＿＿ ＿＿＿＿ at nine.

(3) **A :** ＿＿＿＿ you go to the festival last night?

　　B : Yes, I ＿＿＿＿. I ＿＿＿＿ there with my friends.

❺ **読む** 次の会話文を読んで，あとの問いに答えなさい。　　28点

Yuta : What did you do during the winter vacation?

Jack : ①(私は家族と長野へ行きました。) We enjoy skiing there every year.

Yuta : That's good! Did you enjoy (②) in Nagano, too?

Jack : Oh, yes! ③(went / restaurant / to / popular/ a / and / ate / we / soba).

Yuta : So, you had a very good time in Nagano. (④) you get a souvenir for me?

Jack : ⑤Well, this story is my souvenir for you!

成績評価の観点　知…言語や文化についての知識・技能　表…外国語表現の能力

(1) 下線部①の(　)内の日本語を英語にしなさい。

(2) (②)に入る最も適切なものを1つ選び，記号を書きなさい。

ア the weather　イ the food　ウ the hotel

(3) 下線部③(　)内の語を正しく並べかえなさい。

(4) (④)に入る最も適切なものを1つ選び，記号を書きなさい。

ア Are　イ Did　ウ Do

差がつく (5) 下線部⑤が表すものを1つ選び，記号を書きなさい。

ア おみやげを買っていないことをごまかしたい気持ち。

イ 買ってきたおみやげを喜んでもらえるか不安な気持ち。

ウ よいおみやげを渡すことができてほこらしい気持ち。

点UP 6 書く 次のようなとき英語で何と言うか，(　)内の語数で書きなさい。表　24点

(1) 相手に自分の部屋を掃除したかとたずねるとき。(5語)

(2) 私たちは昨日公園でサッカーをしたと伝えるとき。(7語)

(3) 私はレストランへ行ってすしを食べたと伝えるとき。(8語)

1	(1) 2点	(2) 2点	(3) 2点			
2	(1) 2点	(2) 2点	(3) 2点			
3	(1) 6点	(2) 6点	(3) 6点			
4	(1) 6点	(2) 6点	(3) 6点			
5	(1) 8点	(2) 4点	(3) 8点	(4) 4点	(5) 4点	
6	(1) 表 8点	(2) 表 8点	(3) 表 8点			

▶ 表 の印がない問題は全て 知 の観点です。

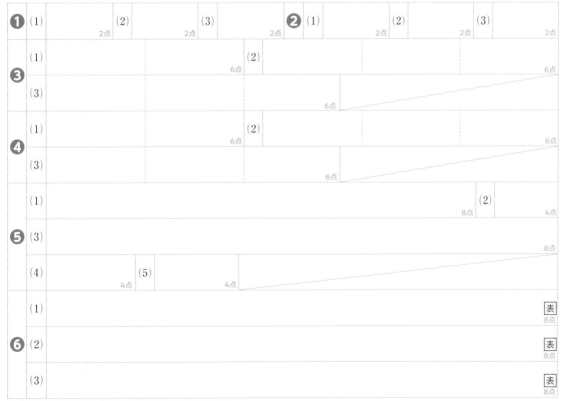

Unit 10 日本のマンガ文化 (Part 1)

時間 15分　解答 p.29

〈新出語・熟語 別冊p.14〉

教科書の重要ポイント　「(今)～しています」と現在進行中の動作を述べる文　教科書 pp.104～105

I look for Japanese comic books. 〔私は日本のマンガを探します。〕
現在のことを表している

I am looking for Japanese comic books. 〔私は日本のマンガを探しています。〕
現在している動作を表している

▼「(今)～しています」「～しているところです」＝〈be動詞＋動詞のing形〉

I look for Japanese comic books. 〔私は日本のマンガを探します。〕
↓ 現在形
I am looking for Japanese comic books. 〔私は日本のマンガを探しています。〕
主語のあとに〈be動詞＋動詞のing形〉がくる

※今この瞬間にしている動作や継続中の動作は〈be動詞＋動詞のing形〉で表す。
これを現在進行形という。

ingのつけ方

- そのままingをつける　例 look→looking　clean→cleaning
- eをとってingをつける　例 make→making　come→coming
- 最後の文字を重ねてingをつける　例 swim→swimming　run→running

Words & Phrases　次の英語は日本語に，日本語は英語にしなさい。

□(1) comic book (　　　　)
□(2) over there (　　　　)
□(3) look for ～ (　　　　)
□(4) buy (　　　　)
□(5) jog (　　　　)
□(6) (絵具で絵を)かく ＿＿＿＿
□(7) 話す ＿＿＿＿
□(8) 水をまく ＿＿＿＿
□(9) バドミントン ＿＿＿＿
□(10) 歩く ＿＿＿＿

1 日本語に合うように，(　)内から適切なものを選び，記号を○で囲みなさい。

□(1) 私は今ピアノをひいているところです。
I (ア play　イ am playing) the piano now.

□(2) 彼らは毎日英語を勉強します。
They (ア study　イ are studying) English every day.

□(3) ヘンリーはカレーが好きです。
Henry (ア likes　イ is liking) curry.

テストによく出る!

進行形にできる動詞とできない動詞

(3)動詞には，動作を表す動詞と状態を表す動詞がある。進行形にできるのは，動作を表す動詞だけ。likeは動作ではなく，「好きだ」という状態を表す動詞。

2 絵を見て例にならい，文を完成させなさい。

例 **He is reading a book now.**

□(1) Rika ＿＿＿＿ ＿＿＿＿ cookies now.

□(2) My father ＿＿＿＿ ＿＿＿＿ in the park now.

□(3) We ＿＿＿＿ ＿＿＿＿ on the ＿＿＿＿ now.

ミスに注意

(1)最後がeで終わる動詞はeをとってingをつけるよ。

3 日本語に合うように，(　)内の語句を並べかえなさい。

□(1) 私はカギを探しています。
(looking / my / I'm / for / keys).
＿＿＿＿＿＿＿＿＿＿＿＿＿＿＿＿＿＿＿＿.

□(2) 私の兄はホットドッグを売っています。
(selling / brother / hot dogs / my / is).
＿＿＿＿＿＿＿＿＿＿＿＿＿＿＿＿＿＿＿＿.

□(3) チェンとソラはマンガを読んでいます。
(are / comic books / Sora / reading / and / Chen).
＿＿＿＿＿＿＿＿＿＿＿＿＿＿＿＿＿＿＿＿.

注目!

「～を探す」

(1)lookは「見る」という意味の動詞だが，look forで「～を探す」という意味になる。

Unit 10 日本のマンガ文化（Part 2）

時間 15分　解答 p.29

〈新出語・熟語 別冊p.14〉

教科書の重要ポイント 「～していますか」の文

教科書 pp.106～107

Are they dancing? 〔彼らは踊っているのですか。〕

今していることをたずねる

—Yes, they are. / No, they are not[aren't]. 〔はい，そうです。／いいえ，ちがいます。〕

肯定の答え　否定の答え

▼「…は～していますか。」＝〈be動詞＋主語＋動詞のing形？〉

肯定文　They are dancing. 〔彼らは踊っています。〕

疑問文　Are they dancing ? 〔彼らは踊っているのですか。〕

be動詞は主語の前　クエスチョンマークをつける

※「～していますか」という疑問文にするときは，be動詞だけを主語の前に出す。

応答文　Yes, they are. / No, they are not[aren't].

肯定　否定（be動詞のあとにnotをつける）

※答えるときは，be動詞の疑問文なので，be動詞で答える。

否定文　They are not[aren't] dancing. 〔彼らは踊っていません。〕

be動詞のあとにnotをつける

※否定文のときは，be動詞のあとにnotをつける。

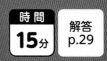

Words & Phrases 次の英語は日本語に，日本語は英語にしなさい。

□(1) wrestle	(　　)	□(6) 古い	＿＿＿＿
□(2) sell	(　　)	□(7) 人々	＿＿＿＿
□(3) lemonade	(　　)	□(8) 壁	＿＿＿＿
□(4) rabbit	(　　)	□(9) ボール	＿＿＿＿
□(5) frog	(　　)	□(10) 眠る	＿＿＿＿

1 日本語に合うように，(　)内から適切なものを選び，記号を○で囲みなさい。

□(1) あなたは本を読んでいるのですか。
(ア Do　イ Are) you reading a book?

□(2) ジムは今寝ていますか。
(ア Is　イ Does) Jim sleeping now?

□(3) ローラは何かスポーツをしますか。
(ア Does Laura play　イ Is Laura playing) any sports?

テストによく出る!
習慣を表すときは現在形を使う
(3)日常的・習慣的に何かをしているという場合は，現在進行形ではなく現在形にする。

2 絵を見て例にならい，文を完成させなさい。

例 **Is she eating *ramen*?　—Yes, she is.**

□(1) ________ he ________ pizza?
—Yes, ________ ________.

□(2) ________ you drinking tea?
—No, ________ ________.
I ________ ________ lemonade.

□(3) ________ your dog playing with the shoe?
—________, ________ ________.
He ________ ________ on the sofa.

⚠ミスに注意
現在進行形の疑問文では，DoやDoesは使わないよ。

3 日本語に合うように，(　)内の語を並べかえなさい。

□(1) 彼は写真をとっているのではありません。
(picture / not / taking / is / he / a).
________________________________.

□(2) 彼女は友だちと勉強しているのですか。
(she / with / studying / is / friends / her)?
________________________________?

□(3) 彼は今音楽を聞いていません。
(listening / he / not / music / now / is / to).
________________________________.

注目!
be動詞のあとにnot
be動詞の否定文はbe動詞のあとにnotがつく。現在進行形の否定文もこれと同じになる。

ぴたトレ 1

要点チェック

Unit 10 日本のマンガ文化(Part 3)

時間 15分　解答 p.30

〈新出語・熟語 別冊p.14〉

教科書の重要ポイント 「(今)何をしていますか」とたずねる文　教科書 pp.108～109

What are they doing? 〔彼らは何をしているのですか。〕

何をしているのかをたずねる

—They are posing in costumes. 〔彼らは衣装を着てポーズをとっています。〕

質問に答える(現在進行形の形)

▼「～は(今)何をしていますか。」=〈What＋be動詞＋主語＋動詞のing形?〉

What are they doing? 〔彼らは何をしているのですか。〕

文頭に置く

They are posing in costumes. 〔彼らは衣装を着てポーズをとっています。〕

現在進行形の文　poseのing形

※疑問詞Whatを文頭に置き，現在進行形の疑問文を続ける。これに答えるときは，現在進行形の文で答える。

※主語に合わせてbe動詞の形を変える。

What am I doing? 〔私は何をしているんだろう。〕

What are we doing? 〔私たちは何をしているんだろう。〕

What are you doing? 〔あなたは何をしているのですか。〕

What is he[she] doing? 〔彼[彼女]は何をしているのですか。〕

Words & Phrases 次の英語は日本語に，日本語は英語にしなさい。

□(1) take a shower (　　　)
□(2) pose (　　　)
□(3) costume (　　　)
□(4) around the world (　　　)
□(5) magazine (　　　)
□(6) ～を着ている ＿＿＿＿
□(7) アニメ ＿＿＿＿
□(8) ～を運ぶ ＿＿＿＿
□(9) 赤ちゃん ＿＿＿＿
□(10) manの複数形 ＿＿＿＿

1 日本語に合うように，(　)内から適切なものを選び，記号を○で囲みなさい。

□(1) あなたは今何を読んでいるのですか。
What (ア are　イ do) you reading now?

□(2) 彼らは何を飲んでいるのですか。
What (ア do　イ are) they drinking?

□(3) デイジーは何を食べたいのですか。
What (ア is　イ does) Daisy want to eat?

テストによく出る!

wantは状態を表す

(3)「～したい」は，状態を表す動詞。現在進行形にはならないので注意する。

2 絵を見て 例 にならい，文を完成させなさい。

例 **What is she doing? —She is working in the field.**

□(1) What ＿＿＿＿ the girl doing?
—She ＿＿＿＿ ＿＿＿＿ books.

□(2) What ＿＿＿＿ the boy doing?
—He ＿＿＿＿ ＿＿＿＿ an apple.

□(3) ＿＿＿＿ are Moana and Emily ＿＿＿＿?
—＿＿＿＿ ＿＿＿＿ ＿＿＿＿ at the library.

⚠ミスに注意

(3) Moana も Emily も人の名前。人が複数なので，受ける代名詞をまちがえないように注意しよう。

3 日本語に合うように，(　)内の語を並べかえなさい。

□(1) この赤ちゃんハムスターは何を食べているのですか。
(this / what / eating / is / hamster / baby)?
＿＿＿＿＿＿＿＿＿＿＿＿＿＿＿＿＿＿＿＿?

□(2) 彼らは向こうで何をしているのですか。
(doing / are / there / they / over / what)?
＿＿＿＿＿＿＿＿＿＿＿＿＿＿＿＿＿＿＿＿?

□(3) あなたのお兄さんは何を探しているのですか。
(looking / your / what / for / brother / is)?
＿＿＿＿＿＿＿＿＿＿＿＿＿＿＿＿＿＿＿＿?

注目!

Whatの位置

何をしているのかをたずねるときは，〈What＋現在進行形の疑問文〉の語順となる。したがって，Whatは文頭にくる。

ぴたトレ 1 要点チェック

Unit 10 日本のマンガ文化（Read & Think）

時間 15分　解答 p.30

〈新出語・熟語 別冊p.14〉

教科書の重要ポイント　「(今)～しています」を表す文／「何回くらい～ですか」とたずねる文　教科書 pp.110～111

▼ 「(今)～しています」（現在進行形）＝〈be動詞＋動詞のing形〉

My father reads a newspaper every morning.

〔私の父は毎朝，新聞を読みます。〕〈現在形〉

My father is reading a newspaper now.

〔私の父は今，新聞を読んでいます。〕〈現在進行形〉

seeなどの例外もあるけど，smileなどeで終わる動詞の多くはsmilingのように最後のeを取ってからingをつけるよ。

▼ 「何回くらい～ですか。」＝How often ～?

How often did you go to movie theaters last year?

How oftenの後ろは疑問文の形にする

〔あなたは去年，何回くらい映画館へ行きましたか。〕

how oftenは2語でwhoやwhatと同じ疑問詞と考えて，必ず文頭で使うよ。

Words & Phrases　次の英語は日本語に，日本語は英語にしなさい。

□(1) young　(　　　　)

□(2) for example　(　　　　)

□(3) favorite　(　　　　)

□(4) culture　(　　　　)

□(5) traditional　(　　　　)

□(6) country　(　　　　)

□(7) 今日　＿＿＿＿

□(8) 興味がある　＿＿＿＿

□(9) ほほえむ　＿＿＿＿

□(10) すばらしい　＿＿＿＿

□(11) 橋　＿＿＿＿

□(12) ～の間に　＿＿＿＿

1 日本語に合うように，(　)内から適切なものを選び，記号を○で囲みなさい。

□(1) 彼らは青い鳥を探しています。

They (ア look　イ are looking) for a blue bird.

□(2) その赤ちゃんはほほえんでいます。

The baby (ア is smiling　イ smiles).

□(3) 彼は剣道が好きです。

He (ア likes　イ is liking) kendo.

テストによく出る!

現在進行形にできない動詞もある

(3)進行形にできるのは「動作」を表す動詞だ。動きのない「状態」を表す動詞は進行形にできない。

2 日本語に合うように，＿＿に入る適切な語を書きなさい。

□(1) 私はスポーツ，例えばサッカーが好きです。

I like sports, ＿＿＿＿＿ ＿＿＿＿＿ soccer.

□(2) 何人かのフランス人たちが柔道を試しています。

Some French people ＿＿＿＿＿ ＿＿＿＿＿ judo.

□(3) 私たちは今，アニメを見ています。

We ＿＿＿＿＿ ＿＿＿＿＿ anime.

⚠ミスに注意

現在進行形のbe動詞は主語に応じてam，is，areを使い分けよう。

3 日本語に合うように，(　)内の語句を並べかえなさい。

□(1) 彼女はフランス料理に興味があります。

(French / is / food / interested / in / she).

＿＿＿＿＿＿＿＿＿＿＿＿＿＿＿＿＿＿＿＿＿＿＿＿＿＿＿＿＿＿.

□(2) 音楽は彼らと私の間のかけ橋です。

(between / music / a bridge / is / and me / them).

＿＿＿＿＿＿＿＿＿＿＿＿＿＿＿＿＿＿＿＿＿＿＿＿＿＿＿＿＿＿.

□(3) あなたは先週，何回くらいお母さんを手伝いましたか。

(often / did / help / how / your mother / you) last week?

＿＿＿＿＿＿＿＿＿＿＿＿＿＿＿＿＿＿＿＿＿＿＿＿＿＿＿＿＿＿

last week?

注目!

betweenは「(2つのもの)の間に」を表す

(2)between A and B「AとBの間に」の形で使われることが多い。

Let's Talk 9 電話

時間 15分　解答 p.30

〈新出語・熟語 別冊p.14〉

教科書の重要ポイント　電話での会話文　教科書p.112

Hello? This is Chen. 〔もしもし。チェンです。〕

└「電話をかける側も，応答する側も使用できる表現」

▼「もしもし。/こんにちは。」= Hello? / Hello.

語尾を上げることで「もしもし」のニュアンスが出る

電話をかける/受けるときに使用する。

▼「～です。」= This is ～.

自分のことを名乗るときに使用する。

Hello. This is Emily. 〔こんにちは。私はエミリーです。〕
May I speak to Chen, please? 〔チェンをお願いします。〕

電話で名前を名乗るときには，I am ～. やMy name is ～. ではなく，This is ～. を使うことが多い。

What's up? 〔どうしたの？〕

挨拶としての掛け声

▼「どうしたの？」= What's up?

使用する状況により，意味が変わる。

あいさつとしての掛け声，「最近どう？」，「何しているの？」など。

Hi, Emily. What's up? 〔やあ，エミリー。どうしたの？〕

友人同士のあいさつや理由をうながすときに使用する。
目上の人には使わないので注意。

Words & Phrases　次の英語は日本語に，日本語は英語にしなさい。

□(1) of course (　　　　)
□(2) busy (　　　　)
□(3) come (　　　　)
□(4) 宿題 ＿＿＿＿
□(5) 家 ＿＿＿＿
□(6) 私です(電話で) ＿＿＿＿

1 日本語に合うように，(　)内から適切なものを選び，記号を○で囲みなさい。

(1) もしもし。チェンです。
Hello? (ア This　イ That　ウ I) is Chen.

(2) エミリーをお願いします。
(ア Will　イ May　ウ What) I speak to Emily, please?

(3) やあ。どうしたの？
Hi! (ア What's　イ That's　ウ How's) up?

2 電話での会話文を完成させなさい。

(1) ***Hiro :*** Hello. This is Hiro. May I ＿＿＿＿＿＿ to Lisa, please?
Lisa : Speaking. Hi, Hiro! What's up?
Hiro : Can you ＿＿＿＿＿＿ me with math homework?
Lisa : Sure.

(2) ***Ken :*** Hi, Hiro! What's up?
Hiro : Do you want to play soccer?
Ken : Sorry, I'm ＿＿＿＿＿＿ now, but I can go after 3 p.m.
Hiro : OK.

3 日本語に合うように，(　)内の語を並べかえなさい。

(1) チェンをお願いします。（電話で）
(may / Chen / I / to / speak), please?
＿＿＿＿＿＿＿＿＿＿＿＿＿＿＿＿＿＿＿＿, please?

(2) 4時に図書館に来てくれますか。
(come / the / at / can / library / four / you / to)?
＿＿＿＿＿＿＿＿＿＿＿＿＿＿＿＿＿＿＿＿?

(3) 私の英語の宿題を手伝ってくれませんか。
(help / homework / can / me / with / you / English / my)?
＿＿＿＿＿＿＿＿＿＿＿＿＿＿＿＿＿＿＿＿?

Let's Talk 9

Targetのまとめ⑩

時間 15分 解答 p.31

教科書の重要ポイント 現在進行形

教科書p.114

▼「(今)～しています」＝〈be動詞＋動詞のing形〉 現在進行中の動作を表す。

現在形	現在進行形
I read books every day.	I am reading a book.
〔私は毎日本を読みます。〕	〔私は(今)本を読んでいます。〕

※動詞へのingのつけ方

・そのまま「ing」をつける。　(例) eat⇒eating, talk⇒talking

・最後の「e」をとってつける。　(例) come⇒coming, make⇒making

・最後の文字を重ねてつける。　(例) swim⇒swimming, get⇒getting

▼ 否定文の作り方

・be動詞のあとにnotを置く。

Ken is not listening to music. 〔ケンは(今)音楽を聞いていません。〕
(is: be動詞)

▼ 疑問文の作り方

・主語の前にbe動詞を置き，文末に？を置く。

疑問文　　答え方

Are you playing tennis? —Yes, I am. / No, I am not.
(Are: be動詞　you: 主語)

〔あなたは(今)テニスをしていますか。〕
—〔はい，私はテニスをしています。／いいえ，私はテニスをしていません。〕

1 絵を見て例にならい，それぞれの絵に合う現在進行形の文を完成させなさい。

例 **We are playing soccer.**

□(1) She ＿＿＿＿ ＿＿＿＿ a cake.

□(2) Mr. White ＿＿＿＿ ＿＿＿＿ English.

□(3) They ＿＿＿＿ ＿＿＿＿.

Project 3 日記を書こう

時間 15分 解答 p.31

〈新出語・熟語 別冊p.15〉

教科書の重要ポイント 日記で使える表現

教科書 pp.115～117

▼ 日記に書く内容

①1日の出来事を時間の順に書く。

②ある出来事をくわしく書く。

▼ 日記でよく使われる表現

・過去形を使って，したことを書く。

ate hamburgers〔ハンバーガーを食べた〕　enjoyed the concert〔コンサートを楽しんだ〕

went shopping〔買い物に行った〕　had lunch〔昼食を食べた〕

・形容詞を使って，感想を書く。

I [We] had a good time.〔私は[私たちは]楽しい時を過ごしました。〕

It was a lot of fun.〔それはとても楽しかったです。〕

It was interesting.〔それは興味深かったです。〕

I was happy.〔私は幸せでした。〕

英語のボキャブラリーを増やしておくことが重要だよ。

・時間の表現を使って，出来事を順に書く。

today〔今日〕　this morning〔今朝〕　at night〔夜に〕

in the morning〔午前中に〕　in the afternoon〔午後に〕　yesterday〔昨日〕

all day〔1日中〕　from 10:00 a.m. to 4:00 p.m.〔午前10時から午後4時まで〕

1 日本語に合うように，____に入る適切な語を書きなさい。

□(1) 私は今朝買い物に行きました。

I ______ shopping ______ ______.

□(2) 私たちは昨日楽しい1日を過ごしました。

We ______ a good day ______.

□(3) 私は今日昼食にハンバーガーを食べました。

I ______ hamburgers for lunch ______.

⚠ミスに注意

不規則動詞のスペルは，正確に覚えておこう。

ぴたトレ **2** 練習

Unit 10 ~ Project 3

時間 20分　解答 p.31

教科書 pp.104 ~ 115

1 正しいものを4つの選択肢の中から選びなさい。

「学校に通っている」というのは，今この瞬間の動作ではないよ。

□(1) Timmy and I (　　) to school together every morning.

ア going　イ are going　ウ go　エ am going

□(2) Is he (　　) on the phone?

ア speak　イ speaks　ウ speaking　エ spoke

□(3) What (　　) you doing now?

ア do　イ are　ウ did　エ is

□(4) The boy (　　) around the park every day.

ア walking　イ walk　ウ are walking　エ walks

2 日本語に合うように，＿＿に入る適切な語を書きなさい。

□(1) あなたのお父さんは今日帽子をかぶっていますか。

______ your father ______ a cap today?

□(2) あなたは夕食に何を作っているのですか。

What ______ you ______ for dinner?

□(3) ジョージは今寝ています。

George ______ ______ now.

□(4) 彼らは楽しい時間を過ごしました。

They ______ a ______ time.

3 書く (　)内の指示に従って，英文を書きかえなさい。

□(1) They are watching TV now.　(否定文に)

____

□(2) I am studying math.　(下線部を問う疑問文に)

____

ヒント 3 (2)相手に何を勉強しているのかを問う質問文を書く。

定期テスト 予報	●現在進行形を使って肯定文・疑問文・否定文・応答文を作れるかどうかが問われるでしょう。 ⇒正しい進行形の形を覚え，be動詞を適切に活用できるようにしましょう。 ●現在形と現在進行形の使い分けができるかどうかが問われるでしょう。 ⇒現在の状態を広く表す現在形と，今この瞬間を表す現在進行形のちがいを理解しましょう。

4 読む 次の会話文を読んで，あとの問いに答えなさい。

Aoi : Look at this old picture.

Chen : I see a rabbit and some frogs. Are they dancing?

Aoi : No, ①(　　)(　　). ②(彼らはすもうをとっているのです。)

Chen : I see. ③(these / laughing / are / frogs)?

Aoi : Yes, they are.

Chen : They are very funny.

□(1) 下線部①の(　)に入る適切な語を書きなさい。

______ ______

□(2) 下線部②の(　)内の日本語を英語にしなさい。

______

□(3) 下線部③の(　)内の語を正しく並べかえなさい。

______

5 話す 次の文を声に出して読み，問題に答え，答えを声に出して読んでみましょう。アプリ

Chen : Look at this picture. This is an event in France.

Aoi : What are they doing?

Chen : They're posing in costumes.

Aoi : Wow! This woman is wearing a costume from "Sailor Moon." These men are wearing costumes from "Naruto."

Chen : Anime and manga are popular around the world.

□(1) What is the woman wearing?

— ______

□(2) Are anime and manga popular around the world?

— ______

ヒント 4 (3)進行形の疑問文ではbe動詞だけ主語の前に置く。 5 (1)答えるときは，the womanをsheと言いかえる。

Unit 10 ～ Project 3

時間 30分 ／100点 合格 70点

解答 p.32

教科書 pp.104～117

❶ 下線部の発音が同じものには○を，そうでないものには×を，解答欄に書きなさい。 6点

(1) laugh
leaf

(2) crowded
grow

(3) country
but

❷ 最も強く発音する部分の記号を解答欄に書きなさい。 6点

(1) per - form - ance
ア イ ウ

(2) ex - am - ple
ア イ ウ

(3) in - ter - est - ed
ア イ ウ エ

よく出る ❸ 日本語に合うように，____に入る適切な語を書きなさい。 18点

(1) ミズキはお母さんを待っているのですか。
_____ Mizuki _____ for her mother?

(2) あなたは野球に興味がありますか。
_____ you _____ in baseball?

(3) エミリーは今何を読んでいるのですか。
What _____ Emily _____ now?

❹ ____に適切な語を入れ，それぞれの会話文を完成させなさい。 18点

(1) **A :** _____ the students eating lunch?
B : No, they aren't. They are cleaning the classroom.

(2) **A :** What _____ you usually do on weekends?
B : I go shopping with my family.

(3) **A :** _____ he studying in his room?
B : No, he isn't. He is playing video games.

❺ 読む 次の会話文を読んで，あとの問いに答えなさい。 28点

Mika : Hello? This is Mika. May I speak to Ella?
Ella : Hi, Mika. This is Ella speaking. (①)?
Mika : Hi, Ella. Are you free today? ②(私の英語の宿題を手伝ってくれますか。)
Ella : Well, ③(doing / my / am / homework / I) now, but I can help you after that.
Mika : Thank you. I (④) some cupcakes now, so let's eat them together later.
Ella : Great! ⑤Thanks for calling!

(注) calling：電話をすること

成績評価の観点　知…言語や文化についての知識・技能　表…外国語表現の能力

(1) (①)に入る最も適切なものを1つ選び，記号を書きなさい。

ア What's up　イ How are you　ウ How about you

(2) 下線部②の( )内の日本語を英語にしなさい。

(3) 下線部③の( )内の語を正しく並べかえなさい。

(4) (④)に入る最も適切なものを1つ選び，記号を書きなさい。

ア make　イ am making　ウ made

差がつく (5) 下線部⑤が表すことを1つ選び，記号を書きなさい。

ア ただ相手を助けるつもりが予想外の御礼を受け取ることになり，喜ぶ気持ち。

イ 忙しいときに手伝いを頼まれ，困惑しつつも，礼儀を守ろうとする気持ち。

ウ 魅力的な誘いを受け，宿題を放って遊びに行こうと決めたときの気持ち。

点UP 6 書く 次のようなとき英語で何と言うか，( )内の語数で書きなさい。表　24点

(1) 相手が何を探しているのかをたずねるとき。(5語)

(2) 彼女は毎日走っているのかとたずねるとき。(5語)

(3) 彼らはバスを待っているのではないと伝えるとき。(7語)

1	(1)	2点	(2)	2点	(3)	2点	2	(1) 2点	(2) 2点	(3) 2点	
3	(1)	6点					(2)	6点			
	(3)	6点									
4	(1)	6点	(2)	6点	(3)	6点					
5	(1)	4点	(2)	10点							
	(3)	6点	(4)	4点	(5)	4点					
6	(1)	表 8点									
	(2)	表 8点									
	(3)	表 8点									

▶ 表 の印がない問題は全て 知 の観点です。

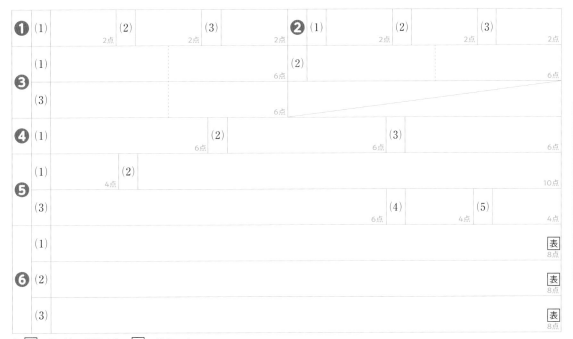

Let's Read ①
The Crow and the Pitcher

時間 15分　解答 p.33

〈新出語・熟語 別冊p.15〉

教科書の重要ポイント　助動詞canの過去形could

教科書 pp.118～119

▼「～することができる」を意味する助動詞canの過去形はcould「～することができた」で表す。

〈could＋動詞の原形〉＝「～することができた」

He could not play the piano well.〔彼は上手にピアノをひくことができませんでした。〕〈過去〉

〈could＋動詞の原形〉

※couldで表す「～することができた」は，実際にその行為をしたことを示しているとは限らず，ただやろうと思えばできたということを示すこともある。

He could play the piano well.〔彼は上手にピアノをひくことができました。〕

何かの場面で実際にピアノをひいたのではなく，
機会があればピアノを上手にひく能力があったことを示しているともとれる

否定文では気にしなくても大丈夫！

ナルホド！

1 絵を見て例にならい，「…は～できませんでした」という文を完成させなさい。

例 **He could not eat pizza.**

□(1) She could ________ ________ tennis.

□(2) Paul ________ ________ ________ TV.

□(3) He ________ ________ ________ his glasses.

⚠ミスに注意

couldの後ろにnotが入っても続く動詞は原形だよ。例えば主語がHeだからといってsはつかないし，過去のことだからといって過去形にはならないよ。

2 日本語に合うように，____に適切な語を書きなさい。

□(1) 私は考えに考えました。

I ________ ________ ________.

□(2) 先生は私たちを１人ずつ見ました。

Our teacher looked at us ________ ________ ________.

Let's Read ②
River Crossing Puzzle

時間 15分　解答 p.33

〈新出語・熟語 別冊p.15〉

教科書の重要ポイント　〈want to＋動詞の原形〉　教科書 pp.120～121

▼〈want to＋動詞の原形〉で「～したい」。

A farmer wants to cross a river.〔ある農夫がある川を渡りたいと思っています。〕
〈want to＋動詞の原形〉

※否定形は「～したくない」

I don't want to eat carrots.〔私はニンジンを食べたくありません。〕

※ この〈to＋動詞の原形〉は「～すること」という意味を表している。
つまり〈want to＋動詞の原形〉で「『～すること』がほしい」という意味から「～したい」という訳になる。

〈to＋動詞の原形〉にはto不定詞という呼び方があるよ。

1 絵を見て例にならい，「…は～したいです」という文を完成させなさい。

ミスに注意
何が主語になっているかしっかり確認しよう。toの後ろは動詞の原形だよ。

例 **I want to drink water.**

□(1) They want ＿＿＿＿ ＿＿＿＿ in the sea.

□(2) She ＿＿＿＿ ＿＿＿＿ ＿＿＿＿ New York.

□(3) He ＿＿＿＿ ＿＿＿＿ ＿＿＿＿ video games.

2 日本語に合うように，＿＿に適切な語を書きなさい。

□(1) 彼らは私をあとに残していきませんでした。
They didn't ＿＿＿＿ me ＿＿＿＿.

□(2) その箱の１つを運んでください。
Carry ＿＿＿＿ ＿＿＿＿ the boxes.

ぴたトレ **2** 練習

Let's Read ①・②

時間 **20分**　解答 p.33

教科書 pp.118 ～ 121

1 正しいものを2つの選択肢の中から選びなさい。

□(1) This bag is (ア to　イ too) expensive.

□(2) I was (ア happy very　イ very happy).

□(3) He could (ア eat　イ eats) the hamburger.

□(4) She ate one of the (ア orange　イ oranges).

2 日本語に合うように，＿＿に入る適切な語を書きなさい。

日本語からどんな形の英文にすればよいか判断して，問題を解こう。

□(1) ジェーンはリンゴを1つ川の中へ落としました。

Jane ＿＿＿＿＿＿ an apple ＿＿＿＿＿＿ the river.

□(2) 私は彼の小説が読みたいです。

I ＿＿＿＿＿＿ ＿＿＿＿＿＿ ＿＿＿＿＿＿ his novel.

□(3) 彼はどうやって海を渡ったのですか。

＿＿＿＿＿＿ ＿＿＿＿＿＿ he ＿＿＿＿＿＿ the sea?

□(4) 私はいろいろな方法を試しました。

I ＿＿＿＿＿＿ various ＿＿＿＿＿＿.

3 日本語に合うように，(　)内の語を並べかえなさい。

□(1) 彼らはたくさんの箱を運ぶことができました。

(carry / lot / a / of / could / they / boxes).

＿＿＿＿＿＿＿＿＿＿＿＿＿＿＿＿＿＿＿＿＿＿＿＿＿＿＿＿.

□(2) 私は水を飲みたいと思っています。

(to / want / drink / I / water).

＿＿＿＿＿＿＿＿＿＿＿＿＿＿＿＿＿＿＿＿＿＿＿＿＿＿＿＿.

□(3) 農夫は(船などで)キャベツを渡します。

(takes / across / the / the / cabbages / farmer).

＿＿＿＿＿＿＿＿＿＿＿＿＿＿＿＿＿＿＿＿＿＿＿＿＿＿＿＿.

4 次の英語を日本語にしなさい。

□(1) What happened then?

(　　　　　　　　　　　　　　　　　　　　　　　　　　)。

□(2) I left my dog behind.

私は(　　　　　　　　　　　　　　　　　　　　　　　　)。

ヒント　1 (4)one of the ～の「～」の部分には複数形の名詞が入る。
2 (3)「どうやって」と方法をたずねる疑問詞はhow。

定期テスト予報	●文の中でitやthisが何を指しているかが問われるでしょう。 ⇒前後関係から何だったら意味がつながるかを考えて文を読みましょう。 ●熟語や慣用的な表現の知識が問われるでしょう。 ⇒前置詞や副詞がセットになった表現のパターンに慣れましょう。

□(3) She put the stones on the table one by one.

彼女は(　　　　　　　　　　　　　　　　　　　　　　　　　　　　　　　　)。

□(4) I cannot take her family at a time.

私は(　　　　　　　　　　　　　　　　　　　　　　　　　　　　　　　　)。

5 読む 次の文を読んで，あとの問いに答えなさい。

He tried many ways, (①) he failed.

His beak was too short!

He ②(　　　　)(　　　　)(　　　　).

"Okay, I have ③a good idea!"

He collected a lot of small stones.

He dropped the stones into the pitcher one by one.

What happened then?

④(the stones / level / the water / raised).

Finally he could drink the water.

Aesop. *The Crow and the Pitcher*より

□(1) (①)に入る最も適切なものを1つ選び，記号に○をつけなさい。

ア and　　イ but　　ウ so

□(2) 下線部②が「(彼は)考えに考えた」という意味になるように，(　)に入る適切な語を書きなさい。

② ＿＿＿＿＿＿ ＿＿＿＿＿＿ ＿＿＿＿＿＿

□(3) 下線部③をもとにした彼の具体的な行動を日本語で説明しなさい。

③ ＿＿＿＿＿＿＿＿＿＿＿＿＿＿＿＿＿＿

□(4) 下線部④の(　)内の語句を正しく並べかえなさい。

④ ＿＿＿＿＿＿＿＿＿＿＿＿＿＿＿＿＿＿

6 書く 次のようなとき英語で何と言うか，(　)内の語数で書きなさい。

□(1) 相手がのどがかわいているかをたずねるとき。(3語)

＿＿＿＿＿＿＿＿＿＿＿＿＿＿＿＿＿＿＿＿.

□(2) 彼女がいい考えを持っていると伝えるとき。(5語)

＿＿＿＿＿＿＿＿＿＿＿＿＿＿＿＿＿＿＿＿.

ヒント 5 (4)raisedは「～を上げる」を意味する動詞raiseの過去形。

□(3) 私たちは日本食レストランに行きたいと伝えるとき。（8語）

______________________________.

7 読む 次の文を読んで，あとの問いに答えなさい。

A farmer wants to cross a river. He wants to take a wolf, a goat, and a cabbage with him.
His small boat can carry the farmer and only one of ①them at a time.
②He cannot leave the wolf and the goat behind. Wolves eat goats.
He cannot leave the goat and the cabbage behind. (③)

□(1) 下線部①が何を指すか英語で抜き出して答えなさい。

① ______________________________

□(2) 下線部②を日本語にしなさい。またその理由を日本語で答えなさい。

日本語訳 ______________________________

理由 ______________________________

□(3) (③)に入る最も適切なものを１つ選び，記号に○をつけなさい。

ア Wolves eat farmers.　イ Farmers eat goats.　ウ Goats eat cabbages.

8 話す 次の文を声に出して読み，問題に答え，答えを声に出して読んでみましょう。アプリ

A thirsty crow found a pitcher. He found water inside it. He was very happy.
But he could not drink the water. His beak did not reach it.
The pitcher had very little water. "I can't drink this, but I'm very thirsty."

Aesop. *The Crow and the Pitcher*より

□(1) Who found a pitcher?

— ______________________________

□(2) What did the crow find?

— ______________________________

□(3) Where is very little water?

— ______________________________

ヒント 7 (1)下線部より前から複数の名詞を表す要素を探す。 8 (2)(3)質問の主語は，それぞれ代名詞にして答える。

テスト前に役立つ!

＼ 定期テスト ／

予想問題

チェック!

- テスト本番を意識し，時間を計って解きましょう。
- 取り組んだあとは，必ず答え合わせを行い，まちがえたところを復習しましょう。
- 観点別評価を活用して，自分の苦手なところを確認しましょう。

テスト前に解いて，わからない問題やまちがえた問題は，もう一度確認しておこう!

英作文ができたらパーフェクトだね!

定期テスト予想問題 1

Unit 1 ～ Targetのまとめ①

時間30分 ／100点 合格70点

解答 p.35

❶ 読む 次の問題を読んで，質問に答えなさい。 35点

Wataru : Hi, I'm Wataru. I'm from Japan.
Lita : Hi, I'm Lita. I'm from Spain.
Wataru : Nice to meet you.
Lita : ア Nice to meet you, too.
Wataru : What's that?
Lita : ① (　　) a racket.
Wataru : Is it a tennis racket?
Lita : No, it isn't. It's a badminton racket. ② I'm good (　　) badminton.
Wataru : Wow. That's cool. I'm a member of the basketball team.
Lita : Oh, イ (あれはバスケットボールです).
Wataru : Yes.

差がつく (1) 下線部アを訳しなさい。
(2) 下線部①について，(　)にあてはまる最も適切な1語を書きなさい。
(3) 下線部②について，(　)にあてはまる最も適切な1語を，次のア～エの中から1つ選び，その記号を書きなさい。
ア at　　イ for　　ウ from　　エ of
(4) 下線部イを英訳しなさい。(3語で)

❷ 次の英文の____にam，are，isの中から適切な語を入れなさい。 25点

(1) She ______ a scientist.
(2) I ______ Noriko Suzuki.
(3) This ______ an eraser.
(4) He ______ my teacher.
(5) You ______ sleepy.

❸ 次の____に適切な語を入れて，それぞれの対話文を完成させなさい。 20点

(1) **A :** Satoru, this is Kate. ______ ______ my friend.
B : Nice to meet you, Kate.
(2) **A :** Are you a good cook?
B : Yes, ______ ______.

 成績評価の観点 知…言語や文化についての知識・技能　表…外国語表現の能力

(3) ***A :*** ＿＿＿ Nick your friend?

B : Yes, he is.

(4) ***A :*** What time is it now?

B : ＿＿＿ four.

点UP ❹ 次の日本語を英語にしなさい。 表 　　20点

(1) こちらはサブロウです。彼は中学生です。

(2) あなたは英語の先生ですか。

❶	(1)	10点		
	(2)	8点	(3)	7点
	(4)	10点		
❷	(1)	5点	(2)	5点
	(3)	5点	(4)	5点
	(5)	5点		
❸	(1)	5点		
	(2)	5点		
	(3)	5点	(4)	5点
❹	(1)	表 10点		
	(2)	表 10点		

▶ 表 の印がない問題は全て 知 の観点です。

❶ 　/35点　❷ 　/25点　❸ 　/20点　❹ 　/20点

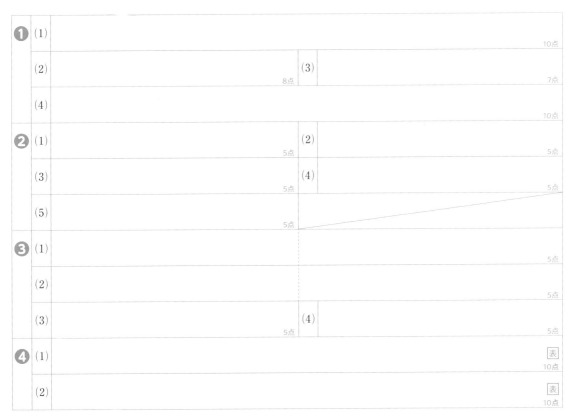

定期テスト予想問題 2

Unit 3 ~ Project 1

時間30分 ／100点 合格70点 解答p.35

❶ 読む ベンとサオリはスーパーマーケットで買い物をしています。次の問題を読んで，質問に答えなさい。 33点

Ben : *Today's lunch is curry and rice.
Saori : ア(you / do/ *vegetables / need / what)?
Ben : ①I need (potato).
Saori : ①How many (potato) do you need?
Ben : I need four.
Saori : イDo you need carrots?
Ben : No, I don't need carrots. I have carrots *at home.
Saori : What do you want for dessert?
Ben : I want ice cream. How about you?
Saori : Me, too. I want *that strawberry ice cream. ②How ( ) is it?
Ben : It's 300 yen.
Saori : Let's *get two.

注)today's 今日の／vegetable 野菜／at home 家に
that あの／get ～を買う

(1) 下線部アの語を並べかえて，文を完成させなさい。
(2) 下線部①について，(potato)を適切な形に直しなさい。
(3) 下線部イを訳しなさい。
よく出る (4) 下線部②について，( )にあてはまる最も適切な1語を，次のア～エの中から1つ選び，その記号を書きなさい。
ア some　イ any　ウ many　エ much

❷ 次の英文の____にa，an，some，anyの中から適切な語を入れなさい。 16点

(1) I have ______ watch in my bag.
(2) Do you have ______ brothers?
(3) You have ______ friends in New Zealand.
(4) I eat bread and ______ egg for breakfast.

❸ 次の英文を，下線部をたずねる疑問文に書きかえなさい。 24点

(1) I like yellow.
差がつく (2) It's 3 p.m.
(3) I have two coats.

 成績評価の観点 知…言語や文化についての知識・技能 表…外国語表現の能力

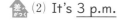

点UP **4 次の日本語を英語にしなさい。** 表 27点

(1) ここで泳いではいけません。

(2) 私は牛乳を飲みません。

(3) 私はこれらのTシャツがほしいです。

1	(1)	9点		
	(2)	7点		
	(3)	10点		
	(4)	7点		
2	(1)	4点	(2)	4点
	(3)	4点	(4)	4点
3	(1)	8点		
	(2)	8点		
	(3)	8点		
4	(1)	表 9点		
	(2)	表 9点		
	(3)	表 9点		

▶ 表 の印がない問題は全て 知 の観点です。

1 /33点 2 /16点 3 /24点 4 /27点

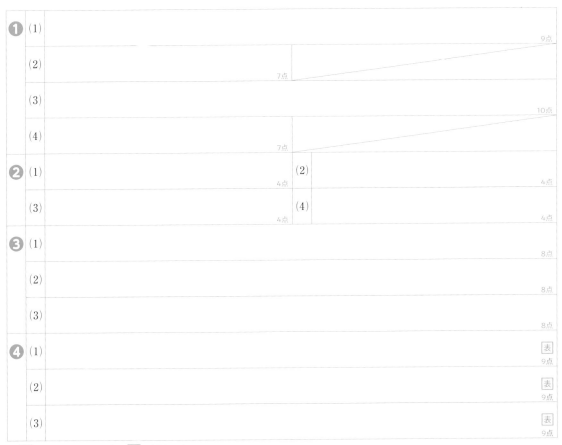

Unit 5 ~ Targetのまとめ⑥

時間30分　／100点　合格70点　解答p.36

❶ 読む マイクとナオは写真を見ながら話しています。次の問題を読んで，質問に答えなさい。

42点

Mike : Whose *car is this? It's cool!
Nao : It's my uncle's. ①He (like) cars very much. This is him. He is a doctor.
Mike : Does he work at a hospital?
Nao : Yes, he does.
Mike : ②(　　) is this girl?
Nao : She's my cousin, Tomoko. She's a *high school student.
Mike : Is this a unicycle? ③(unicycle / a / can / *ride / she)?
Nao : No, she can't. This unicycle is her brother's. This is her brother, Ryuta.
Mike : Is he a *junior high school student?
Nao : No, he is eleven years old.
Mike : Is this house yours?
Nao : Yes. My uncle, aunt and cousins *come to our house every summer. ④I like (they) very much.

注)car　車／high school　高校／ride　～に乗る
junior high school　中学校／come　来る

よく出る (1) 下線部①について，(like)を適切な形に直しなさい。
(2) 下線部②について，(　)にあてはまる最も適切な１語を書きなさい。
(3) 下線部③について，(　)内の語句を並べかえて，文を完成させなさい。
(4) 下線部④について，(they)を適切な形に直しなさい。
(5) 本文の内容について，次の問いに日本語で答えなさい。
① 車はだれのものですか。
② トモコとリュウタのどちらが年上ですか。

❷ (　)から適切な語を選び，記号で答えなさい。

20点

(1) He doesn't know (ア I　イ me).
(2) I visit (ア her　イ she) on Saturdays.
(3) (ア We　イ Us) speak Chinese.
(4) That is (ア him　イ his) cake.
(5) These drums are (ア mine　イ my).

❸ 次の____に適切な語を入れて，それぞれの対話文を完成させなさい。 18点

差がつく (1) **A :** _____ bag is that?
B : It's Aya's.

(2) **A :** Can you swim?
B : No, I _____.

(3) **A :** _____ Rachel live in Tokyo?
B : Yes, she does.

点UP ❹ 次の日本語を英語にしなさい。表 20点

(1) 彼女は，日曜は料理をしません。

(2) 窓を開けてくれますか。

❶	(1)	5点	(2)	7点
	(3)	9点		
	(4)	5点		
	(5) ①	8点		
	②	8点		
❷	(1)	4点	(2)	4点
	(3)	4点	(4)	4点
	(5)	4点		
❸	(1)	6点	(2)	6点
	(3)	6点		
❹	(1)	表 10点		
	(2)	表 10点		

▶ 表 の印がない問題は全て 知 の観点です。

❶ /42点 ❷ /20点 ❸ /18点 ❹ /20点

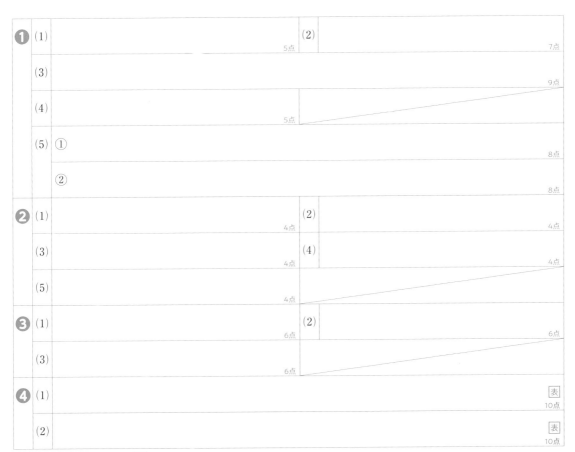

Unit 7 ~ Project 2

時間30分 ／100点 合格70点 解答p.37

❶ 読む 次の問題を読んで，質問に答えなさい。 36点

Janet : Oh, that movie T-shirt is *familiar to me. Is it your brother's?
Eisuke : No. ア It was his before, but it's mine now.
Janet : You really like the movie.
Eisuke : Yes.
Janet : ①(　　) do you like it *so much?
Eisuke : Because I like *dinosaurs. You can see a lot of dinosaurs in the movie.
Janet : Oh, I like ② them, too.
Eisuke : Really? I have two books about dinosaurs. Do you want to see?
Janet : Yes.
Eisuke : Here you are.
Janet : Which book do you recommend?
Eisuke : I recommend the blue book. It has a lot of pictures. It's a library book. I go to the library and read books about dinosaurs on Saturdays.
Janet : Great. ③(you / with / I / can / come) *next Saturday?
Eisuke : Sure.

注) familiar to ～　～によく知られている／so much　そんなに
dinosaur　恐竜／next　次の

(1) 下線部アを訳しなさい。
よく出る (2) 下線部①について，(　)にあてはまる最も適切な1語を書きなさい。
(3) 下線部②が指すものを本文中から1語で書きなさい。
(4) 下線部③について，(　)内の語を並べかえて，文を完成させなさい。

❷ 次の____に適切な語を入れて，それぞれの対話文を完成させなさい。 20点

(1) **A :** How do you come to school?
B : I come to school _____ train.
(2) **A :** _____ do you want, a cat or a dog?
B : I want a cat.
(3) **A :** _____ you at the restaurant then?
B : Yes, I was.
(4) **A :** _____ _____ do you eat dinner?
B : I eat dinner at 6:00 p.m.

❸ 次の英文を，下線部をたずねる疑問文に書きかえなさい。 24点

(1) My birthday is <u>March 12th</u>.

差がつく (2) I play baseball <u>at the park</u>.

(3) The gloves are <u>Makoto's</u>.

❹ 次の日本語を英語にしなさい。 表 20点

(1) 私は先月いそがしかったです。

(2) あなたのノートはあのテーブルの下にあります。

❶	(1)	10点		
	(2)	8点	(3)	9点
	(4)	9点		
❷	(1)	5点	(2)	5点
	(3)	5点		
	(4)			5点
❸	(1)	8点		
	(2)	8点		
	(3)	8点		
❹	(1)	表 10点		
	(2)	表 10点		

▶ 表 の印がない問題は全て 知 の観点です。

❶ /36点 ❷ /20点 ❸ /24点 ❹ /20点

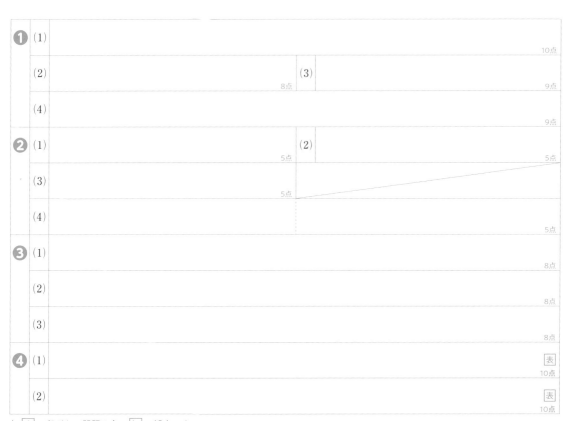

定期テスト予想問題 5

Unit 9 ～ Let's Read 2

時間30分　／100点　合格70点　解答p.37

❶ 読む ベティとカズトは授業前に話しています。次の問題を読んで，質問に答えなさい。

35点

Betty : What are you doing?
Kazuto : ①I (do) my math homework.
Betty : Now? *Didn't you do it yesterday?
Kazuto : I *got a new video game yesterday. I was *too excited.
Betty : You played the video game and didn't do your homework yesterday.
Kazuto : *That's right. ②(do / you / what / did) yesterday?
Betty : ③I did my homework after school, talked with Miki (　　) the phone after dinner and watched a movie on the computer after that.
Kazuto : Do you have a computer?
Betty : Yes. ④My father (buy) it for me for my birthday last month.
Kazuto : That's cool! I want to have a computer and play *online games on it.
Betty : *Finish your homework first.
Kazuto : You're right. Don't talk to me now.
Betty : Okay.

注)Didn't you ～?　あなたは～しなかったのですか。／get　～を買う
too　あまりにも／That's right.　その通り。／online　オンラインの
finish　～を終わらせる

(1) 下線部①について，(do)を適切な形に直しなさい。

差がつく (2) 下線部②について，(　)内の語を並べかえて，文を完成させなさい。

(3) 下線部③について，(　)にあてはまる最も適切な1語を，次のア～エの中から1つ選び，その記号を書きなさい。
　ア for　　イ in　　ウ on　　エ to

よく出る (4) 下線部④について，(buy)を適切な形に直しなさい。

(5) ベティが映画を見たのはいつですか。次のア～ウの中から1つ選び，その記号を書きなさい。
　ア 放課後　　イ 夕食の前　　ウ ミキと電話で話したあと

❷ (　)から適切な語を選び，記号で答えなさい。

30点

(1) Kaori (ア practice　イ practices　ウ is practicing) the piano every day.
(2) I (ア am going to　イ go to　ウ went to) school by bus yesterday.
(3) You (ア watch　イ watches　ウ are watching) TV now.

成績評価の観点　知…言語や文化についての知識・技能　表…外国語表現の能力

(4) My sisters usually (ア come　イ comes　ウ is coming) home at 5:00 p.m.

(5) (ア Are　イ Do　ウ Did) you see Mr. Jackson last week?

❸ 次の____に適切な語を入れて，それぞれの対話文を完成させなさい。 15点

(1) **A :** When did you eat breakfast today?

B : I _____ breakfast at 7:00 a.m.

(2) **A :** Is Ted cleaning his room?

B : No, he _____. He went to the park.

(3) **A :** Did Tom go to the zoo last Saturday?

B : Yes, he _____.

点UP **❹ 次の日本語を英語にしなさい。** 表 20点

(1) 私は昨日本屋に行きませんでした。

(2) あなたは今何を読んでいますか。

❶	(1)	7点		
	(2)	8点		
	(3)	4点	(4)	7点
	(5)	9点		
❷	(1)	6点	(2)	6点
	(3)	6点	(4)	6点
	(5)	6点		
❸	(1)	5点	(2)	5点
	(3)	5点		
❹	(1)	表 10点		
	(2)	表 10点		

▶ 表 の印がない問題は全て 知 の観点です。

❶ /35点　❷ /30点　❸ /15点　❹ /20点

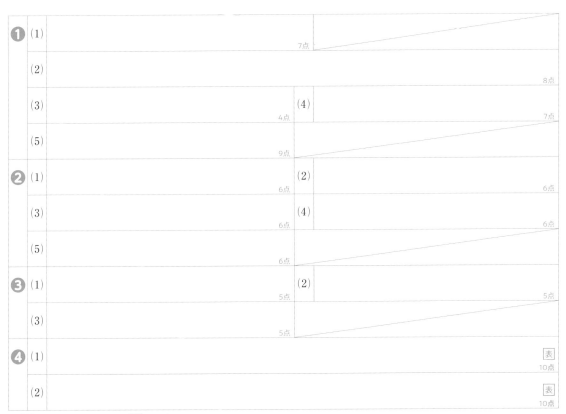

リスニングテスト 1 小学校の復習

／20点

解答 p.40

1 これから3つの対話文を読みます。それぞれの内容が絵に合っていれば○を，合っていなければ×を書きなさい。英文は2回読まれます。

（4点×3） ポケリス♪ 1

(1)

(2)

(3)

(1)		(2)		(3)	

2 これからマイのスピーチと，その内容についての2つの質問文を放送します。質問の答えとして最も適切なものをア～エの中から1つずつ選び，記号で答えなさい。英文は2回読まれます。

（4点×2） ポケリス♪ 2

(1) ア She is a student.
　イ She is not a student.
　ウ Yes, she is.
　エ No, she is not.

(2) ア It is apple pie.
　イ It is cooking.
　ウ It is English.
　エ It is Osaka.

(1)		(2)	

be動詞

／20点

解答 p.40

1 これから４つの英文を読みます。それぞれの内容に合う絵を１つずつ選び，記号で答えなさい。英文は２回読まれます。 (2点×4) ポケリス♪3

ア

イ

ウ

エ

オ

カ

(1)		(2)		(3)		(4)	

2 これから３つの対話文を読みます。それぞれの内容が絵に合っていれば○を，合っていなければ×を書きなさい。英文は２回読まれます。 (4点×3) ポケリス♪4

(1)

(2)

(3)

(1)		(2)		(3)	

リスニングテスト 3 一般動詞

／20点

解答 p.41

1 これから3つの対話文を読みます。それぞれの内容に合う絵を1つずつ選び，記号で答えなさい。英文は2回読まれます。

（4点×3） ポケリス♪ 5

(1)

(2)
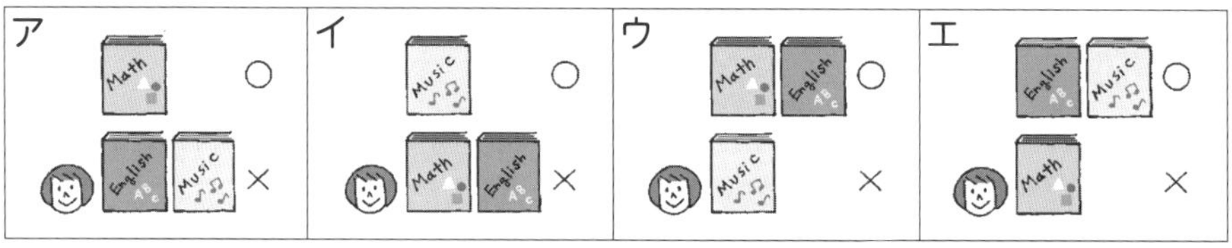

(3)

(1)		(2)		(3)	

2 これから2つの対話文を読みます。それぞれの内容に合うものをア〜エの中から1つずつ選び，記号で答えなさい。英文は2回読まれます。

（4点×2） ポケリス♪ 6

(1) ア マイクは歩いて学校に行きます。
イ マイクはバスで学校に行きます。
ウ エミはたいてい歩いて学校に行きます。
エ エミはときどき自転車で学校に行きます。

(2) ア ケイトには姉妹がいません。
イ ケイトには姉妹が1人います。
ウ リョウには姉妹が1人，兄弟が1人います。
エ リョウには姉妹が2人います。

(1)		(2)	

リスニングテスト 4 canの文

／20点

解答 p.41

❶ これから3つの対話文を読みます。それぞれの内容が絵に合っていれば○を，合っていなければ×を書きなさい。英文は2回読まれます。

（4点×3） ポケリス♪ 7

(1)

(2)

(3)

(1)		(2)		(3)	

❷ これから放送するジョンと博物館員の対話文を聞いて，その内容に合うものをア～カの中から2つ選び，記号で答えなさい。英文は2回読まれます。

（4点×2） ポケリス♪ 8

ア John can take pictures in the museum.
イ John can take his bag with him.
ウ John can take his dog with him.
エ John can eat in the museum.
オ John can drink in the museum.
カ John can enjoy pictures in the museum before five o'clock.

／20点

解答 p.42

❶ これから3つの対話文を読みます。それぞれの内容に合う絵を1つずつ選び，記号で答えなさい。英文は2回読まれます。

（4点×3） ポケリス♪ 9

(1)
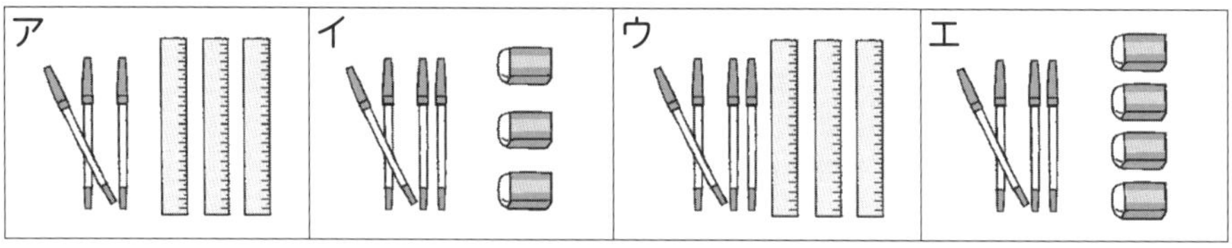

(2)
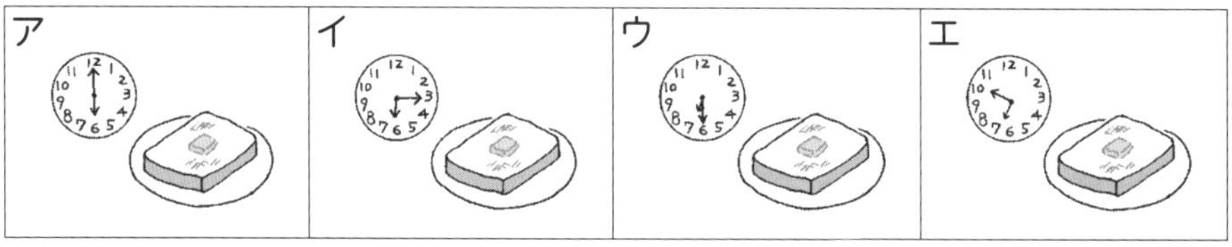

(3)
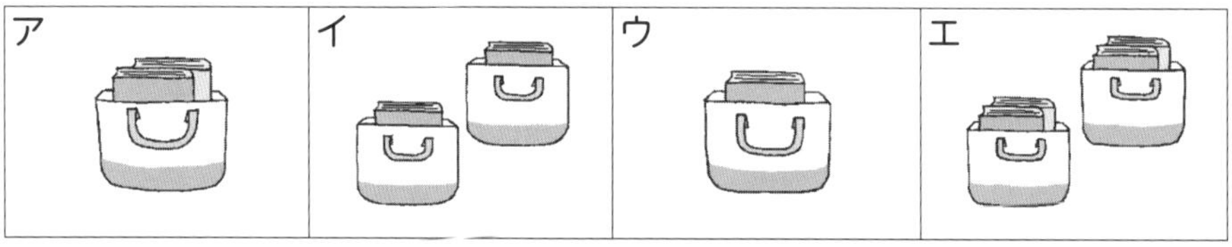

(1)		(2)		(3)	

❷ これからタカシのスピーチと，その内容についての2つの質問文を放送します。質問の答えとして最も適切なものをア～エの中から1つずつ選び，記号で答えなさい。英文は2回読まれます。

（4点×2） ポケリス♪ 10

(1) ア He practices the guitar.
　イ He practices tennis.
　ウ He practices soccer.
　エ He practices basketball.

(2) ア She is from Nagano.
　イ She is a junior high school student.
　ウ She is seventeen years old.
　エ She is Takashi's sister.

(1)		(2)	

疑問詞②

／20点

解答 p.42

❶ これから3つの対話文を読みます。それぞれの内容に合う絵を1つずつ選び，記号で答えなさい。英文は2回読まれます。

（4点×3） ポケリス♪ 11

(1)
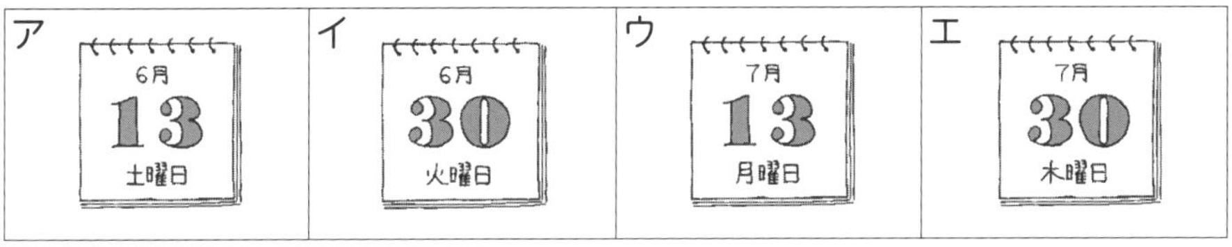

(2)
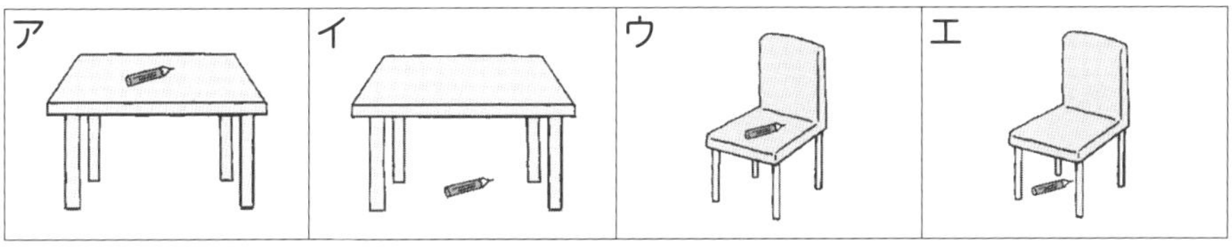

(3)
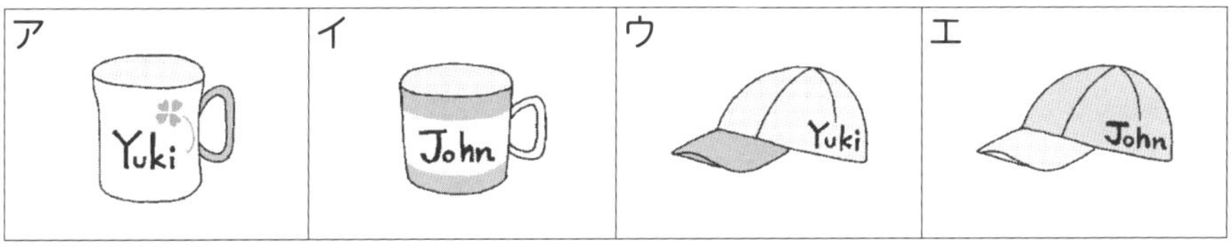

(1)		(2)		(3)	

❷ これから2つの対話文を読みます。それぞれの最後にくる文として最も適切なものをア～エの中から1つずつ選び，記号で答えなさい。英文は2回読まれます。

（4点×2） ポケリス♪ 12

(1) ア At school.
イ After school.
ウ With my friends.
エ By bus.

(2) ア Every year.
イ Forty years old.
ウ In August.
エ In Australia.

(1)		(2)	

リスニングテスト 7 現在進行形

／20点

解答 p.43

1 これから４つの英文を読みます。それぞれの内容に合う人物を絵のア～キの中から１人ずつ選び，記号で答えなさい。英文は２回読まれます。 (3点×4) ポケリス♪ 13

(1)		(2)		(3)		(4)	

2 これから放送するベッキーとシンジの電話での対話文を聞いて，その内容に合わないものをア～カの中から２つ選び，記号で答えなさい。英文は２回読まれます。 (4点×2) ポケリス♪ 14

ア Becky is talking with Shinji.
イ Shinji is eating breakfast with his sister.
ウ Becky is studying Japanese.
エ Shinji is reading some kanji for Becky.
オ Shinji can help Becky after breakfast.
カ Becky can visit Shinji's house at ten o'clock.

リスニングテスト 8 一般動詞の過去形

／20点	解答 p.44

1 これから3つの対話文を読みます。それぞれの内容に合う絵を1つずつ選び，記号で答えなさい。英文は2回読まれます。

(4点×3) ポケリス♪15

(1)

(2)
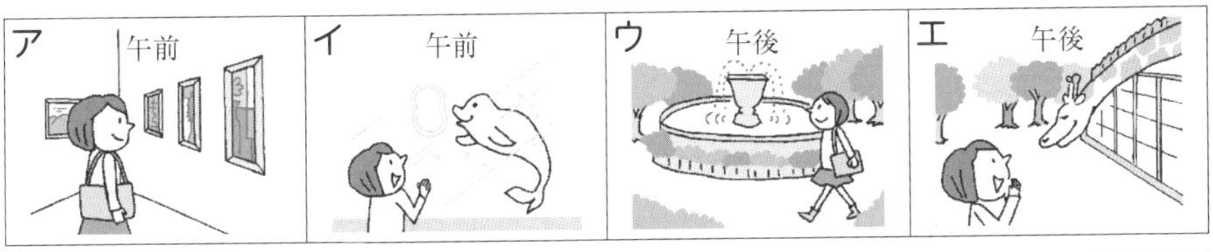

(3)
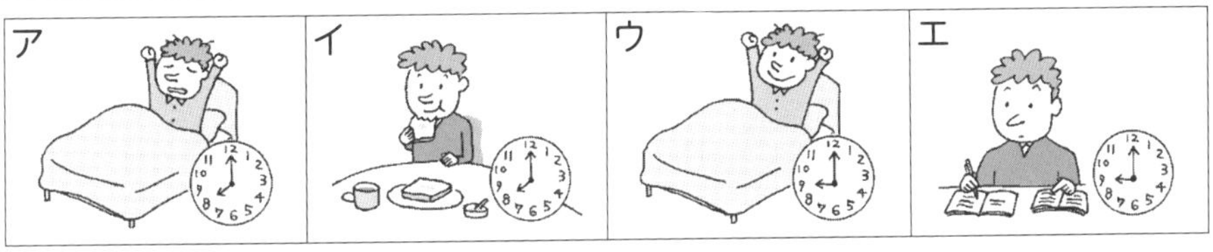

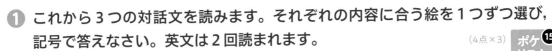

(1)		(2)		(3)	

2 これからリカのスピーチと，その内容についての2つの質問文を放送します。質問の答えとして最も適切なものをア～エの中から1つずつ選び，記号で答えなさい。英文は2回読まれます。

(4点×2) ポケリス♪16

(1) ア She liked London very much.
イ During her summer vacation.
ウ Yes, she did.
エ No, she didn't.

(2) ア She played soccer with people in London.
イ She visited some museums.
ウ She watched some movies.
エ She had nice food at her friend's house.

(1)		(2)	

be動詞の過去形／過去進行形

／20点

解答 p.44

1 これから3つの英文を読みます。それぞれの内容に合う絵を1つずつ選び，記号で答えなさい。英文は2回読まれます。

（4点×3） ポケリス♪ 17

(1)

(2)

(3)

(1)		(2)		(3)	

2 これからトムとユミの対話文と，その内容について2つの質問文を放送します。質問の答えとして最も適切なものをア～エの中から1つずつ選び，記号で答えなさい。英文は2回読まれます。

（4点×2） ポケリス♪ 18

(1) ア Tom.
イ Yumi's friends.
ウ Yumi's math teacher.
エ Tom's teammate.

(2) ア He was at the music shop.
イ He was in the park.
ウ He was in the library.
エ He was at home.

(1)		(2)	

1年間の総まとめ

／20点

解答 p.45

1 これから次の表について4つの質問文を読みます。質問の答えとして最も適切なものをア～エの中から1つずつ選び，記号で答えなさい。英文は2回読まれます。

（3点×4）　ポケリス♪ 19

名前	Mary 	John 	Ken 	Becky 
出身国	オーストラリア	アメリカ	日本	カナダ
クラブ活動	テニス部	サッカー部	野球部	美術部
練習日	火・金	水・木	毎日	月
演奏する楽器	ピアノ	ピアノ，ギター	なし	ギター

(1) ア Australia.　イ America.
　ウ Japan.　エ Canada.

(2) ア Mary.　イ John.
　ウ Ken.　エ Becky.

(3) ア On Tuesdays and Fridays.　イ On Wednesdays and Thursdays.
　ウ Every day.　エ On Mondays.

(4) ア One.　イ Two.
　ウ Three.　エ Four.

(1)		(2)		(3)		(4)	

2 これからマイクのスピーチと，その内容についての2つの質問文を放送します。質問の答えとして最も適切なものをア～エの中から1つずつ選び，記号で答えなさい。英文は2回読まれます。

（4点×2）　ポケリス♪ 20

(1) ア For Kumi.　イ Two months ago.
　ウ Last Saturday.　エ At Kumi's house.

(2) ア She plays basketball with Mike.　イ She speaks English.
　ウ She has a party for Mike.　エ She helps Mike.

(1)		(2)	

応用 英作文にチャレンジ！

解答 p.46

❶ 次の2つの絵は，ユカが買い物に行ったときのできごとを表したものです。(1)〜(3)の条件に当てはまるセリフを英文で書きなさい。

(1)	
(2)	
(3)	

❷ あなたは英語の授業で父親の紹介をすることになりました。次のメモを参考にして英文の原稿を完成させなさい。

名前：明(Akira)
数学の教師をしている。
歌がじょうずだ。
速く走ることができる。
映画が好きだ。
ときどきいっしょに映画を見に行く。

❸ あなたは日本語を読むことができない外国人の友達と写真展を訪れました。次の日本語で書かれた注意事項を友達に説明する英文を４つ書きなさい。

> 星野太郎写真展　Hoshino Taro Photo Exhibition
>
> 注意事項
>
> 写真撮影は可能です。
>
> 飲食禁止
>
> 写真にさわらないでください。
>
> 大声で話さないでください。

(1)	
(2)	You can't
(3)	You
(4)	Please

❹ 次の絵を説明する文を３つ書きなさい。

(1)	
(2)	
(3)	

英作文にチャレンジ！

5 次のグラフは，タカシがクラスの生徒全員にスマートフォンを持っているかをたずねる調査をした結果をまとめたものです。ここから読み取れることを3つの英文にまとめなさい。ただし，数字も英語のつづりで書くこと。

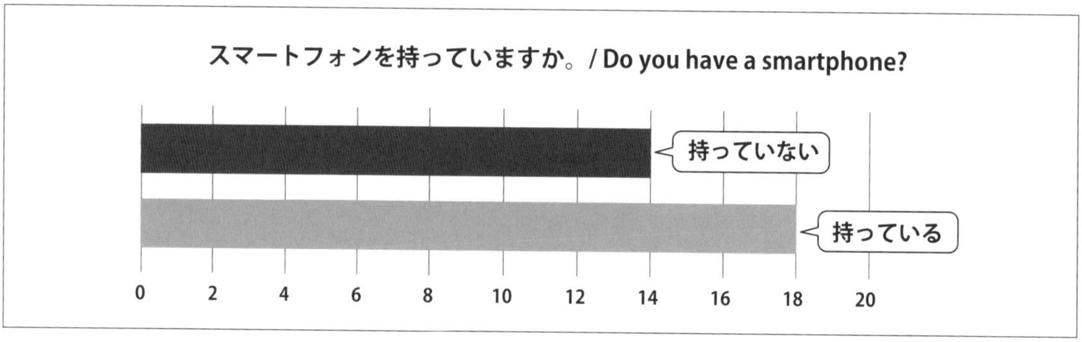

1人の生徒は携帯電話（mobile phone）を持っていると回答

6 次の質問文に対する応答文を，5つの英文にまとめなさい。行った場所やしたことついて書き，最後に感想を書きなさい。ただし，5文のうち1つはbe動詞の過去形を使った文にしなさい。

What did you do during summer vacation?

教科書ぴったりトレーニング 解答集
〈啓林館版・ブルースカイ1年〉
この解答集は取り外してお使いください。

Let's Start

p.6 ぴたトレ1（①）

単語 ① art ② English ③ Japanese ④ math ⑤ music ⑥ P.E. ⑦ science ⑧ moral education ⑨ social studies ⑩ technology and home economics

p.7 ぴたトレ1（②）

単語 ① hospital ② bank ③ supermarket ④ station ⑤ hotel ⑥ restaurant ⑦ bookstore ⑧ park ⑨ police station ⑩ fire station ⑪ post office ⑫ convenience store ⑬ flower shop ⑭ coffee shop ⑮ cake shop ⑯ department store ⑰ gas station ⑱ ice cream shop

p.8 ぴたトレ1（③④）

アルファベット
① ABCDEFGHIJKLMN
② OPQRSTUVWXYZ

単語 ① apple ② bear ③ cat ④ dog ⑤ ink ⑥ jam ⑦ king ⑧ lion ⑨ queen ⑩ rabbit ⑪ sun ⑫ zoo ⑬ egg ⑭ frog ⑮ guitar ⑯ hat ⑰ map ⑱ octopus ⑲ pig ⑳ umbrella ㉑ violin ㉒ watch

p.9 ぴたトレ1（⑤）

単語 ① fish ② box ③ key ④ tiger ⑤ table ⑥ drum ⑦ quiz ⑧ lemonade ⑨ gorilla ⑩ mango ⑪ nine ⑫ banana ⑬ lemon ⑭ color ⑮ mail ⑯ bag ⑰ pink ⑱ mug ⑲ hen ⑳ mop ㉑ pin ㉒ hot ㉓ cake ㉔ five ㉕ cute ㉖ home ㉗ six ㉘ cut ㉙ pet ㉚ pot

p.10 ぴたトレ1（⑥）

単語 ① zero ② one ③ two ④ three ⑤ four ⑥ five ⑦ six ⑧ seven ⑨ eight ⑩ nine ⑪ ten ⑫ eleven

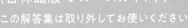

⑬ twelve ⑭ thirteen

⑮ twenty ⑯ thirty ⑰ first

⑱ second ⑲ third ⑳ fourth

㉑ twentieth ㉒ thirtieth

㉓ January ㉔ April ㉕ July

㉖ September

㉗ one hundred

㉘ one thousand

p.11 ぴたトレ1（⑦）

単語 ① sports festival

② school trip ③ field trip

④ swimming meet

⑤ graduation ceremony

⑥ baseball team

⑦ tennis team ⑧ judo club

⑨ dance club

⑩ science club

⑪ newspaper club

⑫ brass band ⑬ art club

⑭ basketball team

⑮ track and field team

Unit 1

pp.12～13 ぴたトレ1（Part 1）

Words & Phrases

(1)朝 (2)みんな (3)やあ (4)～から(の)

(5) sing (6) good (7) swim

(8) dance

1 (1)ア (2)イ (3)ア

2 (1) I'm (2) I am (3) I'm from

3 (1) I am Sato Akira(.)

(2) I'm from Australia(.)

(3) I'm good at English(.)

考え方

1 (1)「私は～です」と言うときは，amを使う。(2)「～出身」と言うときはfromを使う。(3)「～が得意である」はbe good at ～。

2 (1)「私はサヤカです。」 (2)「私はタカシです。」 (3)I amはI'mと短縮する。「私はエジプト出身です。」

3 (1)「私は～です」は，I am ～.。 (2)「私は～出身です」はI'm from ～.。 (3)「私は～が得意です」はI'm good at ～.

p.14 ぴたトレ1（Part 2）

Words & Phrases

(1)映画 (2)バレーボール

(3) fan (4) member

1 (1) Are (2) Are you

考え方

1 「あなたは～ですか」とたずねるときは，Are you ～?を使う。(1)「あなたはゴルフファンですか。」 (2)「あなたはバドミントンファンですか。」

p.15 ぴたトレ1（文の書き方）

1 (1) February (2) Wednesday

(3) Chinese

2 (1) I'm from China.

(2) Are you from New York?

—No, I'm not.

(3) I'm good at singing.

考え方

1 月や曜日，言語名のはじめは大文字で書く。

2 文のはじめは大文字で書く。

pp.16～17 ぴたトレ2

◆1 (1)ア (2)イ (3)イ

◆2 (1)ア (2)イ (3)ア

◆3 (1) I'm good at Chinese(.)

(2) Are you a member of the

baseball team(?)

4 (1) Good morning.

(2) I'm good at science.

(3) Are you a good singer?

5 (1) I'm not

(2) you're a soccer fan

(3)私はサッカー部の一員です。

6 (1) Yes, I am.

(2) No, I'm not. I'm a member of the handball team.

考え方

1 (1)「私は～です」と言うときは，amを使う。(2)「あなたは～ですか」とたずねるときは，Are you ～?を使う。(3)a member of ～で「～の一員」。

2 (1)「～が得意である」はbe good at ～。(2)「～出身」と言うときはfromを使う。(3) Are you ～?とたずねられて肯定するときは，Yes, I am.と答える。

3 (1)「～が得意である」はbe good at ～。(2)「あなたは～ですか」とたずねるときは，Are you ～?を使う。「～の一員」はa member of ～。

4 (1)Good morning.は基本のあいさつなのでしっかりと覚えておく。(2)「～が得意である」はbe good at ～。(3)「あなたは～ですか」とたずねるときは，Are you ～?を使う。

5 (1)Are you ～?とたずねられて否定するときは，No, I'm not.と答える。(2)「あなたは～です」と言うときはyou're ～を使う。(3)a member of ～で「～の一員」。

全訳

ベル先生：あなたはラグビーファンですか。

ソラ：いいえ，ちがいます。私はサッカーファンです。

ベル先生：あら，あなたはサッカーのファンです。あなたはよい選手ですか。

ソラ：はい，そうです。私はサッカー部の一員です。

6 (1)「あなたはニュージーランド出身ですか。」という質問。2文目で，「私はニュージーランド出身です。」と言っている。(2)「あなたはサッカー部の一員ですか。」という質問。最後の文で，「ハンドボール部の一員」と言っている。

全訳

やあ，私はデビッド・ブラウンです。私はニュージーランド出身です。私は数学が得意です。私はハンドボール部の一員です。

pp.18～19 ぴたトレ3

1 (1)○ (2)× (3)×

2 (1)ア (2)ア (3)ア

3 (1) from (2) are (3) I am

4 (1) I'm good at tennis(.)

(2) You are a volleyball fan(.)

(3) Are you a sports fan(?)

5 (1)ア (2)私はバスケットボール部の一員です。

(3) Are you

(4) I'm good at science.

6 (1) I'm a badminton fan.

(2) Are you a member of the drama club?

(3) No, I'm not. I'm a member of the volleyball team.

考え方

1 (1)「ファン」「ダンス」 (2)「やあ」「泳ぐ」(3)「2月」「中国語」

2 (2)日本語とは強く読む場所がちがうので，注意する。(1)「朝」 (2)「バレーボール」(3)「みんな」

3 (1)「～出身」と言うときはfromを使う。(2)「あなたは～です」と言うときはYou are ～.を使う。(3)Are you ～?とたずねられて肯定するときは，Yes, I am.と答える。

4 (1)「～が得意である」はbe good at ～。(2)「あなたは～です」はYou are ～.で表す。(3)「あなたは～ですか」とたずねるときは，Are you ～?で表す。

5 (1)「～出身」と言うときはfromを使う。(2)a member of ～で「～の一員」。(3)ジェーンはYes, I am.と答えているので，「あ→

なたは～ですか」Are you ～?とたずねているとわかる。(4)「～が得意である」はbe good at ～。

全訳

ケン：やあ，私はカワタ・ケンです。

ジェーン：やあ，私はジェーン・ホワイトです。私はカナダ出身です。私はバスケットボール部の一員です。

ケン：うわー。あなたはよい選手ですか。

ジェーン：はい，そうです。

ケン：私は科学部の一員です。私は理科が得意です。

6 (1)「私は～です」と言うときは，I'm ～.を使う。(2)「あなたは～ですか」とたずねるときは，Are you ～?を使う。(3)Are you ～?とたずねられて否定するときは，No, I'm not.と答える。

英作文の採点ポイント

□単語のつづりが正しい。(2点)

□( )内の語数で書けている。(1点)

□(1)「私は～です」をI'm ～.と書けている。(3点) badminton fanの前にaを置けている。(2点) (2)「あなたは～ですか」とたずねるのに，Are you ～?を正しく使えている。(3点) 「～の一員」をa member of ～と書けている。(2点) (3)Are you ～?とたずねられて，No, I'm not.と答えられている。(2点) 「私は～です」をI'm[I am] ～.と書けている。(2点) 「～の一員」をa member of ～と書けている。(1点)

Unit 2

pp.20～21 ぴたトレ1 (Part 1)

Words & Phrases

(1)かわいい (2)すばらしい，かっこいい (3)めがね (4)本

(5) banana (6) notebook

(7) case (8) pencil

1 (1)ア (2)ア (3)イ

2 (1) Is (2) Is this

(3) Is that , bus

3 (1) Is this a museum(?)

(2) It is a zoo(.)

考え方

1 (1)「近くにあるものを指す(=「これ」)ときは，thisを使う。(2)「あれは～です」と言うときはThat is ～.を使う。(3)Is this[that] ～?とたずねられて肯定するときは，Yes, it is.と答える。

2 「これ[あれ]は～ですか」とたずねるときの語順は，Is this[that] ～?。近くにあるものを指すときはthis，離れたところにあるものを指すときはthatを使う。
(1)「あれはノートですか。」(2)「これは帽子ですか。」(3)「あれはバスですか。」

3 (1)「これは～ですか」とたずねるときの語順は，Is this ～?。(2)すでに話題に出てきたものは，itを使って説明する。この文の場合，it = this。

pp.22～23 ぴたトレ1 (Part 2)

Words & Phrases

(1)本当に (2)～のための，～用の (3)道具 (4)昼食 (5)～と

(6) classroom (7) chocolate

(8) black (9) teacher

(10) animal

1 (1)イ (2)イ (3)イ

2 (1) What's that (2) It's a

(3) What's this , It's an

3 (1) What is this(?)

(2) It's a bed for the cat(.)

考え方

1 (1)「何ですか」とたずねるときは，whatを文のはじめに置く。What isはWhat'sと短縮することができる。(2)「～用の」と言うときはforを使う。(3)母音で始まる名詞の前には，aではなくanを使う。

2 「何ですか」とたずねるときは，whatを文のはじめに置く。近くにあるものを指すときはthis，離れたところにあるものを指すときはthatを使う。すでに話題に出てきたものは，itを使って説明する。
(1)「あれは何ですか。―えんぴつです。」
(2)「あれは何ですか。―本屋です。」(3)「これは何ですか。―リンゴです。」

3 (1)「これは何ですか」とたずねるときは，What is this?と言う。 (2)「～用の」はfor～で表す。

pp.24～25 ぴたトレ1 (Part 3)

Words & Phrases

(1)兄弟 (2)祖父，おじいさん (3)～に会う
(4)すばらしい，うれしい
(5) mother (6) grandmother
(7) too (8) sister

1 (1)ア (2)イ (3)イ

2 (1) He's (2) That is , He's
(3) This is , She's my doctor

3 (1) He is my friend(.)
(2) Nice to meet you(.)

考え方
1 (1)heに対応するbe動詞はis。 (2)he，sheはすでに話題に出てきた人を指すときに使う。男性にはheを，女性にはsheを使う。(3)「(～も)また」はtoo。
2 「こちら[あちら]は～です」と人を紹介するときは，This[That] is ～.を使う。he，sheはすでに話題に出てきた人を指すときに使う。男性にはheを，女性にはsheを使う。(1)「あちらはジュンです。彼は私の兄[弟]です。」 (2)「あちらはマキタさんです。彼は私の先生です。」 (3)「こちらはノザキさんです。彼女は私の医者です。」
3 (1)heはすでに話題に出てきた男性を指すときに使う。myは「私の」という意味で，修飾する名詞の前に置く。 (2)「はじめまして。」はNice to meet you.。

p.26 ぴたトレ1 (Let's Talk 1)

Words & Phrases

(1)どんなようで (2)しかし (3)今
(4) sleepy (5) time (6) sorry

1 (1) is it (2) What time , It's

2 (1) What time is it now(?)
(2) It is 6:00 a.m. (in Canada.)

考え方
1 「何時ですか。」と時間をたずねるときは，What time is it? で表す。「～時です」と答えるときは，It's ～.で表す。
(1)「ニューヨークは何時ですか。」「午前1時です。」 (2)「オタワは何時ですか。」「午後3時です。」
2 (1)「何時ですか。」はWhat time is it?で表す。 (2)「～時です」はIt's ～.で表す。時間を答えるときには，a.m.(午前)かp.m.(午後)を数字の後ろにつける。

p.27 ぴたトレ1 (Targetのまとめ①)

1 (1)イ (2)ア (3)イ

考え方
1 (1)youに対応するbe動詞はare。 (2)「～ではありません」と言うときはbe動詞の後ろにnotを置く。 (3)「～ですか」とたずねるときは，be動詞を主語の前に出す。

pp.28～29 ぴたトレ2

1 (1)ア (2)ア (3)イ
2 (1)ウ (2)ウ (3)イ
3 (1) What's[What is] that?
(2) It's[It is] a post office.
(3) This is Ms. Kawasaki.
4 (1) this is (2) He's (3) too
5 (1) What time is it now?
(2)ア

考え方
1 (1)すでに話題に出てきたものは，itを使って説明する。It isはIt'sと短縮することができる。 (2)子音で始まる名詞の前には，aを使う。 (3)「～(の国)で」はinを使う。
2 (1)Is this[that] ～?とたずねられて否定するときは，No, it isn't.と答える。 (2)he，sheはすでに話題に出てきた人を指すときに使う。男性にはheを，女性にはsheを使う。He isはHe'sと短縮することができる。
(3)「私は～です」と自分の状態について言うときは，I'mを使う。
3 (1)「あれは何ですか。」とたずねるときは，What is that?と言う。 (2)すでに話題に出てきたものは，itを使って説明する。「郵便

局」post officeは数えられる名詞なので，前にaを置く。(3)「こちらは～です」と人を紹介するときは，This is ～.を使う。

❹ (1)「こちらは～です」と人を紹介するときは，This is ～.を使う。(2)すでに話題に出てきた男性を指すときは，heを使う。1語でなので，He isの短縮形He'sとする。(3)「(～も)また」と言うときはtooを使う。

全訳

アオイ：エミリー，こちらはケントです。彼は私のいとこです。ケント，こちらはエミリーです。彼女は私の友だちです。彼女はアメリカ出身です。

エミリー：はじめまして，ケント。

ケント：こちらこそはじめまして，エミリー。

アオイ：エミリー，彼はよいダンサーです。ケント，彼女もダンスをするのが得意です。

❺ (1)「今何時ですか。」はWhat time is it now?。(2)ビルは3回目の発言で，そば屋について，「それはすばらしいです。」と言っている。また，ナナミに今の時間が午後1時と聞いて，「昼食にはよい時間です。」と言っているので，昼食にそばを食べたいと考えている。

全訳

ビル：あれは何ですか。

ナナミ：そば屋です。

ビル：そばとは何ですか。

ナナミ：めんです。

ビル：うわー。それはすばらしいです。今何時ですか。

ナナミ：午後1時です。

ビル：昼食にはよい時間です。

pp.30～31 ぴたトレ3

❶ (1)× (2)× (3)○

❷ (1)イ (2)ア (3)イ

❸ (1) really (2) my (3) for

❹ (1) That isn't[is not] a stadium.

(2) What is[What's] this?

(3) She is[She's] an artist.

❺ (1) It's a tool for self-defense(.)

(2) What is that(?)

(3) What time is it now(?)

❻ (1) She's (2)はじめまして

(3) Is this a guitar?

❼ (1) How are you?

(2) Is this a computer?

(3) She's my cousin.

考え方

❶ (1)「姉妹」「時間」 (2)「母」「ノート」 (3)「部屋」「道具」

❷ (2)(3)日本語とは強く読む場所がちがうので，注意する。(1)「消しゴム」 (2)「チョコレート」 (3)「バナナ」

❸ (1)「本当に」はreally。(2)「私の」はmy。(3)「～用の」と言うときはforを使う。

❹ (1)「～ではありません」と言うときはbe動詞の後ろにnotを置く。(2)「何ですか」とたずねるときは，whatを文のはじめに置く。What isはWhat'sと短縮することができる。(3) sheに対応するbe動詞はis。

❺ (1)「～用の」はfor ～で表し，「自己防衛用の道具」はa tool for self-defenseとなる。(2)「あれは何ですか」とたずねるときは，whatを文のはじめに置いてWhat is that?とする。(3)「何時ですか。」はWhat time is it?で，「今」とつけ加える場合は最後にnowを置く。

❻ (1)すでに話題に出てきた女性を指すときは，sheを使う。1語でとあるので，She isの短縮形She'sとする。(2)Nice to meet youは「はじめまして」。(3)「これは～ですか」とたずねるときは，Is this ～?を使う。guitarは数えられる名詞なので，前にaを置く。

全訳

ユウスケ：エマ，こちらはユリナです。彼女は私の姉[妹]です。ユリナ，こちらはエマです。彼女は私の友だちです。

エマ：はじめまして，ユリナ。

ユリナ：こちらこそはじめまして，エマ。

エマ：これはギターですか。

ユリナ：いいえ，ちがいます。ベースギターです。私は軽音楽部の一員です。

エマ：うわー。それはかっこいいね。

⑦ (1)「お元気ですか。」とあいさつするときは，How are you?と言う。 (2)近くにあるものを指すときはthisを使う。「〜ですか」とたずねるときは，be動詞を主語の前に出す。(3)すでに話題に出てきた女性を指すときは，sheを使う。

英作文の採点ポイント

□単語のつづりが正しい。（2点）
□(　)内の語数で書けている。（1点）
□(1)How are you?と書けている。（5点） (2)be動詞isをはじめに置けている。（2点） thisを使えている。（2点） computerの前にaを置けている。（1点） (3)サエを指すのにsheを使えている。（3点） 「私の」をmyと書けている。（2点）

Unit 3

pp.32〜33 ぴたトレ1 (Part 1)

Words & Phrases

(1)〜を去る (2)人気のある (3)行く
(4)起きる (5)私を〜と呼んでください。
(6)name (7)study (8)very (9)dinner
(10)enjoy

1 (1)イ (2)イ (3)イ (4)ア
2 (1)study (2)I play (3)I eat, at
3 (1)My name is Aki(.)
(2)I play the piano after (school.)
(3)Baseball is a popular sport in (Japan.)

考え方

1 (1)「〜が好きです」はlike。 (2)「私は〜します」と言うときは，〈主語＋一般動詞＋目的語〉という語順にする。 (3)「寝る」はgo to bed。 (4)「あなたはどうですか。」はHow about you?。

2 「私は〜します」と言うときは，〈主語＋一般動詞＋目的語〉という語順にする。
(1)「私は数学を勉強します。」 (2)「私はサッカーをします。」 (3)「〜時に」という意味を表したいときは，atを使う。「私は7時に朝食を食べます。」

3 (1)「私の名前は〜です。」はMy name is 〜.で表す。 (2)「私は〜します」と言うときは，〈主語＋一般動詞＋目的語〉という語順にする。「(楽器)をひく」という意味でplayを使うときは，楽器名の前にtheを置く。 (3)「人気のあるスポーツ」はa popular sport。popularはsportを修飾する形容詞なので，sportの前に置く。「日本で」はin Japan。

pp.34〜35 ぴたトレ1 (Part 2)

Words & Phrases

(1)夏 (2)冬 (3)タマネギ (4)食べ物
(5)tomato (6)have (7)milk (8)pet

1 (1)イ，エ (2)イ (3)ア
2 (1)Do (2)Do you (3)Do you have
3 (1)Do you watch TV after (dinner?)
(2)How about basketball(?)
(3)I don't ride bicycles(.)

考え方

1 (1)「あなたは〜しますか」はDoを文頭に置いて，〈Do you＋一般動詞〜?〉という語順にする。また，Do you 〜?とたずねられて肯定するときは，Yes, I do.と答える。 (2)「私は〜しません」と言うときはdoの後ろにnotを置く。don'tはdo notの短縮形。 (3)「〜を飼っている」はhaveを使う。

2 「あなたは〜しますか」は〈Do you＋一般動詞〜?〉で表す。
(1)「あなたはゴルフをしますか。」 (2)「あなたはコーヒーを飲みますか。」 (3)「あなたはネコを飼っていますか。」

3 (1)「あなたは〜しますか。」はDoを文頭に置いて，〈Do you＋一般動詞〜?〉という語順にする。「夕食のあと(に)」はafter dinner。(2)「〜はどうですか。」はHow about 〜?。(3)「私は〜しません」と言うときは，一般動詞の前にdo notを置いて，I do not[don't] 〜.と言う。

pp.36〜37 ぴたトレ1 (Part 3)

Words & Phrases

(1)いっしょに (2)窓 (3)〜を洗う
(4)〜を脱ぐ
(5)make (6)open (7)here (8)rice

1 (1)ア (2)ア (3)イ
2 (1)Wash (2)Take off (3)Open, window
3 (1) Don't read a book (now.)
(2) Let's eat lunch (together.)
(3) I like spaghetti very (much.)

考え方

1 (1)「〜しなさい」と言うときは動詞の原形で文を始める。 (2)「〜しないでください」と言うときは〈Don't＋動詞の原形〉で文を始める。(3)「〜しましょう」は〈Let's＋動詞の原形〜.〉で表す。

2 「〜しなさい」と言うときは動詞の原形で文を始める。
(1)「手を洗いなさい。」(2)「帽子を脱ぎなさい。」(3)「窓を開けなさい。」

3 (1)「〜しないでください」と言うときは〈Don't＋動詞の原形〉で文を始める。(2)「〜しましょう」は〈Let's＋動詞の原形〜.〉で表す。(3)動詞を修飾して，「とても」と言うときはvery muchを使う。

p.38 ぴたトレ 1 (Let's Talk 2)

Words & Phrases

(1)ピザ (2)すごいね！
(3)delicious (4)Really?

1 (1)much, too (2)How, Me, too

2 (1)You like ramen. Me, too(.)
(2)Oh, I see(.)

考え方

1 「私もです。」と相手に同意するときは，Me, too.を使う。
(1)「私は映画がとても好きです。」「私もです。」(2)「私はエミリーが好きです。あなたはどうですか。」「私もです。」

2 (1)「〜します」と言うときは，〈主語＋一般動詞＋目的語〉という語順にする。「私もです。」はMe, too.で表す。(2)I see.「なるほど」は納得したときなどによく使うあいづちの表現。

p.39 ぴたトレ 1 (Target のまとめ②)

1 (1)get up (2)do not like (3)Do, ride

2 (1) Do you like basketball?
(2) I don't[do not] have a pet.

考え方

1 (1)「起きる」はget up。(2)一般動詞の否定文を作るときは動詞の前にdo not[don't]を置く。空所の数から短縮形ではなくdo notとする。(3)一般動詞の疑問文を作るときは，〈Do＋主語＋動詞の原形〜?〉。

2 (1)「あなたはバスケットボールが好きですか。」(2)「私はペットを飼っていません。」

pp.40〜41 ぴたトレ 2

1 (1)ウ (2)ウ (3)ア (4)イ

2 (1)eat, fish (2)I leave, seven
(3)Do you play (4)Don't open

3 (1)コーラス用の歌を練習します
(2)あなたは夏は好きですか
(3)くつを脱ぎなさい
(4)部屋に入らないでください

4 (1)Do (2)私もそれが好きです。
(3)don't like

5 (1)It's a popular food in Singapore.
(2)No, he's not[he isn't]. (3)Yes, he is.

考え方

1 (1)(　)の前に主語，後ろに「卓球」が置かれているので，「私は卓球が好きです。」とすると意味が通る。(2)(　)の後ろにはabout youとあるのでHowを入れてHow about you?「あなたはどうですか。」とする。(3)文頭にはDoが置かれているので，(　)に入るのは一般動詞だと考える。「あなたは新聞を読みますか。」とすると自然な文となる。(4)Look at 〜.は「〜を見て」という意味。「あの犬を見て。」となる。

2 (1)「食べる」はeat，「焼き魚」はgrilled fish。(2)「家を出る」はleave home。(3)「あなたは〜しますか」は，〈Do you＋一般動詞〜?〉という語順にする。「サッカーをする」はplay soccer。(4)「〜しないで」と言うときは〈Don't＋動詞の原形〉で文を始める。

3 (1) practiceは「練習する」，songs for chorusは「コーラス用の歌」。(2)Do you like 〜?は「あなたは〜が好きですか」という意味。(3)動詞の原形で始まる文は，「〜しなさい」という指示や命令の文となる。(4)〈Don't＋動詞の原形〉で始まる否定の命令文。

4 (1)一般動詞likeがあるので，〈Do you＋一般動詞〜?〉という語順の一般動詞の疑問文にする。(2)tooは「(〜も)また」。(3)一般動詞の否定文は動詞の前にdo not[don't]を置く。(　)の数から短縮形don'tを入れる。

全訳

ソラ：あなたは日本食が好きですか。
チェン：はい，好きです。私はラーメンが好きです。
ソラ：私もそれが好きです。納豆はどうですか。
チェン：あー。私は納豆が好きではありません。

5 (1)「チキンライスとは何ですか。」という質問なので，それが何かわかる箇所を会話文から探す。チェンの最初の発言の3文目がその説明に当たる。「それはシンガポールで人気の料理です。」 (2)「ソラは料理が得意ですか。」という問い。good at ～は「～が得意である」。ソラの２つ目の発言「しかしぼくは料理が得意ではありません。」が答えとなる。ソラは男の子なので，heで答える。 (3)「チェンは料理が得意ですか。」という問い。チェンの最後の発言の２文目に「ぼくは料理が得意です。」とあるので，Yesで答える。Isで問われているのでisで答える。

全訳

チェン：この写真を見てください。これはチキンライスです。それはシンガポールで人気の料理です。
ソラ：ああ，ぼくはチキンが大好きです。
チェン：いつかいっしょにそれを作りましょう。
ソラ：しかしぼくは料理が得意ではありません。
チェン：心配しないで。ぼくは料理が得意です。

pp.42～43 ぴたトレ3

❶ (1)× (2)○ (3)○

❷ (1)ア (2)イ (3)ア

❸ (1)play tennis, school
(2)How about
(3)Go to bed

❹ (1)I do my homework (after dinner.)
(2)Do you like chicken rice(?)
— Yes, I do(.)
(3)Don't talk on the phone in the art museum(.)

❺ (1)I do (2)Look at this picture(.)
(3)about (4)私もです。

❻ (1)Fasten your seat belt.
(2)Don't run in the classroom.
(3)I practice the guitar after school.

考え方

❶ (1)「～について」「いとこ」 (2)「夏」「とても，たいへん」 (3)「絵」「とり肉」

❷ (1)最初の音節を強く読む。「窓」 (2)２番目の音節を強く読む。「～を楽しむ」 (3)最初の音節を強く読む。「教科書」

❸ (1)「テニスをする」はplay tennis。 (2)「あなたはどうですか。」はHow about you? (3)「寝る」はgo to bed。命令文なので動詞の原形で文を始める。

❹ (1)「～します」と言うときは，〈主語＋一般動詞＋目的語〉という語順にする。 (2)「あなたは～が好きですか」はDo you like ～?で表す。 (3)語数が多い場合はひとかたまりずつ考えると文を作りやすい。Don't / talk on the phone / in the art museum。

❺ (1)質問に対する答えの文であることがわかるので，直前のグレッグの発言を確認する。Do you like ～?で問うているので，doで答える。 (2)( )内に主語がないので，命令文であることがわかる。動詞の原形で文を始める。「この写真を見てください。」 (3)( )の前後にHowとyouがある。How about you?「あなたはどうですか。」とすると，続くグレッグの発言「私はネコがとても好きです。」につながる。 (4)Me, too.は「私もです。」という意味。

全訳

グレッグ：動物が好きですか。
アヤ：はい，好きです。私は５匹のイヌを飼っています。
グレッグ：本当に？
アヤ：この写真を見てください。
グレッグ：うぁ！５匹のイヌを飼っているんだね。
アヤ：あなたはどうですか？
グレッグ：ぼくはネコがとても好きです。
アヤ：私もです。

❻ (1)「～をしめる」はfasten。 (2)「～してはいけません」と言うときは〈Don't＋動詞の原形〉で文を始める。「教室で」はin the classroom。 (3)「～を練習する」はpractice，「放課後に」はafter school。guitarの前にtheを忘れずにおく。

Unit 4

pp.44～45 ぴたトレ1 (Part 1)

Words & Phrases

(1)もう１つの (2)注意深く
(3)～といっしょに (4)教科
(5)face (6)blue (7)color (8)TV program

1 (1)ア (2)ア (3)ア

2 (1)What (2)What food (3)What, play

3 (1)What do you see on the table(?)
(2)What TV program do you watch(?)
(3)What do you eat for lunch(?)

考え方 1 (1)(2)「あなたは何を～しますか」はWhat do you ～?で表す。(3)「どんな[何の]～」とたずねるときは〈What＋名詞〉を使う。

2 「あなたは何を～しますか」はWhat do you ～?で，「どんな[何の]～」は〈What＋名詞〉で表す。

(1)「あなたは何を飲みますか。」(2)「あなたはどんな食べ物を食べますか。」(3)「あなたはどんなスポーツをしますか。」

3 (1)「あなたは何を～しますか」はWhat do you ～?で，「～の上に」はon ～で表す。(2)「どんな～」は〈What＋名詞〉で表す。TV program「テレビ番組」で1語と考え，「どんなテレビ番組を」をWhat TV programとする。(3)「あなたは何を～しますか」はWhat do you ～?で，「ランチで」はfor lunchで表す。

pp.46～47 ぴたトレ1 (Part 2)

Words & Phrases

(1)奇妙な (2)上側 (3)ウシ
(4)～がほしい (5)モモ
(6)penguin (7)down (8)people (9)bird
(10)lemon

1 (1)イ (2)ア (3)イ

2 (1)three boxes (2)see five birds
(3)I see three peaches

3 (1)I have two brothers(.)
(2)(That) is a strange picture of three dogs(.)

考え方 1 (1)threeに続く名詞は複数形。(2)aに続く名詞は単数形。(3)twoに続く名詞は複数形。watchの複数形はesをつけてwatches。

2 (1)「私は箱が3つ見えます。」とする。boxの複数形はesをつけてboxes。(2)「私は5羽の鳥が見えます。」とする。birdの複数形はbirds。(3)「私はモモが3つ見えます。」とする。peachの複数形はesをつけてpeaches。

3 (1)「(私には)～がいる」は「(私は)～を持っている」ということ。I have ～.で表す。(2)「奇妙な絵」をa strange pictureとする。picture「絵」が単数形であることに注意。

pp.48～49 ぴたトレ1 (Part 3)

Words & Phrases

(1)いくつかの (2)ええと。(3)みやげ
(4)キーホルダー (5)グラス (6)皿
(7)family (8)these (9)they (10)beautiful
(11)dictionary (12)handkerchief

1 (1)イ (2)イ (3)イ

2 (1)many peaches (2)How many boxes
(3)eggs do you want

3 (1)How many animals do you see (in the picture?)
(2)How many cousins do you have(?)
(3)I don't have any cousins(.)

考え方 1 (1)How manyの後ろには名詞の複数形が続く。(2)anyの後ろには名詞の複数形が続く。(3)someの後ろには名詞の複数形が続く。

2 「あなたはいくつの～がほしいですか」は〈How many＋名詞の複数形〉を使って表す。
(1)「あなたはいくつのモモがほしいですか。」
(2)「あなたはいくつの箱がほしいですか。」
(3)「あなたはいくつの卵がほしいですか。」

3 (1)「いくつの…を～しますか」は〈How many＋名詞の複数形〉を文のはじめに置き，一般動詞の疑問文の形を続ける。(2)「何人の…を～しますか」は〈How many＋名詞の複数形〉を使って表す。(3)「～は1人もいない」はdon't have any ～で表す。

pp.50～51 ぴたトレ1 (Let's Talk 3)

Words & Phrases

(1)ドレス (2)少しの間 (3)すばらしい
(4)T-shirt (5)hundred (6)thousand

1 (1)ア (2)イ (3)ア

2 (1)much (2)It's (3)much are
(4)2,500 (5)It's

3 (1) How much is this shirt(?)
(2) It is ten thousand yen(.)
(3) How much are these gloves(?)

考え方 1 (1)「それはいくらですか。」はHow much is it?。(2)たずねたいものが単数形の場合，How muchの後ろはisを置く。(3)めがねは1つでもglassesと複数形で表す(1つのめがねに2つのレンズがあるため)。たずねたいものが複数形の場合，How muchの後ろはareを置く。

2 (1)「～はいくらですか」はHow much ～?の形で表す。(2)値段を答えるとき，単数のものの場合はIt's[It is] ～.の形になる。(3)

「～はいくらですか」は主語が複数の場合，How much の後ろはareを置く。(4)ズボンは１着でもpantsと複数形で表すので，ズボンについて「それは～円です」と答える場合はThey are[They're] ～ yen.の形になる。～に額が入る。(5) How much is it in total?という質問には，It's[It is] ～.の形で答える。

全訳

ハナ：すみません。このワンピースがほしいのですが。いくらですか。

店員：4,000円です。

ハナ：このズボンいいな。いくらですか。

店員：そちらは2,500円です。このキャップもいかがですか。

ハナ：はい，いいですね。合計でいくらですか。

店員：7,800円です。

3 (1)「～はいくらですか」は〈How much＋be動詞＋主語～?〉の語順。(2)「～円です」はIt's ～ yen.で表す。(3)「～はいくらですか」は主語が複数形の場合，How much are ～?となる。手袋はペアで使うものなので１そろいでもglovesと複数形になる。

p.52 ぴたトレ１（Targetのまとめ③）

1 (1)Look at these birds.

(2)They are beautiful pictures.

(3)How many lemons do you have?

考え方

1 (1)birdを複数形にするということは前にあるthis「この」もthese「これらの」に変える必要がある。(2)主語のIt「それ」はpictureとイコールの関係なので，pictureを複数形にするということはItもThey「それら」に変える必要がある。be動詞も，主語を複数に変えたのでareに変える。(3)下線部のthreeをたずねるということはレモンの数をたずねるということ。数をたずねるには〈How many＋名詞の複数形〉を使った疑問文を作る。

p.53 ぴたトレ１（Project 1）

1 (1)Call me (2)thirteen years old

(3)My favorite tennis player

考え方

1 (1)「私を～と呼んでください」はCall me ～.で表す。(2)「私は～歳です」はI'm[I am] ～ years old.で表す。(3)「私の好きな～」はmy favorite ～。

pp.54～55 ぴたトレ２

1 (1)イ (2)ア (3)イ (4)ア

2 (1)What subject, like

(2)have four watches

(3)at, postcard upside

(4)have three dictionaries

3 (1)２匹のイヌと１匹のネコを飼っています

(2)何枚の皿が必要ですか

(3)いくらですか

(4)あのケースの中に何を持っていますか

4 (1)あなたは絵はがきを何枚ほしいですか。

(2)Let me see (3)postcards

5 (1)I see a cow[penguin].

(2)Yes, I do. / No, I don't.

考え方

1 (1)lookはlook at ～の形で「～を見る」という意味。seeは「～が見える」。「私はあの絵にペンギンが見えます。」(2)aに続く名詞は単数形。「あなたはレモンがほしいですか。」(3)How manyの後ろには複数形の名詞がくるので，単数形のsportの前にHow manyは置けない。「あなたは何のスポーツをしますか。」(4)否定文でsomeは使わない。「私はペットを１匹も飼っていません。」

2 (1)「どんな[何の]～」は〈What＋名詞〉で表す。「科目」はsubject。(2)「腕時計」はwatch。複数形はwatchesとする。(3)「さかさまに」はupside down。(4)「辞書」はdictionary。複数形は，最後のyをiに変えてesをつける。

3 (1)haveには「～を飼う」の意味もある。(2)〈How many ～＋疑問文〉は「～」の数をたずねるときに使う。(3)How much ～?は「いくらですか」と値段をたずねるときに使う。(4)in that caseは「あのケースの中に」。

4 (1)〈How many＋名詞の複数形〉を使った疑問文は「いくつの…を～しますか」という意味。(2)３語で表す「ええと」はLet me see.。(3)下線部①の問いHow many postcardsに対する答えなのでthreeはthree postcardsを表す。

全訳

チェン：絵はがきを何枚かほしいんだ。

アオイ：絵はがきは何枚ほしいの？

チェン：ええと…家族用に３枚ほしいな。アオイ，きみはいくつかおみやげほしいかい。
アオイ：ええ。私はこれらのキーホルダーがほしい。それらはきれいだわ。

5 (1)「あなたは何の動物が見えますか。」という質問。エミリーの発言からpenguinとcowが見える。 (2)「あなたは２人の人の顔が見えますか。」という質問。Do you ～?とたずねられているので，見える場合はYes, I do.，見えない場合はNo, I do not[don't].と答える。

全訳

エミリー：これは奇妙なペンギンの絵だね。
ソラ：ぼくには絵の中に２匹の動物が見えるよ。その絵をさかさまに見て。
エミリー：あら，今はウシが見える。２人の人の顔も見える？
ソラ：いや，見えないな。

pp.56～57 ぴたトレ3

1 (1)○ (2)○ (3)×
2 (1)ア (2)ア (3)イ
3 (1)have some pets
(2)How many dictionaries
(3)need ten dishes
4 (1)What food do they like(?)
(2)What do you have in your pencil case(?)
(3)How many birds do you see (in this picture?)
5 (1)What do you have in your bag(?)
(2)それらはどんな果物ですか。
(3)peaches
(4)How many oranges
6 (1)Excuse me.
(2)Let me see.
(3)I don't have any brothers.

考え方

1 (1)「顔」「奇妙な」 (2)「これらの」「どうぞ」 (3)「本」「テーブル」
2 (1)最初の音節を強く読む。「科目」 (2)最初の音節を強く読む。「番組」 (3)２番目の音節を強く読む。「もう１つの」
3 (1)肯定文で「何匹か(いくつか)」はsomeを使う。 (2)dictionary「辞書」の複数形はdictionaries。 (3)dish「皿」の複数形はdishes。
4 (1)「何の[どんな]…を～しますか」とたずねるときは，〈what＋名詞〉を文のはじめに置き，一般動詞の疑問文の形を続ける。 (2)「(あなたは)何を～しますか」は〈What＋一般動詞の疑問文の形(do you ～)?〉の語順。 (3)「いくつの…を～しますか」は〈How many＋名詞の複数形〉を使った疑問文で表す。
5 (1)whatを文のはじめに置いて，一般動詞の疑問文の形do you ～を続ける。 (2)〈what＋名詞〉は「何の[どんな]～」。theyは直前のmany fruitsを指す。 (3)(　)の前に単数を表すaがないのでpeachは複数形にする。 (4)下線部④に対するマイの答えがtwo orangesなので，ニックはオレンジの数をたずねているとわかる。

全訳

マイ：あなたはバッグの中に何を持っているの。
ニック：その中に果物をたくさん持っているよ。
マイ：それらはどんな果物ですか。
ニック：オレンジとモモだよ。いくつかほしいですか。
マイ：はい。オレンジがほしいです。
ニック：オレンジはいくつほしいですか。
マイ：２つオレンジがほしいです。

6 (1)道をたずねたいときなど，知らない相手にはExcuse me.「すみません。」と声をかける。 (2)「ええと」などと会話をつなぐ３語のことばはLet me see.。 (3)「～を１つ[１人]も持っていない」はdon't have any ～。

英作文の採点ポイント

□(1)単語のつづりが正しい。(５点) (　)内の語数で書けている。(２点) (2)単語のつづりが正しい。(５点) (　)内の語数で書けている。(２点) (3)単語のつづりが正しい。(２点) (　)内の語数で書けている。(１点) anyを使った否定文が正しく書けている。(４点)

Unit 5

pp.58～59 ぴたトレ1 (Part 1)

Words & Phrases

(1)よく，上手に (2)速く (3)ドラム
(4)ski (5)speak (6)Chinese

1 (1)ア (2)イ (3)ア

2 (1)can (2)can draw (3)Can, play, I can

3 (1)He can't speak Japanese(.)
(2)I can see beautiful mountains from here(.)
(3)Can Yuta ride a unicycle(?)
—Yes, he can(.)

考え方
1 (1)「～することができる」は〈主語＋can＋動詞の原形～〉。(2)「～することができない」は〈主語＋cannot[can't]＋動詞の原形～〉。(3)「～することができますか」は〈Can＋主語＋動詞の原形～?〉。

2 (1)「彼は英語を話すことができます。」(2)「ハナは絵を上手にかくことができます。」(3)Can ～?の疑問文には，canを使って答える。「あなたはテニスをすることができますか。―はい，できます。」

3 (1)「～することができない」は〈主語＋cannot[can't]＋動詞の原形～〉の語順。(2)「～することができる」は〈主語＋can＋動詞の原形～〉の語順。「ここから」はfrom here。(3)「～することができますか」は〈Can＋主語＋動詞の原形～?〉の語順。rideは自転車やバイクなどまたがって乗る移動手段によく使われる。

pp.60～61 ぴたトレ1（Part 2）

Words & Phrases
(1)おもしろい (2)おじ (3)チームメイト
(4)kind (5)aunt (6)trumpet

1 (1)イ (2)ア (3)イ

2 (1)Who is (2)Who's, She (3)Who are

3 (1)Who is this girl with you(?)
(2)Who's this funny man(?)
(3)Who are these boys(?) —They are my teammates(.)

考え方
1 (1)「～はだれですか」は〈Who＋be動詞＋主語?〉の形。(2)主語のthat boyは単数なのでbe動詞はisを使う。(3)答えるときには代名詞を使う。

2 「～はだれですか」は〈Who＋be動詞＋主語?〉の形で表す。
(1)「この少年はだれですか。」(2)「この少女はだれですか。」―「彼女はミアです。」(3)「あの少女たちはだれですか。」

3 「～はだれですか」は〈Who＋be動詞＋主語?〉で表す。(1)Whoの後ろは疑問文の語順を続ける。Who this girl isとしないように注意。(2)who'sはwho isの短縮形。(3)「この男の子たち」はthese boysと表す。

pp.62～63 ぴたトレ1（Part 3）

Words & Phrases
(1)知る (2)学校で (3)ときどき
(4)cat (5)sister (6)cute

1 (1)イ (2)ア (3)イ

2 (1)it (2)her (3)him

3 (1)Can you see them(?)
(2) (I sometimes) see her in the park(.)
(3) I watch them with my family(.)

考え方
1 ( )は動詞の目的語になっている。
(1)「彼女を」はher。(2)「彼を」はhim。(3)「彼らを」はthem。

2 (1)this bookを目的語として代名詞にするにはitを使う。(2)my auntは1人の女性なので，目的語として代名詞にするにはherを使う。(3)the manは1人の男性なので，目的語として代名詞にするにはhimを使う。

3 (1)「彼らを見る」はsee themで表す。(2)〈主語＋see＋目的語(だれを)＋修飾語(どこで)〉「～を…で見る」という文にする。(3)「～といっしょにそれらを見る」はwatch them with ～と表す。

pp.64～65 ぴたトレ1（Let's Talk 4）

Words & Phrases
(1)かさ (2)はい，どうぞ。(3)かばん
(4)Thanks. (5)pencil case (6)maybe

1 (1)ウ (2)ウ (3)イ

2 (1)is this, it's Aoi's (2)Whose, is, yours
(3)Whose shoes are, They're

3 (1)Whose bag is this(?)
(2)Whose sunglasses are these(?)
(3)Maybe it's Sora's(.)

考え方
1 (1)「これはだれの～ですか」はWhose ～ is this?の形。(2)「あれはだれの～ですか」はWhose ～ is that?の形。(3)「私のもの」はmine。

2 持ち主をたずねるときは〈Whose＋名詞＋

be動詞＋主語？〉の形を使う。
(1)人の名に's をつけて「〜のもの」と持ち主を表すことができる。「これはだれのノートですか。」「たぶんそれはアオイのです。」(2)「これはだれのTシャツですか。」「それはあなたのです。それはあなたへのプレゼントです。」 (3)くつはペアで使うものなので，くつを指して「これ」というときはtheseで表す。答えるときはtheyを主語にする。「これはだれのくつですか。」「それは彼女のものです。」Whose shoesと複数形にすることと，be動詞がareになることに注意。

3 (1)(2)持ち主をたずねるときは〈Whose＋名詞＋be動詞＋主語？〉の語順。(2)のサングラスは1つでもsunglassesと複数形で表す(1つのサングラスに2つのレンズがあるため)。サングラスを指して「これ」というときはtheseで表す。(3)Maybe「たぶん」を文のはじめに置く。「ソラのもの」は人の名に's をつけて表す。

p.66 ぴたトレ1 (Target のまとめ④)

1 (1)can cook (2)cannot[can't] ski
(3)Can, dance, she can

2 (1)Can Ben play the guitar?
(2) Ann cannot[can't] take a picture here.

考え方

1 (1)「〜することができる」は〈主語＋can＋動詞の原形〜〉の形。 (2)「〜することができない」は〈主語＋cannot[can't]＋動詞の原形〜〉の形。 (3)「〜することができますか」は〈Can＋主語＋動詞の原形〜？〉の形。Can she 〜？の疑問文にyesで答えるときは，Yes, she can.となる。

2 (1)疑問文にするには〈Can＋主語＋動詞の原形〜？〉の形を使う。「ベンはギターをひくことができますか。」 (2)否定文にするには〈主語＋cannot[can't]＋動詞の原形〜〉の形を使う。「アンはここで写真をとることができません。」

p.67 ぴたトレ1 (Target のまとめ⑤)

1 (1)my, him (2)They, them
(3)Mary's

2 (1) I like its color(.)

考え方

1 (1)「私の」はmy。he「彼は」を目的語にするとhimとなる。「こちらはケンです。彼は私のいとこです。私はときどき彼に会います。」 (2)主語の「彼らは」はthey。これを目的語にした「彼らを」はthem。「彼らは私のバレーボール部のメンバーです。あなたは彼らを知っていますか。」 (3)人の名を使って「〜のもの」と持ち主を表すときは，人の名に's をつける。「これはだれのギターですか。」「メアリーのです。」

2 (1)「そのTシャツの色」を「その色」と略して表現していると考える。「そ(れ)の色」はits colorと表す。

pp.68〜69 ぴたトレ2

1 (1)イ (2)ア (3)イ (4)エ

2 (1)cannot[can't] swim fast, can run fast
(2)Can you (3)Who is
(4)know him, our teacher

3 (1)Who is[Who's] this girl?
(2)Can you dance well? —Yes, I can.

4 (1)her (2)彼女を学校で見ます
(3)like them

5 (1)No, she can't.
(2) Yes, I can. / No, I can't.

考え方

1 (1)(　)の後ろに動詞doがあるので，助動詞canを入れるのが適切。「私は剣道をすることができます。」となる。 (2)「部屋にいるあの男の子は〜ですか」という文の「〜」に入れるのに適切なのは「だれ」を表すWho。「部屋にいるあの男の子はだれですか。」 (3)(　)の前が動詞knowなので目的語となる語を選ぶ。イのher以外はすべて「〜は」を表す代名詞であるため誤り。「あなたは彼女を知っていますか。」 (4)andの前の部分から，(　)に入る語はtheyを「〜を」の意味の目的語にしたthem。「彼らは私の友だちで私は彼らが好きです。」

2 (1)「〜することができない」はcannot[can't]を使って，「〜することができる」はcanを使って表す。 (2)「〜することができますか」という疑問文を作るときはCanを文頭に置く。 (3)that manが主語なのでbe動詞はis。Who is 〜？という疑問文を作る。 (4)「彼を」はhim，「私たちの」はour。

3 (1)「〜はだれですか」とたずねるときは〈Who＋be動詞＋主語？〉の形を使う。 (2)「〜することができますか」という疑問文は

〈Can＋主語＋動詞の原形〜?〉の形を使う。Can you 〜?の疑問文にyesで答えるときは，Yes, I can.となる。

4 (1)下線部①は動詞knowの目的語にあたる部分。目的語のherにする。(2)herは「彼女を」と訳す。(3)「〜が大好きである」をlike 〜 very muchと表す。「〜」に入る「彼らが」に適するのは目的語となるthem。

全訳

エミリー：こちらは姉のリリーです。彼女を知っていますか。

アオイ：はい，知っています。私はときどき学校で彼女を見ます。

エミリー：そしてこれらが私たちのネコ，ペッパーとミントです。

アオイ：それらはとてもかわいいですね！

エミリー：ええ。私はそれらが大好きです。

5 (1)「アオイはギターをひくことができますか。」という質問。会話文でアオイは，I can't play the guitarと答えていることからギターをひくことができないとわかる。答えるときにはAoiの代名詞となるsheを使う。(2)「あなたは音楽を演奏できますか。」と問われているので，あなた自身のことを答える。あなたが音楽を演奏できる場合はYesで，できない場合はNoで答える。

全訳

アオイ：まあ，あなたはギターを持っているのですね。あなたはそれをひけますか。

エミリー：はい，ひけます。あなたはどうですか，アオイ。

アオイ：私はギターはひけませんが，サックスを演奏できます。

エミリー：すばらしい。いっしょに音楽を演奏しましょう。

pp.70〜71 ぴたトレ3

1 (1)○ (2)× (3)○

2 (1)イ (2)ア (3)イ

3 (1)cannot[can't] swim, skate
(2)Who are those
(3)two dogs, them

4 (1)Can you play volleyball(?)
(2)Who is this man(?) —He is my uncle(.)
(3)Do you know her(?)

5 (1)Can
(2)I can't play it well
(3)リサはだれですか。
(4)don't know her
(5)You can do anything well

6 (1)I can speak Chinese.
(2)Who is this woman?
(3)I know her.

考え方

1 (1)「話す」「季節」 (2)「いす」「火」 (3)「知っている」「ボート」

2 (1)2番目の音節を強く読む。「中国語」 (2)最初の音節を強く読む。「トランペット」 (3)2番目の音節を強く読む。「いっしょに」

3 (1)「〜することができない」は〈主語＋cannot[can't]＋動詞の原形〜〉の形。(2)「あの女の子たち」は複数なので，thatではなくthoseを使ってthose girlsとする。「〜はだれですか」は〈Who＋be動詞＋主語?〉で表す。those girlsなのでbe動詞はare。(3)two dogsを指す「それら(を)」はthemで表す。

4 (1)「〜することができますか」は〈Can＋主語＋動詞の原形〜?〉の語順。(2)「〜はだれですか」は〈Who＋be動詞＋主語?〉の語順。「私のおじ」はmy uncle。(3)「〜を知っていますか」はDo you know 〜?で表す。「彼女を」はher。

5 (1)前のエイミーの発言から，itはサッカーを指すとわかる。また，下線部①の質問の答えとなる下線部②にcan'tがあることから，canで質問していることがわかる。(2)( )内に動詞の原形playとcan'tがあることから，「〜することができない」の意味となる〈主語＋cannot[can't]＋動詞の原形〜〉の形にする。文全体で「私はそれをうまくできないけれど，リサはそれがとても上手です。」という意味になる。(3)Who is 〜?は「〜はだれですか」という意味。(4)「私は〜を知りません」は，I don't know 〜.で表す。「彼女を」はher。(5)( )内にcanがあり，文の最後にクエスチョンマークはないので，〈主語＋can＋動詞の原形〉の形の文を作る。「あなたは何でも上手にできるのね。」という意味になる。

全訳

エイミー：私はサッカーが好きです。

ケヴィン：ぼくもです。サッカーできますか。

エイミー：私はそれをうまくできないけれど，リサはそれがとても得意です。

ケヴィン：リサってだれですか。彼女を知らないです。

エイミー：あ，ごめんなさい。彼女は私の姉[妹]です。

ケヴィン：本当ですか。ぼくもいい選手ですよ。

エイミー：わあ！　何でも上手にできるんですね。

6 (1)「～を話すことができる」はcan speak ～。(2)写真を見ながら，そこに写っている女性についてたずねていると考えることができる。4語でという指定があるので，〈Who＋be動詞＋主語?〉の形を使い「この女性はだれですか。」とすると条件に合う。(3)「～を知っています」はI know ～.。「彼女を」はher。

英作文の採点ポイント

□単語のつづりが正しい。(2点)
□(　)内の語数で書けている。(2点)
□(1)canを使った文が正しく書けている。(4点) (2)whoを使った文が正しく書けている。(2点) be動詞が正しく使えている。(2点) (3)代名詞を正しく使えている。(4点)

Unit 6

pp.72～73　ぴたトレ1 (Part 1)

Words & Phrases

(1)サクランボ　(2)週末　(3)ふつうは　(4)早く
(5)果樹園
(6)grow　(7)there　(8)teach
(9)grandfather　(10)go shopping

1 (1)イ　(2)イ　(3)ア

2 (1)likes singing　(2)plays the guitar
(3)teaches math

3 (1)My sister gets up early(.)
(2)Ken runs very fast(.)
(3)I like this song very much(.)

考え方

1 (1)主語のmy friendは3人称単数なのでhasを選ぶ。(2)主語のMr. Chibaは3人称単数なので動詞washにesがつく。(3)主語のMakoto and Yumiは3人称だが，複数なので動詞にs(es)がつかない。

2 すべてIやyou以外で単数の主語なので，動詞にs(es)をつける。(1)「エマは歌うことが好きです。」 (2)「マサルはギターをひきます。」 (3)「ブラウンさんは数学を教えています。」teachの3人称・単数・現在の形は，esをつけてteachesとする。

3 (1)「早く起きる」はgets up early。(2)「とても速く」very fastは動詞の後ろに置く。(3)「とても」very muchは目的語(＝「この歌」this song)の後ろに置く。

pp.74～75　ぴたトレ1 (Part 2)

Words & Phrases

(1)季節，時期　(2)ごみ　(3)いそがしい
(4)ひとりで　(5)収穫
(6)set　(7)out　(8)walk　(9)during
(10)take out

1 (1)ア　(2)ア　(3)イ

2 (1)Does Ryo eat
(2)Does Chloe live, she does
(3)Does your father watch, he doesn't

3 (1)Does she study alone(?)
(2)No, she doesn't(.)
(3)He is not busy during (the vacation.)

考え方

1 (1)主語が3人称単数でも，疑問文では動詞にsやesをつけない。(2)主語のMr. Satoは3人称単数なので，疑問文にはDoesを使う。(3)主語が3人称単数でも，疑問文では動詞にsやesをつけない。

2 主語がすべてIやyou以外で単数だが，疑問文なので動詞にs(es)はつけない。(1)「リョウはピザを食べますか。」―「はい，食べます。」 (2)Does ～?の疑問文に答えるときはdoesを使う。「クロエはアメリカに住んでいますか。」―「はい，住んでいます。」 (3)「あなたのお父さんはテレビを見ますか。」―「いいえ，見ません。」

3 (1)alone「ひとりで」は動詞のあとに置く。(2)Does ～?の疑問文に答えるときはdoesを使う。(3)「休みの間中」はduring the vacation。

pp.76～77　ぴたトレ1 (Part 3)

Words & Phrases

(1)卓球　(2)話す　(3)～を手伝う　(4)中国語
(5)小説
(6)other　(7)art　(8)someday　(9)want to

⑽comic book

1 ⑴ア ⑵イ ⑶ア

2 ⑴doesn't play ⑵doesn't want

⑶doesn't have a cat

3 ⑴She doesn't speak Chinese(.)

⑵Ms. Tanaka doesn't teach music(.)

⑶I want to swim in the river(.)

考え方 1 ⑴doesn'tのあとには動詞の原形がくる。⑵ ( )のあとに一般動詞が続いているのでdoesn'tを使う。⑶doesn'tのあとには動詞の原形がくる。

2 主語がすべてIやyou以外で単数なので，否定文ではdoesn'tを使う。

⑴「サリーはバスケットボールをしません。」

⑵「ジョージはバッグをほしくありません。」

⑶「ミカはネコを飼っていません。」

3 ⑴「中国語を話す」はspeak Chinese。「～しません」という否定文なので動詞の前にdoesn'tを置く。⑵「音楽を教える」はteach music。⑶「～したい」はwant to ～で表す。「川で」はin the river。

p.78 ぴたトレ 1 (Let's Talk 5)

Words & Phrases

⑴ふく ⑵～を切る

⑶vegetable ⑷cooking

1 ⑴clean the room ⑵Sure

2 ⑴Can you wash the dishes(?)

⑵Can you put your books away(?)

考え方 1 ⑴Can you ～?は「～してくれますか」と相手に何かを依頼する表現。絵と□内の語句より，clean the room「部屋を掃除する」とする。⑵Sure.「いいですよ。，もちろん。」は相手の依頼に応じるときに使う表現。

2 「～してくれますか」はCan you ～?で表す。⑴「皿を洗う」はwash the dishes。⑵「本を片づける」はput your books away。

p.79 ぴたトレ 1 Target のまとめ⑥)

1 ⑴studies ⑵Does, speak, does

考え方 1 ⑴絵では女の子が勉強している。主語が3人称単数なのでstudyの語尾のyをiに変えてesをつける。「女の子は数学を勉強します。」 ⑵絵では男の子が外国人と話をしている。主語が3人称単数なので疑問文は〈Does＋主語＋動詞の原形～?〉の形。「マコトは英語を話しますか。」―「はい，話します。」

pp.80～81 ぴたトレ 2

◆1 ⑴イ ⑵ア ⑶ア ⑷ア

◆2 ⑴イ ⑵ア ⑶ウ ⑷エ

◆3 ⑴He does not[doesn't] eat beef.

⑵Does your grandmother play table tennis?

◆4 ⑴イ ⑵Does he work alone?

⑶彼は私のおじとおばといっしょに働いています。

◆5 ⑴No, he doesn't.

⑵He grows rice.

考え方 ◆1 ⑴主語が3人称単数の肯定文なので，動詞にはs(es)がつく。「彼は平日に学校に行きます。」 ⑵主語が3人称単数でも，疑問文では動詞にsやesをつけない。「リョウコは東京に住んでいますか。」 ⑶doesn'tのあとには動詞の原形がくる。「私の祖父はピアノをひきません。」 ⑷Can you ～?「～してくれますか」の文。「～」には動詞の原形が入る。「手伝ってもらえますか。」

◆2 ⑴文末にvery much「とても」があるので，like ～ very much「～が大好きである」の形にする。主語が3人称単数なので，動詞likeにはsがつく。「私の兄[弟]はサッカーがとても好きです。」 ⑵go shoppingで「買い物にいく」。疑問文なので動詞は原形を使う。「彼女は家族といっしょに買い物にいきますか。」 ⑶get upで「起きる」。does notのあとの動詞は原形。「私の父は週末早く起きません。」 ⑷主語がyouの一般動詞を使った文。canを選びCan you ～?「～してくれますか」と依頼する文にする。「トマトを切ってもらえますか。」

◆3 ⑴否定文にするには，動詞の前にdoes not[doesn't]を置いて動詞を原形にする。「彼は牛肉を食べません。」 ⑵疑問文にするには，文のはじめにDoesを置いて動詞を原形にする。「あなたのおばあさんは卓球をしますか。」―「はい，します。」

◆4 ⑴「～の間(中)は」はduring。⑵「彼は～しますか」は〈Does he＋動詞の原形～?〉の形を使う。「働く」はwork，「ひとりで」alone

は動詞のあとに置く。(3)withは「～といっしょに」，uncleとauntはそれぞれ「おじ」と「おば」という意味。

全訳

チェン：あなたのおじいさんは毎日働いていますか。

ソラ：はい，働いています。収穫期の間は彼はとてもいそがしいです。

チェン：彼はひとりで働いているのですか。

ソラ：いいえ。彼は私のおじとおばといっしょ働いています。彼らはいっしょに住んでいます。

5 (1)「ソラは彼のおじいさんを手伝いますか。」という質問。エミリーの２つ目の質問Do you help your grandfather?に，ソラはNo, I don't.と答えている。Does ～?とたずねられているので，Soraを代名詞heに変え，doesを使って答える。(2)「ソラのおじいさんは何を育てていますか。」という質問。ソラの１つ目の発言にhe grows rice「彼は米を育てています」とある。

全訳

エミリー：あなたのおじいさんはほかの果物を育てていますか。

ソラ：いいえ。彼はほかの果物を育てていません。ですが彼は米を育てています。

エミリー：あなたはおじいさんの手伝いをしますか。

ソラ：いいえ，しません。ですがいつか彼とサクランボを育てたいです。

pp.82～83 ぴたトレ3

1 (1)○ (2)× (3)×

2 (1)ア (2)ア (3)イ

3 (1)Does (2)walks (3)Can, help

4 (1)Does (2)eats (3)Does, doesn't

5 (1)lives in London
(2)Does (3)ウ
(4)She teaches Japanese.
(5)すごいですね。

6 (1)My mother works in Tokyo.
(2)Does Yutaka play the trumpet?
(3)Mary doesn't speak Japanese.

考え方

1 (1)「週末」「～を教える」 (2)「働く」「ウマ」(3)「早く」「年」

2 (1)最初の音節を強く読む。「ふつうは，いつもは」 (2)最初の音節を強く読む。「週末」(3)２番目の音節を強く読む。「ひとりで」

3 (1)主語が３人称単数の一般動詞の疑問文なのでDoesを主語の前に置く。(2)「～へ歩いて行く」はwalk to ～。主語が３人称単数なのでwalkにsをつけてwalksとする。(3)「～してくれますか」はCan you ～?の形を使う。「～を手伝う」はhelp。

4 (1)主語が３人称単数の一般動詞の疑問文なのでDoesを入れる。「あなたのおばあさんはチョコレートが好きですか。」「はい，好きです。」 (2)下線部を含む文は，What does ～?への答えの文で主語が３人称単数。eatにsをつけてeatsとする。「ジョンはふだん何を食べますか。」「彼はふだんパンを食べます。」 (3)主語が３人称単数の一般動詞の疑問文。Does ～?を使ってたずね，doesを使って答える。空所の数よりdoes notの短縮形doesn'tを使う。「あなたのお母さんは毎日料理しますか。」「いいえ，しません。」

5 (1)( )内の語より，lives in ～「～に住む」とする。(2)主語が３人称単数の一般動詞の疑問文なのでDoesを入れる。(3)Does ～?の疑問文に答えるときはdoesを使う。(4)「～を教える」はteach。主語が３人称単数なのでesをつけてteachesとする。(5) That's great.は「すごいですね。」。

全訳

ハナ：この写真を見てください。こちらは私のおばです。

ケイト：あら，すてきな写真ですね。これはロンドン塔ですか。

ハナ：はい，そうです。彼女はロンドンにひとりで住んでいます。

ケイト：彼女はそこで働いているんですか。

ハナ：はい，そうです。彼女は日本語を教えています。

ケイト：うわー！ すごいですね。

6 (1)「私の母は東京で働いています。」とする。「私の母」my motherは３人称単数なので，「働く」workにsをつけてworksとする。(2)「彼は～しますか」はDoes he ～?の形。「トランペットを演奏する」play the trumpetのtheを忘れないように注意。「ユタカはトランペットを演奏しますか。」 (3)主語が３人称単数の否定文は動詞の前にdoes not[doesn't]を置く。4語とあるので短縮形doesn'tを使う。「日本語を話す」はspeak Japanese。「メアリーは日本語を話しません。」

英作文の採点ポイント

□単語のつづりが正しい。(2点)
□( )内の語数で書けている。(2点)
□(1)動詞を主語に合った形にしている。(4点) (2)Does ~?の形で書けている。(2点) 楽器名の前にtheを置けている。(2点) (3)〈doesn't＋動詞の原形〉の形で書けている。(4点)

Unit 7

pp.84~85 ぴたトレ1 (Part 1)

Words & Phrases

(1)始まる (2)入浴 (3)(~を)練習する
(4)休日
(5)breakfast (6)homework (7)brush
(8)until

1 (1)ア (2)イ (3)ア
2 (1)When, play (2)When do, swim
(3)When does, get
3 (1)When do you brush your teeth(?)
(2)When does your father leave home(?)
(3)We have a two-month summer vacation(.)

考え方
1 (1)「いつ~しますか」とたずねる文は，Whenのあとに一般動詞の疑問文の語順を続ける。(2)「いつ~しますか」とたずねる文。主語がyouなのでdoを使う。(3)「~はいつですか」とたずねる文は，Whenのあとにbe動詞の疑問文を続ける。
2 〈When＋一般動詞の疑問文~?〉の形を使い「~はいつ…しますか」とたずねる文を作る。(1)主語Mikaは3人称単数だが，疑問文なので動詞にs(es)はつけない。「ミカはいつピアノをひきますか。」 (2)「あなたはいつ泳ぎますか。」 (3)主語が3人称単数なので，疑問文ではdoesを使う。「起きる」はget up。「あなたのお母さんはいつ起きますか。」
3 (1)「いつ~しますか」とたずねる文は，Whenを文頭に置き，一般動詞の疑問文の語順を続ける。「(あなたの)歯をみがく」はbrush your teeth。(2)「家を出る」はleave home。(3)「2カ月(の)夏休み」は，「夏休み」summer vacationを修飾するtwo-month「2カ月の」をsummer vacationの前に置いてひとまとまりと考え，その前にaをつける。

pp.86~87 ぴたトレ1 (Part 2)

Words & Phrases

(1)眠る (2)壁 (3)かぎ (4)~を置く
(5)sofa (6)student (7)under (8)find

1 (1)イ (2)ア (3)ア
2 (1)Where do
(2)Where does, study, studies
(3)Where does, talk, He talks
3 (1)Where does she have lunch(?)
(2)Where are Ken and Miho(?)
(3)I don't put my books on the desk(.)

考え方
1 (1)主語のyour catは単数なので，be動詞はisを使う。(2)「~はどこで…しますか」とたずねる文は，Whereのあとに一般動詞の疑問文の語順を続ける。(3)「~はどこですか」とたずねる文は，Whereのあとにbe動詞の疑問文の語順を続ける。
2 〈Where＋一般動詞の疑問文~?〉の形を使い「~はどこで…しますか」とたずねる文を作る。
(1)主語が複数なので疑問文ではdoを使う。「男の子たちはどこで野球をしますか。」—「彼らは公園で野球をします。」 (2)主語が3人称単数なので疑問文ではdoesを使う。答えの文は，studyを3人称・単数・現在の形studiesとする。「ジェーンはどこで勉強しますか。」—「彼女は図書館で勉強します。」
(3)答えの文は，Michaelを代名詞heに置きかえる。「マイケルはどこで電話で話しますか。」—「彼は彼の部屋で話します。」
3 (1)「~はどこで…しますか」とたずねる文は，Whereを文頭に置き，一般動詞の疑問文の語順を続ける。(2)「~はどこですか」は，Whereを文頭に置き，be動詞の疑問文を続ける。(3)「机の上に」はon the desk。

pp.88~89 ぴたトレ1 (Part 3)

Words & Phrases

(1)自転車 (2)スパゲッティ (3)指

(4)フォーク　(5)来る
(6)hometown　(7)train　(8)near　(9)pick
(10)free

1 (1)イ　(2)ア　(3)ア

2 (1)eats, with　(2)goes, bus
(3)eat, with forks

3 (1)How do you play the guitar(?)
(2)Takeru eats sushi with his fingers(.)
(3)Do you take this book to your school(?)

考え方
1 (1)「～はどうやって…しますか」と方法をたずねるときはHowのあとに一般動詞の疑問文を続ける。(2)「あなたはどうやって～しますか」はHow do you ～?の形。(3)疑問文なので動詞は原形を使う。

2 (1)主語が３人称単数なので，動詞eatにsをつけてeatsとする。「(はしなどの道具)を使って」と言うときはwithを使う。「スミスさんはどうやってラーメンを食べますか。」—「彼女はラーメンをはしを使って食べます。」(2)主語が３人称単数なので，goにesをつけてgoesとする。「テッドはどうやって駅に行きますか。」—「彼はバスでそこに行きます。」(3)「(フォークやはしなどの道具)を使って」と言うときはwithを使う。「女の子たちはどうやってスパゲッティを食べますか。」—「彼女らはスパゲッティをフォークを使って食べます。」

3 (1)「あなたはどうやって～しますか」はHow do you ～?の語順。(2)「(彼の)指で」はwith his fingers。(3)「～を…に持っていく」はtake ～ to ...で表す。

p.90　ぴたトレ１（Let's Talk 6）

Words & Phrases
(1)図書館　(2)～を見逃す
(3)turn　(4)street

1 (1)straight　(2)left, bank　(3)on your left

2 (1)Go straight down this street(.)
(2)Turn right at the park(.)

考え方
1 (1)下線部の前にはGoがあり，地図の位置から郵便局に行くにはまず道を直進する必要があることがわかる。straightを入れて「この通りを直進してください。」とする。(2)直進したあと郵便局に行くには銀行がある角を左に曲がることが地図からわかる。「左に曲がる」はturn left。atの後ろにどこを曲がるかを入れれば文が完成する。「銀行を左に曲がってください。」(3)on your leftを入れて「それはあなたの左側にあります。」とする。

2 (1)道案内のときには命令形を使って簡潔に言う。(2)「～を曲がって」と言うときにも動詞から始める。「～を右に曲がってください」はTurn right at ～.。

p.91　ぴたトレ１（Target のまとめ⑦）

1 (1)What time do you go to bed(?)
(2)When does your school begin(?)
(3)How do you come here(?)

考え方
1 (1)What timeは，「何時に」と時間をたずねる表現なので文頭に置き，あとは疑問文の形を使う。(2)When「いつ」を文頭に置き，あとは疑問文の形を使う。(3)How「どのように」を文頭に置き，あとは疑問文の形を使う。

pp.92～93　ぴたトレ２

◆1 (1)イ　(2)ウ　(3)イ　(4)ア

◆2 (1)do you　(2)Turn, at
(3)Go straight　(4)How does, go

◆3 (1)When[What time] does he usually get up?
(2)Where do they put their bags?

◆4 (1)ウ
(2)They keep them in their lockers.
(3)in the hallway

◆5 (1)He goes to the library.
(2)Go straight on this street. Turn left at the bank. It's on your right.

考え方
◆1 (1)whereを使ったbe動詞の疑問文。「あなたの学校はどこですか。」(2)begin「始まる」があるので，「その祭りはいつ始まりますか。」とするのが適切。(3)主語が３人称単数で動詞が文中にあるので，doesを選び「あなたのお父さんはどうやって働きに行きますか。」とする。(4)「郵便局は右側にあります。」

◆2 (1)「いつ～しますか」は，Whenのあとに一般動詞の疑問文の語順を続ける。(2)「曲がる」はturn，「～のところで」はat。(3)

「まっすぐ行く」はgo straight。(4)「どのように」Howを文頭に置き，一般動詞の疑問文の語順を続ける。

3 (1)時をたずねるWhen「いつ」またはWhat time「何時に」を文頭に置き，一般動詞の疑問文の語順を続ける。動詞は原形になることに注意。「彼はふつういつ[何時に]起きますか。」 (2)「彼らはバッグをどこに置きますか。」とする。Whereを文頭に置き，一般動詞の疑問文の語順を続ける。

4 (1)エミリーは「それらを彼らのロッカーにしまっておく」と場所を答えているので，「どこに」Whereを選ぶ。(2)「～をしまっておく」はkeep。「彼らのロッカーに」はin「～(の中)に」を使いin their lockersとする。(3)「廊下に」はin the hallwayと表す。

全訳

エミリー：アメリカでは生徒たちはふつう教科書を家に持ってきません。

ソラ：彼らはどこに教科書をしまっておきますか。

エミリー：彼らはそれらを自分たちのロッカーにしまっておきます。

ソラ：ロッカーはどこですか。

エミリー：それらは廊下にあります。

5 (1)「旅行者はどこに行きますか。」という質問。旅行者は1つ目の発言でWhere's the library?とたずねているので，図書館に行くとわかる。the travelerは代名詞に置きかえて答える。(2)「警察署までの道を教えてください。」という質問。地図の位置から警察署に行くにはまず道を直進する必要があることがわかるので，Go straight on this street.「この通りを直進してください。」とする。直進したあと警察署に行くには銀行がある角を左に曲がることが地図からわかる。Turn left at the bank.「銀行を左に曲がってください。」とする。すると警察署は右側にあるので，It's on your right.「それはあなたの右側にあります。」とする。

全訳

旅行者：図書館はどこですか。

アオイ：それはここの近くにあります。この通りを直進してください。公園を右に曲がってください。それはあなたの左側にあります。それを見逃すことはありませんよ。

旅行者：わかりました。なるほど。ありがとう。

アオイ：どういたしまして。

pp.94～95 ぴたトレ3

1 (1)× (2)× (3)○

2 (1)ア (2)ア (3)イ

3 (1)does, go (2)do, practice baseball
(3)How do you

4 (1)How (2)When (3)Where

5 (1)Where is your cat?
(2)She usually sleeps there (3)イ
(4)彼女はふつう夕食の前に起きます。

6 (1)How do you come[go] to school?
(2)Where do students play soccer?
(3)When does the winter vacation begin?

考え方

1 (1)「生徒」「教科」 (2)「まっすぐに」「チョコレート」 (3)「～をしまっておく」「話す」

2 (1)最初の音節を強く読む。「朝食」 (2)最初の音節を強く読む。「カレンダー」 (3)2番目の音節を強く読む。「休日」

3 (1)「いつ～しますか」は，Whenのあとに一般動詞の疑問文の語順を続ける。主語が3人称単数なのでdoesを使う。(2)「～はどこで…しますか」は，Whereのあとに一般動詞の疑問文の語順を続ける。(3)「(あなたは)どうやって～しますか」はHow do you ～?を使う。

4 (1)Bはby bus「バスで」と方法を答えているので，Howを入れて「どのように～」とたずねる文にする。「あなたのおばあさんはどうやって病院に行きますか。」「彼女はバスでそこに行きます。」 (2)Bはat 12:30「12時30分に」と時を答えているので，When「いつ」を入れる。「あなたはいつ昼食を食べますか。」「私は12時30分に昼食を食べます。」 (3)Bはin Nagoya「名古屋に」と場所を答えているので，Where「どこに」を入れる。「あなたはどこに住みたいですか。」「私は名古屋に住みたいです。」

5 (1)「～はどこですか」とたずねる文は，Whereのあとにbe動詞の疑問文の語順を続ける。マナはクロエにShe's in ～.と答えており，ネコは1匹であるとわかるのでWhere is ～?とする。(2)頻度を表すusually「ふつうは」はふつう動詞の前に置く。(3)マナはbefore dinner「夕食前に」と時を答えているので，When「いつ」を選ぶ。(4)get upは「起きる」。

全訳

マナ：入ってください，これが私の部屋です。
クロエ：うわー，とてもかわいいですね！　あなたのネコはどこですか。
マナ：彼女は今居間にいます。彼女はふつうそこで眠ります。
クロエ：よかったです。彼女はいつ起きますか。
マナ：彼女はふつう夕食の前に起きます。

6 (1)How do you ～?の形を使い「あなたはどうやって通学しますか。」とする。「通学する」はcome[go] to schoolと表す。(2)Where「どこで」を文頭に置き，一般動詞の疑問文の語順を続ける。「生徒たちはどこでサッカーをしますか。」(3)「いつ～しますか」は，whenのあとに一般動詞の疑問文の語順を続ける。「冬休み」はthe winter vacation。

英作文の採点ポイント

□単語のつづりが正しい。(2点)
□(　)内の語数で書けている。(2点)
□(1)How do you ～?の形で書けている。(4点)
(2)Where do ～?の形で書けている。(4点)
(3)When does ～?の形で書けている。(4点)

Unit 8

pp.96～97　ぴたトレ1 (Part 1)

Words & Phrases

(1)パン　(2)スープ　(3)お茶　(4)ヒーター
(5)～を選ぶ
(6)use　(7)kind　(8)cold　(9)visit　(10)salad

1 (1)イ　(2)ア　(3)イ

2 (1)drink　(2)want to visit
(3)do Sam and Ami eat

3 (1)Which do you like, udon or soba(?)
(2)What kind of bag does she want(?)
(3)Is it hot these days(?)

考え方

1 (1)牛肉と魚のどちらを食べるかをたずねているので，Whichを選ぶ。(2)「何の[どんな]～」とたずねるときは〈What＋名詞〉を使う。(3)どちらをするかをたずねているので，Whichを選ぶ。

2 Which ～, A or B?の形を使って「AとBのどちらが～ですか」とたずねる文を作る。(1)「あなたはコーヒーとミルクのどちらを飲みますか。」(2)「マイクは日本とフランスのどちらを訪れたいですか。」(3)主語がSam and Amiと複数なので，doを使う。「サムとアミはタコ焼きとお好み焼きのどちらを食べますか。」

3 (1)「あなたはAとBのどちらが好きですか」とたずねる文は，Which do you like, A or B?の語順。(2)「どんな種類の…を～しますか」は〈What kind of ...＋一般動詞の疑問文～?〉の語順。(3)「近ごろ」these daysはふつう文末に置く。

pp.98～99　ぴたトレ1 (Part 2)

Words & Phrases

(1)よく，たびたび　(2)スペース，場所
(3)電力　(4)小さい，狭い　(5)わくわくさせる
(6)contest　(7)also　(8)abroad　(9)hard
(10)sea

1 (1)ア　(2)ア　(3)イ

2 (1)do, beautiful
(2)the dancer, Because, dances
(3)does, study English, Because, wants to go

3 (1)Why does your father get up at six(?)
(2)Because he runs before breakfast(.)
(3)Misaki often plays tennis with me(.)

考え方

1 (1)「なぜ～」と理由をたずねるときはWhyを使う。(2)理由を述べるときはBecause「(なぜなら)～だから」で文を始める。(3)Whyを使った主語が3人称単数の疑問文。動詞にはsやesをつけない。

2 〈Why＋疑問文～?〉の形で理由をたずね，Because ～.で理由を述べる文を作る。
(1)文中にlikeがあるので，一般動詞の疑問文にする。主語がyouなのでdoを使う。「あなたはなぜ花が好きなのですか。」―「なぜならそれらは美しいからです。」(2)答えの文の主語はheなので，danceにsをつけてdancesとする。「そのダンサーはなぜ人気があるのですか。」―「なぜなら彼はとても上手に踊るからです。」(3)「ミアはなぜ英語を勉強するのですか。」とする。Miaは3人称単数なので，doesを使った疑問文にする。答えの文は，動詞wantにsをつけてwants to ～とする。「なぜなら彼女は海外へ行き

たいからです。」

3 (1)「なぜ～しますか」は〈Why＋一般動詞の疑問文～?〉の語順。「6時に起きる」はget up at six。(2)「(なぜなら)～だから」Becauseを文頭に置いて，理由を述べる文を続ける。「朝食前に」はbefore breakfastとして文末に置く。(3)頻度を表すoften「よく」はふつう動詞の前に置く。

pp.100～101 ぴたトレ1 (Part 3)

Words & Phrases

(1)(値段が)高い (2)薄い (3)くつ
(4)sale (5)short (6)thick

1 (1)イ (2)イ (3)ア

2 (1)was long (2)was busy
(3)were soccer players before

3 (1)Was the book popular before(?)
(2)Can I help you(?)
(3)This shop has a big sale (now.)

考え方

1 (1)「以前～でした」と過去のことについて述べているので，isの過去形wasを使う。(2)「以前～でしたか」と過去のことについてたずねているのでWasを使う。(3)Was ～?にはwasを使って答える。

2 be動詞の過去形を使い「…は～でした」という文にする。
(1)主語のHer hairは単数なのでwasを使う。「彼女の髪の毛は以前長かったです。」(2)主語のMy fatherは単数なのでwasを使う。「私の父は以前いそがしかったです。」(3)主語のBob and Mikeは複数なのでwereを使う。soccer playerはsをつけてsoccer playersとする。「ボブとマイクは以前サッカーの選手でした。」

3 (1)「(…は)～でしたか」は〈be動詞の過去形＋主語 ～?〉の語順。時を表すbefore「以前に」は文末に置く。(2)「何かご用でしょうか。」はCan I help you?と表す。店員が来店した客にかける言葉。(3)「大特売中です」はhas a big sale。

pp.102～103 ぴたトレ1 (Let's Talk 7)

Words & Phrases

(1)ハンバーガー (2)フライドポテト
(3)アイスクリーム
(4) cola (5)cheeseburger (6)drink

1 (1)ア (2)イ (3)ア

2 (1)I have
(2)Can I have, For here

3 (1)Can I have two Burger Meals(?)
(2)Can I have French fries with a cola(?)
(3)That is nineteen dollars and fifty cents(.)

考え方

1 (1)「～をください」はCan I have ～?で表す。(2)ファーストフード店での注文時にはhaveのほかにgetもよく使われるが，選択肢にhave以外合うものはない。(3)注文時での定型文なので覚える。For here「店内で食べます」。

2 飲食店で注文するときの表現Can I have ～?「～をください」を使う。
(1)「こんにちは。いらっしゃいませ。」「バーガーミールを1つください。」(2)For here.で「店内で食べます」という意味。「こんにちは。いらっしゃいませ。」「ドーナツを2つください。」「こちらでお召し上がりですか，お持ち帰りですか？」「持ち帰りでお願いします。」

3 (1)「～をください」はCan I have ～?で表す。「～」の部分に「バーガーミールを2つ」two Burger Mealsを入れる。(2)「フライドポテト」は文中でも大文字のFで始めてFrench friesとする。(3)「19ドル50セント」はnineteen dollars and fifty centsと表す。

p.104 ぴたトレ1 (Target のまとめ⑧)

1 (1)were, are (2)was long, short
(3)wasn't, am

考え方

1 (1)文の前半，過去を表すbefore「以前は」があり主語が複数なので，be動詞の過去形wereを入れる。文の後半にはnow「今」があるので現在形areを入れる。(2)主語が単数なので，be動詞の過去形はwas。(3)be good at ～「～が得意である」という表現が使われ，主語はIなのでbe動詞の過去形はwas。空所の数からwas notの短縮形wasn'tを入れる。

p.105 ぴたトレ1 (Project 2)

1 (1)Which, like (2)What, favorite
(3)When do

考え方 **1** (1)「どの季節」はwhich seasonで表す。(2)「何」とたずねるWhatを文頭に置いた疑問文。「お気に入りの」はfavorite。(3)「いつ」とたずねるWhenを文頭に置いたあとは，一般動詞を含んだ疑問文にする。

pp.106～107 ぴたトレ2

1 (1)ウ (2)エ (3)ア (4)エ

2 (1)Was, good (2)Which does
(3)Can I have (4)was not

3 (1)Were you at home yesterday?
(2)I was good at science before.

4 (1)I'd like a *kotatsu* (2)イ
(3)But it's still expensive.

5 (1)Because she can relax in it.
(2)No, it doesn't.

考え方

1 (1)「あなたは赤と黄色のどちらが好きですか。」 (2)「アリスはなぜ日本語を勉強しているのですか。」 (3)空所のあとに肯定文が続いているので，Becauseを入れて理由を述べる文にする。「彼女は日本映画が好きだからです。」 (4)「ジョージは以前テニスが得意ではありませんでしたが，今は得意です。」

2 (1)「～でしたか」とたずねるbe動詞の過去の疑問文。the movieは単数なので，be動詞はwas。(2)「どちら」はwhich。主語が3人称単数なのでdoesを使う。(3)「～をください」はCan I have ～?で表す。(4)「～ではありませんでした」はbe動詞の過去の否定文。主語がyou以外で単数なのでwas notとする。

3 (1)「あなたは昨日家にいましたか。」とする。areの過去形はwere。(2)「私は以前理科が得意でした。」とする。amの過去形はwas。

4 (1)I'd like ～「～がほしい」はI want ～のていねいな言い方。(2)過去を表すlast week「先週」があり，主語が単数なのでwasが適切。(3)「でも」はbutで表す。4語でとあるのでit isの短縮形it'sを使い，「まだ」stillをbe動詞のあとに置く。「(値段が)高い」はexpensive。

全訳

ベル先生：あなたは英語を話しますか。
店員：はい。何かご用でしょうか。
ベル先生：こたつがほしいんです。
店員：承知しました。私たちは今大特売中です。このこたつは24,000円です！ それは先週30,000円でした。
ベル先生：すごいですね！ でもそれはまだ高いです。

5 (1)「アオイはなぜこたつが好きなのですか。」という質問。ベル先生の質問Why do you like *kotatsu*?に，アオイはBecause I can relax in it.と答えている。この部分を，主語をsheに変えて答える。Why ～?とたずねられているので，Becauseで文を始めることに注意。「なぜなら彼女はその中でくつろげるからです。 (2)「こたつはたくさんの電力を消費しますか。」という質問。アオイの最後の発言に... doesn't use a lot of powerとある。*kotatsu*をitに置きかえ，No, it doesn't.「いいえ，消費しません。」と答える。

全訳

ベル先生：あなたはなぜこたつが好きなのですか。
アオイ：それに入っているとリラックスできるからです。私はこたつでよく眠ります。
ベル先生：まあ，本当に。
アオイ：せまい場所を温めて電力をたくさん消費しないので，こたつは環境に優しいものでもあります。
ベル先生：それはすばらしい。

pp.108～109 ぴたトレ3

1 (1)○ (2)× (3)○

2 (1)イ (2)ウ (3)イ

3 (1)Why, go (2)They were not
(3)Which does

4 (1)Why (2)Were, wasn't
(3)Which, teaches

5 (1)ウ
(2)I often read Mr. Brown's books.
(3)Because they are very exciting
(4)ア

6 (1)Why do you like winter?
(2)Which do you want to visit, Hokkaido or Okinawa?
(3)It was cold today.

考え方

❶ (1)「手袋」「しかし」 (2)「スープ」「willの過去形」 (3)「すばらしい」「ケーキ」

❷ (1)2番目の音節を強く読む。「(値段が)高い」 (2)3番目の音節を強く読む。「～をすすめる」 (3)2番目の音節を強く読む。「わくわくさせる」

❸ (1)「なぜ～」と理由をたずねるときはwhyを使う。「寝る」はgo to bed。 (2)「～ではありませんでした」はbe動詞の過去の文。主語が「彼らは」theyなので，be動詞はwere。 (3)「どちら」はwhich。主語が3人称単数なのでdoesを使う。

❹ (1)BはBecause ～と答えているので，Why ～?でたずねているとわかる。「ジェイムズはなぜこの映画を見るのですか。」「なぜならそれは興味深いからです。」 (2)last nightが文末にあるので過去の文にする。主語がyouなのでbe動詞はwere。Were you ～?の疑問文にはwasを使って答える。「あなたは昨夜家にいましたか。」「いいえ，いませんでした。」 (3)文末にmusic or mathとあるので，whichを入れるのが適切。答えの文は，主語が3人称単数なのでteachにesをつけてteachesとする。「ヤマダ先生は音楽と数学のどちらを教えていますか。」「彼女は音楽を教えています。」

❺ (1)「どちら」Whichが適切。 (2)頻度を表すoften「よく」はふつう動詞の前に置く。 (3)Becauseを文頭に置いて，理由を述べる文を続ける形にする。veryは形容詞excitingを修飾する副詞なので，excitingの前に置く。 (4)Do you ～?の疑問文にはdoを使って答える。

全訳

フミヤ：あなたはブラウンさんの本とスミスさんの本のどちらを読みますか。
キャシー：私はよくブラウンさんの本を読みます。
フミヤ：あなたはなぜ彼の本が好きなのですか。
キャシー：なぜならそれらはとてもわくわくさせるからです。あなたは彼の本を読みますか。
フミヤ：いいえ，読みません。しかし私は読書がとても好きです。

❻ (1)「あなたはなぜ冬が好きなのですか。」とする。理由をたずねるときはWhy ～?で表す。 (2)「あなたはAとBのどちらを～しますか」とたずねるときは，〈Which do you ＋動詞の原形 ～，A or B?〉の形を使う。「～したい」はwant to ～。 (3)天候・時間などを表す文の主語はitを使う。「～でした」と過去について言う文なので，be動詞はisの過去形wasを使う。

英作文の採点ポイント

□単語のつづりが正しい。(2点)
□( )内の語数で書けている。(2点)
□(1)Why do you ～?の形で書けている。(4点)
(2)Which do you ～, A or B?の形で書けている。(3点) 「～したい」をwant to ～を使って書けている。(1点) (3)It was ～.の形で書けている。(4点)

Unit 9

pp.110～111 ぴたトレ1 (Part 1)

Words & Phrases

(1)従業員 (2)温泉 (3)かわいい
(4)くつろがせる (5)滞在する
(6)serve (7)listen
(8)clean (9)interesting
(10)arrive

1 (1)イ (2)ア (3)イ

2 (1)listened to (2)played baseball
(3)practiced the, yesterday

3 (1)Jacob stayed at home during the weekend(.)
(2)The girls played basketball after school(.)
(3)My sister and I cooked breakfast today(.)

考え方

1 (1)「昨日～しました」なので動詞は過去形。 (2)「毎年～します」は現在の文。 (3)「～しました」なので動詞は過去形。studyの過去形はstudied。

2 「～しました」と過去のことを述べる文にする。
(1)listenにedをつける。「私は昨日音楽を聞きました。」 (2)playにedをつける。「ケンは昨日野球をしました。」 (3)practiceにdをつける。「私は昨日ピアノを練習しました。」

3 (1)「週末の間」はduring the weekendと表し文末に置く。 (2)「放課後に」はafter school。 (3)todayは時を表す語なのでふつう文末に置く。

pp.112~113 ぴたトレ1 (Part 2)

Words & Phrases

(1)結婚している (2)あとで (3)パレード
(4)遊園地 (5)午後
(6)ate (7)saw (8)snow (9)buy
(10)birthday

1 (1)イ (2)イ (3)イ

2 (1)bought (2)had fun
(3)went, amusement park

3 (1)I made French fries with my mother last night(.)
(2)My brother met a popular baseball player(.)
(3)I read many books at the library last Sunday(.)

考え方

1 (1)「昨夜～しました」なので動詞は過去形。「～を見る」seeは不規則動詞で過去形はsaw。 (2)「毎朝～します」は現在の文。 (3)「～しました」なので動詞は過去形。「～をする」doは不規則動詞で過去形はdid。

2 「～しました」と過去のことを述べる文にする。
(1)buyは不規則動詞で過去形はbought。「アリは先週末，本を買いました。」 (2)haveは不規則動詞で過去形はhad。「ハンナは先週末，楽しみました。」 (3)goは不規則動詞で過去形はwent。「私の友だちと私は先週末，遊園地に行きました。」

3 (1)時を表す語句last night「昨夜」は文末に置く。 (2)「人気のある野球選手」はa popular baseball player。 (3)「この前の日曜日に」はlast Sunday。

pp.114~115 ぴたトレ1 (Part 3)

Words & Phrases

(1)新鮮な (2)シーフード
(3)テレビゲーム (4)カレー
(5)beautiful (6)station (7)museum
(8)century

1 (1)イ (2)イ (3)ア

2 (1)clean, room (2)Did, cook dinner
(3)Did, do their homework

3 (1)They didn't eat hamburgers at the restaurant(.)
(2)Did you buy souvenirs for your family(?)
(3)We had a field trip last month(.)

考え方

1 (1)過去の疑問文は文頭にDidを置く。 (2)過去の否定文は動詞の前にdidn't[did not]を置く。 (3)過去の疑問文では動詞は原形になる。

2 「…は～しましたか」と過去のことをたずねる文は文頭にDidを置く。過去の疑問文では動詞は原形になる。
(1)「モモコは今日部屋を掃除しましたか。」
(2)「あなたのお父さんは今日夕食を料理しましたか。」 (3)「彼らは昨夜宿題をしましたか。」

3 (1)過去の否定文は動詞の前にdidn'tを置く。
(2)過去の疑問文は文頭にDidを置く。「家族に」はfor your family。 (3)「遠足」はfield trip。

pp.116~117 ぴたトレ1 (Read & Think)

Words & Phrases

(1)センター (2)作業員 (3)大きい (4)それで
(5)apartment (6)Christmas
(7)cafe (8)tree

1 (1)ア (2)イ (3)イ

2 (1)took (2)visited (3)didn't eat

3 (1)They had a great time in New York(.)
(2)We didn't cut down that large tree(.)
(3)My father bought a Christmas cake at this shop(.)

考え方

1 (1)～(3)日本語から過去についての話だとわかる。
(1)stay, (3)enjoyは規則動詞なので後ろにedをつけて過去形にする。(2)goは不規則動詞で過去形はwent。

2 (1)「写真をとる」はtake pictures。「写真をとりました」なのでtakeを過去形にする。
(2)「～を訪れる」はvisit。「訪れました」なのでvisitを過去形にする。 (3)「～しませんでした」は〈didn't＋動詞の原形〉で表す。

3 (1)「楽しく過ごす」はhave a great time。(2)「～しませんでした」は〈didn't＋動詞の原形〉の語順。(3)「買う」buyの過去形はbought。

p.118 ぴたトレ1 (Let's Talk 8)

Words & Phrases

(1)誕生日おめでとう。 (2)プレゼント
(3)mug (4)mechanical pencil

1 (1)beautiful bird (2)wonderful
(3)What a cute

2 (1)What a cool shirt(!)

考え方

1 〈What a[an]＋形容詞＋名詞！〉は「なんて～な…なのでしょう！」という意味で，〈形容詞＋名詞〉を強調する。〈How＋形容詞[副詞]！〉は「なんて～なのでしょう」という意味で，形容詞[副詞]を強調する。
(1)「あれを見て！ なんてきれいな鳥なのでしょう！」 (2)「わあ！ なんてすばらしい！」 (3)「あなたへのプレゼントよ，エミリー！」「ありがとう！ なんてかわいいキーホルダーなのでしょう！」

2 (1)「なんて～な…なのでしょう！」は〈What a[an]＋形容詞＋名詞！〉の形を使う。

p.119 ぴたトレ1 (Target のまとめ⑨)

1 (1)visited, last week
(2)went to, last summer
(3)studied math before dinner

考え方

1 (1)visitは規則動詞なのでedをつけ，時を表す語句last weekは文末に置く。(2)goは不規則動詞なのでwentとなり，時を表す語句last summerは文末に置く。(3)studyは規則動詞なのでyをiに変えてedをつけ，時を表す語句before dinnerは文末に置く。

pp.120～121 ぴたトレ2

◆1 (1)ウ (2)エ (3)ア (4)イ

◆2 (1)didn't buy (2)Did, do their
(3)ate a lot of (4)Did, take pictures

◆3 (1)I did not[didn't] meet my friend today.
(2)My grandmother went to the park yesterday.

◆4 (1)イ
(2)I visited Rockefeller Center and saw
(3)I also went to Times Square and took pictures.

◆5 (1)No, she didn't.
(2)It's in Kanazawa.
(3)No, she didn't.

考え方

◆1 (1)文末にlast yearがあるので，一般動詞の過去の疑問文にすればよいとわかる。「あなたのおじいさんは昨年サクランボを育てましたか。」 (2)every year「毎年」とあるので，現在の文にする。「彼らは毎年日本に行きますか。」 (3)文末にyesterdayがあることから，過去の文だとわかる。過去の否定文は，動詞の前にdidn't[did not]を置く。「私は昨日数学を勉強しませんでした。」 (4)主語が3人称単数なので，現在の否定文にするにはdoesn't，過去の否定文にするにはdidn'tが入る。選択肢にあるのはdidn'tなので過去の否定文にする。「私の姉[妹]は今日あまり時間がありませんでした。」

◆2 (1)過去の否定文は動詞の前にdid not[didn't]を置く。空所の数より，短縮形didn'tが入る。(2)過去の疑問文は文頭にDidを置く。「(彼らの)宿題をする」はdo their homework。(3)eatは不規則動詞で過去形はate。「たくさんの～」は空所の数より，a lot of ～で表す。(4)「写真をとる」はtake pictures。

◆3 (1)過去の否定文にするには動詞の前にdid not[didn't]を置いて，動詞を原形にする。metの原形はmeet。「私は今日友だちに会いませんでした。」 (2)every day「毎日」が「昨日」yesterdayになるので，過去の文にする。goの過去形はwent。「私の祖母は昨日公園に行きました。」

◆4 (1)空所の前後はそれぞれ「私の姉[妹]はそこに住んでいる」，「彼女のアパートに滞在した」という意味。so「それで，だから」を入れて，前の文が後ろの文の理由になるようにする。(2)Rockefeller Centerは場所なので，I visited Rockefeller Center「私はロックフェラーセンターを訪れた」とし，続けてand sawを置いてthe beautiful Christmas treeにつなげる。(3)「タイムズスクエアにも行き」は，also「～もまた」を使ってI also went to ～と表す。「写真をとる」はtake pictures。takeは不規則

動詞で過去形はtook。

全訳

私は12月にニューヨークに行きました。私の姉[妹]がそこに住んでいるので，彼女のアパートに滞在しました。私はロックフェラーセンターを訪れて美しいクリスマスツリーを見ました。—中略—私はタイムズスクエアにも行き，写真をとりました。私はそこの店で友だちにおみやげを買いました。

5 (1)「エミリーは金沢21世紀美術館を訪れましたか。」という質問。ソラの質問Did you visit the 21st Century Museum?に，エミリーはNo, we didn't.と答えている。この部分を，主語をsheに変えて答える。(2)「金沢21世紀美術館はどこにありますか。」という質問。エミリーの発言の3文目we enjoyed shopping at Kanazawa Stationや，ソラの2つ目の発言I want to go to Kanazawa.より，2人は金沢での出来事について話しているとわかる。主語のthe 21st Century Museumをitに置きかえ，It's in Kanazawa.「それは金沢にあります。」と答える。(3)「エミリーには時間がたくさんありましたか。」という質問。エミリーは発言の2文目でWe didn't have much time.「私たちはあまり時間がありませんでした。」と言っている。Did ～?と問われているので，didを使って答える。

全訳

ソラ：あなたたちは金沢21世紀美術館を訪れましたか。

エミリー：いいえ，訪れませんでした。私たちはあまり時間がありませんでした。でも私たちは金沢駅で買い物を楽しみました。それは美しい駅です。

ソラ：私は金沢に行きたいです。

pp.122～123 ぴたトレ3

1 (1)× (2)× (3)○

2 (1)ウ (2)イ (3)ア

3 (1)Did, do (2)didn't have much
(3)What a cute

4 (1)What did (2)didn't, got up
(3)Did, did, went

5 (1)I went to Nagano with my family.
(2)イ
(3)We went to a popular restaurant and ate soba
(4)イ (5)ア

6 (1)Did you clean your room?
(2)We played soccer in the park yesterday.
(3)I went to a restaurant and ate sushi.

考え方

1 (1)「buyの過去形」「～について」 (2)「eatの過去形」「くつろがせる」 (3)「作業員」「姉妹」

2 (1)3番目の音節を強く読む。「みやげ」 (2) 2番目の音節を強く読む。「アパート」 (3) 最初の音節を強く読む。「美しい」

3 (1)過去の疑問文は文頭にDidを置く。「宿題をする」はdo your homework。過去の疑問文では動詞は原形になる。(2)過去の否定文は動詞の前にdidn'tを置く。「あまり～を持っていなかった」はmuch「多くの」を使って，didn't have much ～と表す。(3)「なんて～な…なのでしょう！」は〈What a[an]＋形容詞＋名詞！〉の形。

4 (1)Bは「したこと」を具体的に答えているので，Aは「先週末に何をしたか」をたずねているとわかる。Whatのあとに過去の疑問文の語順を続ける。「あなたは先週末何をしましたか。」「私は映画を見て，宿題をしました。」 (2)Did ～?にはdidを使って答える。今朝のことについて言うので，get up「起きる」のgetを過去形gotにする。「あなたは今朝早く起きましたか。」「いいえ，起きませんでした。私は9時に起きました。」 (3)文末にlast nightがあることから，文頭にDidを置いて一般動詞の過去の疑問文にする。go「行く」の過去形はwent。「あなたは昨夜祭りに行きましたか。」「はい，行きました。私は友だちといっしょにそこに行きました。」

5 (1)「行く」goの過去形はwent。「家族と」はwith「～といっしょに」を使ってwith my familyとする。(2)ユウタの質問にジャックは「私たちは人気のあるレストランに行ってそばを食べました。」と答えている。したがって，ユウタは「食べ物」についてたずねたとわかる。(3)popular restaurantの前にaを置き忘れないように注意。(4)冬休みの間に訪れた長野についての会話なので，Didを選び過去の疑問文にするのが適切。(5)下線部⑤から，ジャックはユウタにみやげを買ってきていないことがわかる。

全訳

ユウタ：あなたは冬休みの間に何をしましたか。
ジャック：私は家族と長野へ行きました。私たちは毎年そこでスキーを楽しみます。
ユウタ：それはいいですね！　あなたは長野の食べ物も楽しみましたか。
ジャック：ああ，はい！　私たちは人気のあるレストランに行ってそばを食べました。
ユウタ：では，あなたは長野でとても楽しい時を過ごしたんですね。私にみやげを買ってきてくれましたか。
ジャック：ええと，この話があなたへのみやげです。

6 (1)「あなたは部屋を掃除しましたか。」とする。「あなたは～しましたか」はDid you ～?で表す。 (2)「～をする」playの過去形はplayed。 (3)「～を食べる」eatの過去形はate。

英作文の採点ポイント

□単語のつづりが正しい。(2点)
□(　)内の語数で書けている。(2点)
□(1)Did you ～?の形で書けている。(4点) (2)一般動詞の過去形を使って「～しました」の形で書けている。(4点) (3)一般動詞の過去形を使って「～しました」の形で書けている。(4点)

Unit 10

pp.124～125　ぴたトレ1 (Part 1)

Words & Phrases

(1)マンガ本　(2)向こうに　(3)～を探す
(4)～を買う　(5)ジョギングする
(6)paint　(7)talk　(8)water　(9)badminton
(10)walk

1 (1)イ　(2)ア　(3)ア

2 (1)is making　(2)is running
(3)are talking, phone

3 (1)I'm looking for my keys(.)
(2)My brother is selling hot dogs(.)
(3)Chen and Sora are reading comic books(.)

考え方

1 (1)「(今)～しています」は〈be動詞＋動詞のing形〉の形で表す。 (2)「毎日～します」は現在の文。〈主語＋一般動詞＋目的語〉の形で表す。 (3)likeは動作ではなく，「好きである」という状態を表す動詞。状態を表す動詞は現在進行形では表さない。

2 〈be動詞＋動詞のing形〉の形を使い「(今)～しています」という文を作る。
(1)主語が3人称単数なので，be動詞はisを使う。make「～を作る」のing形はeをとってingをつける。「リカは今クッキーを作っています。」 (2)主語が3人称単数なので，be動詞はisを使う。run「走る」のing形は最後のnを重ねてingをつける。「私の父は今公園を走っています。」 (3)主語が複数なので，be動詞はareを使う。talkのing形はそのままingをつける。「私たちは今電話で話しています。」

3 「(今)～しています」は〈be動詞＋動詞のing形〉の語順。 (1)「～を探す」はlook for ～。 (2)「ホットドッグを売る」はsell hot dogs。 (3)主語が複数なので，be動詞がareになっている。

pp.126～127　ぴたトレ1 (Part 2)

Words & Phrases

(1)レスリングする　(2)～を売る
(3)レモネード　(4)ウサギ　(5)カエル
(6)old　(7)people　(8)wall　(9)ball
(10)sleep

1 (1)イ　(2)ア　(3)ア

2 (1)Is, cooking, he is
(2)Are, I'm not, am drinking
(3)Is, No, he's not[he isn't], is sleeping

3 (1)He is not taking a picture(.)
(2)Is she studying with her friends(?)
(3)He is not listening to music now(.)

考え方

1 (1)「～していますか」とたずねているので，現在進行形の疑問文。be動詞を主語の前に置く。 (2)現在進行形の疑問文はbe動詞を主語の前に置く。 (3)「現在進行中の動作」ではなく，日常的・習慣的に「何かスポーツをするか」をたずねているので，現在の文にする。

2 現在進行形の疑問文はbe動詞を主語の前に置き，答えるときもbe動詞を使う。
(1)主語が3人称単数なので，be動詞はisを使う。「彼はピザを料理していますか。」―

「はい，そうです。」 (2)主語がyouなので be動詞はareを使う。「あなたはお茶を飲んでいますか。」—「いいえ，ちがいます。私はレモネードを飲んでいます。」 (3)主語が３人称単数なので，be動詞はisを使う。「あなたのイヌはくつで遊んでいますか。」—「いいえ，ちがいます。彼はソファの上で眠っています。」

3 (1)現在進行形の否定文はbe動詞のあとにnotを置く。 (2)現在進行形の疑問文はbe動詞を主語の前に置く。 (3)現在進行形の否定文はbe動詞のあとにnotを置く。「音楽を聞く」はlisten to music。

pp.128～129 ぴたトレ 1 (Part 3)

Words & Phrases

(1)シャワーを浴びる (2)ポーズをとる
(3)衣装 (4)世界中で (5)雑誌
(6)wear (7)anime (8)carry
(9)baby (10)men

1 (1)ア (2)イ (3)イ

2 (1)is, is buying (2)is, is eating
(3)Where, studying, They are studying

3 (1)What is this baby hamster eating(?)
(2)What are they doing over there(?)
(3)What is your brother looking for(?)

考え方

1 (1)(2)「(今)何を～していますか」とたずねているので，疑問詞Whatのあとに現在進行形の疑問文を続ける。 (3)want to ～「～したい」は状態を表しているので現在進行形で表さない。

2 (1)主語が３人称単数なので，be動詞はisを使う。「女の子は何をしていますか。」—「彼女は本を買っています。」 (2)「男の子は何をしていますか。」—「彼はリンゴを食べています。 (3)答えの文にat the library「図書館で」とあるので，「どこで」Whereを文頭に置き「モアナとエミリーはどこで勉強していますか。」とたずねる文にする。答えの文は，Moana and Emilyを代名詞theyに置きかえて「彼女らは図書館で勉強しています。」とする。

3 「何を～していますか」とたずねるときは，〈What＋現在進行形の疑問文～?〉の語順を使う。 (1)「この赤ちゃんハムスター」はthis baby hamster。 (2)「向こうで」はover there。 (3)「～を探す」はlook for ～。

pp.130～131 ぴたトレ 1 (Read & Think)

Words & Phrases

(1)若い (2)たとえば (3)(いちばん)好きな
(4)文化 (5)伝統的な (6)国
(7)today (8)interested (9)smile
(10)wonderful (11)bridge (12)between

1 (1)イ (2)ア (3)ア

2 (1)for example (2)are trying
(3)are watching

3 (1)She is interested in French food(.)
(2)Music is a bridge between them and me(.)
(3)How often did you help your mother (last week?)

考え方

1 (1)(2)「(今)～しています」(動作の進行)は〈be動詞＋動詞のing形〉で表す。 (3)「好きである」は動作ではなく状態を表している。つまり進行形では表さない。

2 (1)「たとえば」はfor example。 (2)「～を試す」はtry。「試しています」なので現在進行形にする。 (3)「(アニメなど)を見る」はwatch。「見ています」なので現在進行形にする。

3 (1)「～に興味がある」はbe interested in ～。 (2)「AとBの間に」はbetween A and B。 (3)「何回くらい～ですか」はHow often ～?。

pp.132～133 ぴたトレ 1 (Let's Talk 9)

Words & Phrases

(1)もちろん (2)いそがしい (3)来る
(4)homework (5)house (6) Speaking.

1 (1)ア (2)イ (3)ア

2 (1)speak, help (2)busy

3 (1)May I speak to Chen(, please?)
(2)Can you come to the library at four(?)
(3)Can you help me with my English homework(?)

考え方

1 (1)電話で自分の名前を名乗るときは，This is～.「～です」を使う。 (2)電話で話したい相手をお願いしたいときには，May I speak to ～, please?「～をお願いします」を使う。

(3)「どうしたの？」はWhat's up?。

2 (1)「～をお願いします」はMay I speak to ～, please?。「～の…を手伝う」はhelp ～ with …で表す。「もしもし。ヒロですが。リサをお願いします。」「私です。こんにちは，ヒロ！　どうしたの？」「数学の宿題を手伝ってくれますか。」「いいですよ。」 (2)ケンの様子から，「いそがしい」busyが適切。「こんにちは，ヒロ！　どうしたの？」「サッカーしない？」「ごめんね，今はいそがしいんだけど，3時以降なら行けるよ。」「わかった。」

3 (1)「～をお願いします」はMay I speak to ～, please?。 (2)「～してくれますか」Can you ～?を使って表す。 (3)「～の…を手伝う」はhelp ～ with …で表す。

p.134 ぴたトレ1（Targetのまとめ⑩）

1 (1)is making　(2)is teaching
(3)are swimming

考え方

1 (1)主語がSheなので，be動詞はisとなり，makeは最後のeをとってingをつける。 (2)be動詞isのうしろは動詞teachのing形となる。 (3)主語がtheyなので，be動詞はareとなり，動詞swimはmを重ねてingをつける。

p.135 ぴたトレ1（Project 3）

1 (1)went, this morning
(2)had, yesterday
(3)ate, today

考え方

1 (1)go「行く」の過去形はwentとなり，文末には時を表す語句this morning「今朝」を置く。 (2)have a good dayで「楽しい1日を過ごす」という意味。文末には時を表す語yesterday「昨日」を置く。 (3)eat「食べる」の過去形はateとなり，文末には時を表す語today「今日」を置く。

pp.136～137 ぴたトレ2

1 (1)ウ　(2)ウ　(3)イ　(4)エ

2 (1)Is, wearing　(2)are, making[cooking]
(3)is sleeping　(4)had, great[good]

3 (1)They are not[aren't] watching TV now.
(2)What are you studying?

4 (1)they aren't
(2)They are wrestling.
(3)Are these frogs laughing

5 (1)She is wearing a costume from "Sailor Moon."
(2)Yes, they are.

考え方

1 (1)「毎朝学校に通っている」は「現在進行中の動作」ではないので現在形で表す。「ティミーと私は毎朝いっしょに学校に通っています。」 (2)Is he ～とあるので，動詞のing形を選び現在進行形にする。「彼は電話で話していますか。」 (3)文中にdoのing形doingがあるので，be動詞を選んで〈What＋現在進行形の疑問文～?〉の形にする。「あなたは今何をしていますか。」 (4)文末にevery day「毎日」があるので，現在形を使って日常的・習慣的に「歩く」という文にする。主語が3人称単数なので，3人称単数・現在のsがついたwalksを選ぶ。「その男の子は毎日公園を歩き回ります。」

2 (1)「～していますか」なので現在進行形の疑問文にする。「～をかぶっている」はwearで表す。動詞wearは「着ている」「はいている」など「身につけている」ことを幅広く表すことができる。 (2)「何を～していますか」は〈What＋現在進行形の疑問文～?〉の形。 (3)「(今)～しています」は〈be動詞＋動詞のing形〉で表す。「眠る」はsleep。 (4)「楽しい時間を過ごす」はhave a great[good] time。haveの過去形はhad。

3 (1)否定文にするにはbe動詞のあとにnotを置く。「彼らは今テレビを見ていません。」 (2)「あなたは何を勉強していますか。」とする。Whatを文頭に置き，現在進行形の疑問文の語順を続ける。

4 (1)現在進行形の疑問文に答えるときはbe動詞を使う。空所の数よりare notの短縮形aren'tとする。 (2)「～しています」は〈be動詞＋動詞のing形〉で表す。「すもうをとる」wrestleのing形はeをとってingをつける。 (3)(　)内にlaughのing形laughingがあるので，現在進行形の疑問文にする。ここでのtheseは「これらの」という意味の形容詞。

全訳

アオイ：この古い絵を見てください。
チェン：ウサギと何匹かのカエルが見えます。
　　　　彼らは踊っているのですか。

アオイ：いいえ，ちがいます。彼らはすもうをとっているのです。

チェン：なるほど。これらのカエルは笑っているのですか。

アオイ：はい，そうです。

チェン：それらはとてもおもしろいです。

5 (1)「女性は何を着ていますか。」という質問。アオイの２つ目の発言にThis woman is wearing a costume from "Sailor Moon."とあるので，この部分を，主語を代名詞sheに置きかえて答える。(2)「アニメとマンガは世界中で人気がありますか。」という質問。チェンの最後の発言Anime and manga are popular around the world.より，人気があることがわかる。答えるときはanime and mangaを代名詞theyに置きかえる。

全訳

チェン：この写真を見てください。これはフランスでのイベントです。

アオイ：彼らは何をしているのですか。

チェン：彼らは衣装を着てポーズをとっています。

アオイ：わあ！　この女の人は「セーラームーン」の衣装を着ています。これらの男の人たちは「ナルト」の衣装を着ています。

チェン：アニメとマンガは世界中で人気があります。

pp.138～139 ぴたトレ3

1 (1)○ (2)× (3)○

2 (1)イ (2)イ (3)ア

3 (1)Is, waiting (2)Are, interested (3)is, reading

4 (1)Are (2)do (3)Is

5 (1)ア
(2)Can you help me with my English homework?
(3)I am doing my homework
(4)イ (5)ア

6 (1)What are you looking for?
(2)Does she run every day?
(3)They are not waiting for a bus.

考え方

1 (1)「笑う」「葉」 (2)「こみ合った」「～を育てる」 (3)「国」「しかし」

1 (1)「笑う」「葉」 (2)「こみ合った」「～を育てる」 (3)「国」「しかし」

2 (1)２番目の音節を強く読む。「演奏」 (2)２番目の音節を強く読む。「例」 (3)最初の音節を強く読む。「興味を持った」

3 (1)現在進行形の疑問文はbe動詞を主語の前に置く。「～を待つ」はwait for ～。 (2)「～に興味がある」はbe interested in ～。疑問文なので，be動詞を主語の前に置く。(3)「何を～していますか」はWhatのあとに現在進行形の疑問文の語順を続ける。

4 (1)BはNo, they aren't.とbe動詞を使って答えているので，Aは「～していますか」とたずねているとわかる。主語が複数なので，be動詞はAreとする。「生徒たちは昼食を食べているのですか。」「いいえ，ちがいます。彼らは教室を掃除しています。」 (2)Bはgo shopping「買い物にいく」と現在の文で答えているので，doを入れてWhat do you ～?「あなたは何を～しますか」とたずねる文にする。「あなたはふつう週末に何をしますか。」「私は家族といっしょに買い物にいきます。」 (3)Bはbe動詞を使って答えているので，Isを入れて現在進行形の疑問文にする。「彼は自分の部屋で勉強しているのですか。」「いいえ，ちがいます。彼はテレビゲームをしています。」

5 (1)( )には電話をかけてきた相手に「どうしたの？」と用件をたずねる表現が入ると考えられる。What's up?が適切。 (2)「～してくれますか」はCan you ～?の形で表す。「私の英語の宿題を手伝う」はhelp ～ with …「～の…を手伝う」を使って表す。(3)「(今)～しています」の意味となる〈be動詞＋動詞のing形〉の現在進行形の文にする。(4)( )のあとにnow「今」があるので，〈be動詞＋動詞のing形〉を入れて「(今)～しています」とするのが適切。 (5)エラは下線部⑤の前にGreat!「すばらしい！」と言っているので，あとでいっしょにカップケーキを食べようという提案に喜んでいることがわかる。ウは「宿題を放って」という記述が本文にないので誤り。

全訳

ミカ：もしもし。ミカです。エラをお願いします。

エラ：こんにちは，ミカ。エラです。どうしたの？

ミカ：こんにちは，エラ。今日はひまですか。私の英語の宿題を手伝ってくれますか。
エラ：ええと，私は今自分の宿題をしていますが，そのあとだったら手伝うことができます。
ミカ：ありがとう。私は今カップケーキを作っているので，あとでいっしょにそれらを食べましょう。
エラ：すばらしい！　電話をしてくれてありがとう。

6 (1)「あなたは何を探していますか。」とする。「何」Whatを文頭に置き，現在進行形の疑問文を続ける。「～を探す」はlook for ～。(2)「毎日」とあるので，現在の疑問文で「(日常的・習慣的に)走りますか」とたずねる文にする。(3)現在進行形の否定文はbe動詞のあとにnotを置く。「～を待つ」はwait for ～。

英作文の採点ポイント

□単語のつづりが正しい。(２点)
□(　)内の語数で書けている。(２点)
□(1)What are you ～?の形で書けている。(４点)　(2)Does she ～?の形で書けている。(４点)　(3)be動詞のあとにnotを置いてThey are not ～.の形で書けている。(４点)

Let's Read

p.140　ぴたトレ1 (Let's Read ①)

1 (1)not play　(2)could not watch
(3)could not find

2 (1)thought and thought　(2)one by one

考え方
1 「～することができませんでした」は〈could not＋動詞の原形〉で表す。
(1)「彼女はテニスをすることができませんでした。」(2)「ポールはテレビを見ることができませんでした。」(3)「彼は自分のめがねを見つけることができませんでした。」
2 (1)「考えに考える」はthink and thinkで表す。「考えた」なのでthinkを過去形のthoughtにする。(2)「１つ[１人]ずつ」はone by one。

p.141　ぴたトレ1 (Let's Read ②)

1 (1)to swim　(2)wants to visit
(3)wants to play

2 (1)leave, behind　(2)one of

考え方
1 「～したい」はwant to ～で表す。
(1)「彼らは海で泳ぎたいです。」(2)「彼女はニューヨークを訪れたいです。」(3)「彼はテレビゲームがしたいです。」
2 (1)「～をあとに残していく」はleave ～ behind。(2)「～の１つ」はone of ～で表す。

pp.142～144　ぴたトレ2

1 (1)イ　(2)イ　(3)ア　(4)イ

2 (1)dropped, into　(2)want to read
(3)How did, cross　(4)tried, ways

3 (1)They could carry a lot of boxes(.)
(2)I want to drink water(.)
(3)The farmer takes the cabbages across(.)

4 (1)そのとき何が起こりましたか
(2)犬をあとに残していきました
(3)石を１つずつテーブルの上に置きました
(4)一度に彼女の家族を連れていくことはできません

5 (1)イ　(2)thought and thought
(3)(例)小さな石をたくさん集めて，それらを１つずつ水差しの中に落とした。
(4)The stones raised the water level

6 (1)Are you thirsty?
(2)She has a good idea.
(3)We want to go to a Japanese restaurant.

7 (1)a wolf, a goat, and a cabbage
(2)日本語訳：彼はオオカミとヤギをあとに残していくことができません。
理由：オオカミがヤギを食べてしまうから。
(3)ウ

8 (1)A (thirsty) crow did.
(2)He found a pitcher.
(3)It is in the pitcher.

考え方
1 (1)too expensiveで「高すぎる」。to expensiveでは意味をなさない。(2)veryは前から形容詞，副詞を修飾する。(3)助動詞couldの後ろには動詞の原形がくる。(4)one of (the)の後ろには複数を表す名詞がくる。
2 (1)「～を落とす」はdrop。過去形は最後のp

を重ねてからedをつける。「〜の中へ」はinto。(2)「読みたい」はwant to readと表す。(3)「どうやって〜しますか」は〈How＋疑問文の形〉。(4)「〜を試す」はtryで，「方法」はwayで表す。「いろいろな方法」なのでvarious waysと複数形にする。

3 (1)「〜することができた」は〈could＋動詞の原形〉で表す。(2)「〜したい(と思っている)」はwant to 〜で表す。(3)「(船などで)〜を渡す」はtake 〜 acrossで表す。

4 (1)疑問詞のWhatが主語なので「何が〜しましたか」となる。(2)このleftはleave「〜を残していく」の過去形。leave 〜 behindは「〜をあとに残していく」。(3)動詞put「〜を置く」の過去形は形が変わらずputのまま。主語がSheなのに動詞のputに３人称単数・現在のsがついていないので，このputは過去形ということになる。one by oneは「１つずつ」。(4)takeは「〜を連れていく」，at a timeは「一度に」。

5 (1)(①)の前後でtried「試した」からfailed「失敗した」という対照的な流れになっている。対照的な内容をつなぐ接続詞としてbut「しかし」が適切。(2)「考えに考えた」はthought and thought。同じ単語をandでつなぐとその単語を強調した表現になる。(3)下線部③の直後の文がその内容にあたる。(4)(3)の答えをふまえ，水差しに落とした「石」(the stones)，が「水位」(the water level)を「上げた」(raised)のである。

全訳

彼はたくさんの方法を試しましたが失敗しました。
彼のくちばしが短すぎたのです。
彼は考えに考えました。
「わかった。私にはいい考えがある！」
彼はたくさんの小さな石を集めました。
それらの石を彼は水差しに１つずつ落としました。
そのとき何が起こったのでしょうか。
それらの石が水位を上げたのです。
ついに彼は水を飲むことができました。

6 (1)「のどがかわいた」はthirsty。thirstyは形容詞なので，Are you 〜?の疑問文にする。(2)「いい考えを持っている」はhave a good ideaで表す。主語がSheとなるのでhaveはhasにする。(3)「〜したい」はwant to 〜で表す。

7 (1)themなどの代名詞が何を指すかは前の文から探す。a wolf, a goat, and a cabbageであればまとめてthem「それら」で表せる。(2)leave 〜 behindは「〜をあとに残していく」。下線部②の直後の文の内容がその理由。(3)(2)で検討した内容を考えると，ヒツジとキャベツだけを残していけない理由としては「ヒツジはキャベツを食べる」が適切。

全訳

ある農夫がある川を渡りたいと思っています。
彼はオオカミ，ヤギ，キャベツをいっしょに連れていきたいです。
彼の小さなボートでは農夫とそれらの１つしか一度に運べません。
彼はオオカミとヤギをあとに残していくことができません。オオカミはヒツジを食べるのです。
彼はヤギとキャベツをあとに残していくことができません。ヤギはキャベツを食べるのです。

8 (1)「だれが水差しを見つけましたか。」という質問。最初の文A thirsty crow found a pitcher.が答えになる。(2)「カラスは何を見つけましたか。」という質問。最初の文に「カラスが水差しを見つけた」とある。(3)「ほんの少しの水はどこですか。」という質問。２番目の文He found water inside it.が答えになる。inside itのitは最初の文のpitcherのこと。

全訳

のどのかわいたカラスが水差しを見つけました。
彼はその中に水を見つけました。彼はとてもうれしく思いました。しかし，彼はその水を飲めませんでした。彼のくちばしはそれに届かなかったのです。水差しにはほんの少しの水しか入っていませんでした。「私はこれを飲むことができませんが，私はとてものどがかわいています。」

定期テスト予想問題
〈解答〉 pp.146〜155

pp.146〜147 予想問題 1

出題傾向

＊主語に合わせてどのbe動詞を使うかが問われる。this，thatも適切に使えるようになっておく。

1 (1)こちらこそはじめまして。 (2)It's (3)ア
(4)that's a basketball

2 (1)is (2)am (3)is (4)is (5)are

3 (1)She is (2) I am (3)Is (4)It's

4 (1)This is Saburo. He's a junior high school student.
(2)Are you an English teacher?

考え方

1 (1)Nice to meet you.＝「はじめまして。」〜，too＝「〜も」 (2)What's that?という疑問文への答え方はIt is 〜.。ここでは短縮形のIt'sが入る。 (3)be good at 〜＝「〜が得意です」 (4)「あれは〜です」＝That's 〜.(That'sはThat isの短縮形) 前にコンマがあり文が続いていることがわかるので小文字から始める。

全訳

ワタル：やあ，ぼくはワタルです。日本出身です。
リタ：こんにちは，私はリタです。私はスペイン出身です。
ワタル：はじめまして。
リタ：こちらこそはじめまして。
ワタル：それは何ですか？
リタ：これはラケットです。
ワタル：それはテニスラケットですか？
リタ：いいえ，ちがいます。これはバドミントンのラケットです。バドミントンが得意なんです。
ワタル：わあ。いいですね。ぼくはバスケットボール部の一員です。
リタ：ああ，あれはバスケットボールです。
ワタル：そうです。

2 (1)Sheに対応するbe動詞はis。 (2)Iに対応するbe動詞はam。 (3)Thisに対応するbe動詞はis。 (4)Heに対応するbe動詞はis。 (5)Youに対応するbe動詞はare。

3 (1)Kateは女性なので，She is 〜.「彼女は〜です」となる。 (2)Are you 〜?で聞かれたら，答え方はYes, I am.。 (3)疑問文を作るときはbe動詞を主語の前につける。人の名前に対応するbe動詞はis。 (4)What time is it?の疑問文への答え方はIt is 〜.。ここでは短縮形のIt'sが入る。

4 (1)人を紹介するときはThis is 〜.で表す。サブロウは男性なので，heを使う。 (2)「あなたは〜ですか」＝Are you 〜?

英作文の採点ポイント

□単語のつづりが正しい。(２点)
□(1)主語が男性か女性かで主語を使い分けている。 (2)be動詞の疑問文が正しく書けている。(８点)

pp.148〜149 予想問題 2

出題傾向

＊be動詞と一般動詞の使い分けができているか，さまざまな一般動詞が覚えられているかが問われる。疑問詞などを使った疑問文も適切に作れるようになっておく。

1 (1)What vegetables do you need(?)
(2)potatoes (3)あなたはニンジンが必要ですか。 (4)エ

2 (1)a (2)any (3)some (4)an

3 (1)What color do you like?
(2)What time is it?
(3)How many coats do you have?

4 (1)Don't swim here.
(2)I don't drink milk.
(3)I want these T-shirts.

考え方

1 (1)〈what＋名詞〉＝「何の〜」 (2)名詞は総称をいう場合，複数形で表す。語尾がoで終わる語はesをつける。 (3)need＝「〜を必要とする」，carrot＝「ニンジン」 (4)あとの文で値段を答えているので，How much「いくら」とする。

全訳

ベン：今日の昼食はカレーライスです。
サオリ：何の野菜が必要ですか。
ベン：ジャガイモが必要です。
サオリ：ジャガイモはいくつ必要ですか。
ベン：４つ必要です。
サオリ：ニンジンは必要ですか。

ベン：いいえ，ニンジンは必要ありません。家にニンジンがあります。
サオリ：デザートに何がほしいですか。
ベン：アイスクリームがほしいです。あなたはどうですか。
サオリ：私もほしいです。あのストロベリーアイスクリームがいいです。いくらですか。
ベン：300円です。
サオリ：２つ買いましょう。

❷ (1)watchは単数形なのでaを入れる。(2)brothersは複数形で疑問文なのでany「いく人かの」を入れる。(3)friendsは複数形で肯定文なのでsome「いく人かの」を入れる。(4)eggは単数形で，かつ頭文字がe(母音)で始まるのでanを入れる。breadは数えられない名詞。

❸ (1)色をたずねるので，〈what＋名詞〉のWhat colorで始まる疑問文にする。(2)何時かをたずねるので，What timeで始まる疑問文にする。(3)数をたずねるので，〈How many＋名詞の複数形〉で始まる疑問文にする。

❹ (1)否定の命令形はDon't ～.で表す。(2)否定文を作るときは一般動詞の前にdon't[do not]を入れる。(3)「これらの」はtheseで，Tシャツは複数形にする。

英作文の採点ポイント

□単語のつづりが正しい。(２点)
□(1)命令形が正しく使えている。(2)一般動詞の否定文が正しく使えている。(3)正しく複数形で表せている。(７点)

pp.150～151 予想問題 3

出題傾向

＊３人称単数・現在の文，canの文を正しく使えているかが問われる。目的語で使われる代名詞やwho，whoseなどの疑問詞の疑問文も適切に使えるようになっておく。

❶ (1)likes　(2)Who
(3)Can she ride a unicycle(?)　(4)them
(5)①ナオのおじさん　②トモコ

❷ (1)イ　(2)ア　(3)ア　(4)イ　(5)ア

❸ (1)Whose　(2)can't[cannot]　(3)Does

❹ (1)She doesn't[does not] cook on Sunday(s).
(2)Can you open the window?

考え方

❶ (1)heが３人称単数なので，一般動詞にはsをつける。(2)あとの文で人について答えているので，疑問詞Whoを入れる。(3)canの疑問文では主語の前にcanを置く。(4)動詞likeの目的語なのでthemにする。(5)①ナオが２行目で「おじの車です」と言っている。②トモコについては６行目で「彼女は高校生です」，リュウタについては10行目で「彼は11歳です」と言っているので，答えはトモコ。

全訳

マイク：これはだれの車ですか。かっこいいですね！
ナオ：おじの車です。彼は車がとても好きなんです。これが彼です。彼は医者です。
マイク：彼は病院で働いているのですか。
ナオ：はい，そうです。
マイク：この女の子はだれですか。
ナオ：彼女は私のいとこのトモコです。彼女は高校生です。
マイク：これは一輪車ですか。彼女は一輪車に乗れますか。
ナオ：いいえ，乗れません。この一輪車は彼女の弟のものです。これが彼女の弟のリュウタです。
マイク：彼は中学生ですか。
ナオ：いいえ，彼は11歳です。
マイク：この家はあなたの家ですか。
ナオ：はい。おじ，おばといとこが私たちの家に毎年夏に来ます。私は彼らが大好きです。

❷ (1)動詞の目的語なのでmeが入る。(2)動詞の目的語なのでherが入る。(3)主語なのでWeが入る。(4)名詞cakeの前なので，「～の」という所有格のhisが入る。(5)「これらのドラムは～です。」という文の意味から，「私のもの」を意味するmineが入る。

❸ (1)だれのものかをたずねるので，疑問詞のwhoseを入れる。(2)Can you ～?で聞かれたら，答え方はNo，I can't[cannot].。(3)Yes, she does.と答えているので，Does ～?とたずねる。

❹ (1)一般動詞の否定文では，主語が３人称単数で現在の文の場合，一般動詞の前にdoesn't[does not]を入れる。(2)「～してくれますか」と人に依頼する場合は，Can you ～?で表す。

英作文の採点ポイント

□単語のつづりが正しい。(2点)
□(1)3人称単数・現在の否定文が正しく使えている。(2)canの疑問文が正しく使えている。(8点)

pp.152~153 予想問題 4

出題傾向

*be動詞と一般動詞の文を使い分けているか，be動詞の過去形が使えるかが問われる。whenやwhereなどの疑問詞を使う疑問文や，その応答文も確認しておく。

1 (1)それは，以前は彼のものでしたが，今は私のものです。 (2)Why (3)dinosaurs
(4)Can I come with you

2 (1)by (2)Which (3)Were (4)What time

3 (1)When is your birthday?
(2)Where do you play baseball?
(3)Whose gloves are they?

4 (1)I was busy last month.
(2)Your notebook is under that table.

考え方

1 (1)before「以前は」とnow「今」は時を表す表現で，時制に注意して訳す。wasはisの過去形。 (2)あとの文でBecauseから始まる「理由」が述べられているので，疑問詞のWhyが入る。 (3)すぐ前の会話で「その映画ではたくさんの恐竜を見ることができます。」と言っているので，themはdinosaurs「恐竜」であるとわかる。 (4)canの疑問文は主語の前にcanを置く。withのあとは目的格が入るためyouが入り，主語は主格のIとなる。

全訳

ジャネット：ああ，その映画のTシャツに覚えがあります。それはあなたのお兄さんのものですか。
エイスケ：いいえ。それは，以前は彼のものでしたが，今は私のものです。
ジャネット：あなたは本当にその映画が好きなのね。
エイスケ：はい。
ジャネット：なぜそれがそんなに好きなのですか。
エイスケ：恐竜が好きだからです。その映画ではたくさんの恐竜を見ることができます。
ジャネット：あら，私もそれらが好きですよ。
エイスケ：本当に？ 私は恐竜についての本を2冊持っています。見たいですか。
ジャネット：はい。
エイスケ：どうぞ。
ジャネット：どちらの本がおすすめですか。
エイスケ：私はその青い本をすすめます。それには絵がたくさんありますよ。それは図書館の本です。私は土曜日に図書館に行って恐竜についての本を読みます。
ジャネット：いいですね。次の土曜日にあなたといっしょに行ってもいいですか。
エイスケ：もちろん。

2 (1)方法を言うときにはby ～「～によって」を使う。 (2)2つの選択肢の中でどちらかという疑問文では，疑問詞のwhichを入れる。 (3)then「そのとき」は過去を表す表現。Yes, I was.と答えているので，Were you ～?とたずねる。 (4)時間について答えているので，〈what＋名詞〉のwhat timeを入れる。

3 (1)いつかをたずねるので，疑問詞はWhenを使う。 (2)場所をたずねるので，疑問詞はWhereを使う。 (3)だれのものかをたずねるので，疑問詞はWhoseを使う。

4 (1)過去の文では動詞は過去形にする。「先月」＝last month (2)「～の下に」＝under ～

英作文の採点ポイント

□単語のつづりが正しい。(2点)
□(1)be動詞の過去形が正しく使えている。
(2)前置詞が正しく使えている。(8点)

pp.154~155 予想問題 5

出題傾向

*現在進行形で問われるのは，be動詞の使い方と動詞のing形。一般動詞の過去形も正しく覚えておく。

1 (1)am doing (2)What did you do (3)ウ
(4)bought (5)ウ

2 (1)イ (2)ウ (3)ウ (4)ア (5)ウ

3 (1)ate (2)isn't (3)did

4 (1)I didn't[did not] go to a bookstore yesterday.

(2)What are you reading now?

考え方

❶ (1)現在進行形の文で聞かれているので，同じ現在進行形の〈be動詞＋動詞のing形〉の文で答える。(2)whatは文の初めに置き，whatのあとは過去形の一般動詞の疑問文の形にする。(3)「電話で」＝on the phone (4)過去を表す表現last monthがあるので過去形にする。buyの過去形はbought。(5)7，8行目で「放課後に宿題をして，夕食後ミキと電話で話して，そのあとにコンピューターで映画を見たわ」と言っているので，答えはウ。

全訳

ベティ：何しているの？
カズオ：数学の宿題をしているんだ。
ベティ：今？ 昨日やらなかったの？
カズオ：昨日，新しいテレビゲームを買ったんだ。すごく興奮したよ。
ベティ：あなたは昨日テレビゲームで遊んで宿題をしなかったのね。
カズオ：その通りだ。君は昨日何していたの？
ベティ：放課後に宿題をして，夕食後ミキと電話で話して，そのあとにコンピューターで映画を見たわ。
カズオ：コンピューターを持っているの？
ベティ：ええ。父が先月私の誕生日に買ってくれたの。
カズオ：いいね！ ぼくもコンピューターを持ってそれでオンラインゲームがしたいよ。
ベティ：まずは宿題を終わらせなさいよ。
カズオ：そうだね。今は話しかけないで。
ベティ：わかったわ。

❷ (1)習慣を表すevery dayがあるので，現在形となることがわかる。主語が3人称単数だと一般動詞にsをつけるので，答えはイ。(2)過去を表すyesterdayがあるので，答えはgoの過去形のwentを使ったウとなる。(3)現在を表すnowがあり，動作を表す一般動詞のwatchは現在進行形となることがわかるので，答えはウ。(4)習慣を表すusuallyがあるので，現在形となることがわかる。主語が複数なので，答えはア。(5)過去を表すlast weekがあるので，答えは過去形の疑問文で使うウとなる。

❸ (1)過去形の疑問文に答える場合は，一般動詞は過去形となる。eatの過去形はate。(2)〈Is＋男性名＋～?〉で聞かれたら，答え方はNo, he isn't.。(3)Did ～?で聞かれたら，答え方はYes, he did.。

❹ (1)過去形の否定の文を作るときは一般動詞の前にdidn't[did not]を入れる。(2)「何」をたずねる疑問文ではWhatを文の初めに置く。「読む」は動作で現在について言うので，現在進行形の文にする。

英作文の採点ポイント

□単語のつづりが正しい。(2点)
□(1)一般動詞の過去形の否定文が正しく使えている。(2)現在進行形のwhatの疑問文が正しく使えている。(8点)

リスニングテスト
〈解答〉

① 小学校の復習

❶ (1)× (2)○ (3)×

ココを聞きトレ⑥ 疑問文の疑問詞を正しく聞き取ろう。疑問詞がwhatなら「もの」について，whereなら「場所」についてたずねていることを整理して，絵の内容と合っているかどうかを確認する。場所を表すinやonなどの前置詞にも注意。

英文
(1)***Woman :*** What's your name?
Man : My name is Takashi.
(2)***Man :*** What animals do you like?
Woman : I like rabbits.
(3)***Woman :*** Where is your cap?
Man : It's on the desk.

日本語訳
(1)女性：あなたの名前は何ですか。
男性：私の名前はタカシです。
(2)男性：あなたは何の動物が好きですか。
女性：私はウサギが好きです。
(3)女性：あなたのぼうしはどこですか。
男性：それは机の上にあります。

❷ (1)ウ (2)ウ

ココを聞きトレ⑥ 質問文がYes / Noで答えられる疑問文か，疑問詞で始まる疑問文かに注目しよう。Is～?はYes / Noで答えられる疑問文なので，基本的にはYes / Noの答えを選ぶ。whatはものについてそれが「何か」をたずねる疑問詞。その「何」に相当する答えを選ぼう。

英文 Nice to meet you. My name is Mai. I'm from Osaka. I go to school. I like English. I study it hard. I like cooking, too. I can make apple pie. It is delicious. I want to be a cook.
Questions : (1)Is Mai a student?
(2)What is Mai's favorite subject?

日本語訳 はじめまして。私の名前はマイです。私は大阪出身です。私は通学しています。私は英語が好きです。私は一生懸命それを勉強します。私は料理をすることも好きです。私はアップルパイを作ることができます。それはおいしいです。私は料理人になりたいです。
質問：(1)マイは学生ですか。
(2)マイの好きな教科は何ですか。

② be 動詞

❶ (1)オ (2)イ (3)エ (4)ウ

ココを聞きトレ⑥ 登場人物が女性か男性か，単数か複数かに注意して聞こう。heは単数の男性を，sheは単数の女性を指す。また，isは主語が単数のときに，areは主語が複数のときに使うので，これらの単語を手がかりにしよう。be動詞のあとには，名前や職業などの情報が続く。ここでは，教科やスポーツの名前，部活動の内容を表す語を正しく聞き取ることが重要。

英文 (1)She is Aya. She is a tennis player. (2)He is Mr. Tanaka. He is a math teacher. (3)They are Yuki and Kana. They are in the music club. (4)They are Ken and Jun. They are on the soccer team.

日本語訳 (1)彼女はアヤです。彼女はテニス選手です。(2)彼はタナカ先生です。彼は数学の教師です。(3)彼女らはユキとカナです。彼女らは音楽部に所属しています。(4)彼らはケンとジュンです。彼らはサッカー部に所属しています。

❷ (1)× (2)× (3)○

ココを聞きトレ⑥ 対話文に出てくるものの名前や持ち主，地名を正しく聞き取ろう。疑問文とYes / Noの答えから正しい情報を整理し，絵の内容と照らし合わせること。答えがNoの場合には，そのあとに正しい情報が示されるので，聞きのがさないように注意。

英文
(1)***Man :*** Is this your bag, Miki?
Woman : Yes, it is. It's my bag.
(2)***Woman :*** Is that a cat?
Man : No, it isn't. It's a dog.
(3)***Man :*** Are you from Okinawa?
Woman : No, I'm not. I'm from Hokkaido.

日本語訳
(1)男性：これはあなたのかばんですか，ミキ。
女性：はい，そうです。それは私のかばんです。
(2)女性：あれはネコですか。
男性：いいえ，ちがいます。それはイヌです。
(3)男性：あなたは沖縄出身ですか。
女性：いいえ，ちがいます。私は北海道出身です。

③ 一般動詞

❶ (1)ウ　(2)エ　(3)ア

ココを聞きトレ⑥　絵にあるスポーツ用品や教科，動物を見て，どのような単語が使われるかをあらかじめ予測し，それらの単語に注意して対話文を聞こう。複数あるものは数にも注意。応答文のYes / No，否定文のnotに注意し，聞き取った情報を整理してから，解答を選ぼう。

英文

(1)***Woman :*** Do you play basketball?
Man : Yes, I do. I play baseball, too.

(2)***Man :*** Does Rika like math?
Woman : No, she doesn't. But she likes English and music.

(3)***Woman :*** Does John have any cats or dogs?
Man : He doesn't have any cats. He has two dogs.

日本語訳

(1)女性：あなたはバスケットボールをしますか。
男性：はい，します。私は野球もします。

(2)男性：リカは数学が好きですか。
女性：いいえ，好きではありません。しかし，彼女は英語と音楽が好きです。

(3)女性：ジョンはネコかイヌを飼っていますか。
男性：彼はネコを１匹も飼っていません。彼は２匹のイヌを飼っています。

❷ (1)イ　(2)ウ

ココを聞きトレ⑥　交通手段と兄弟姉妹の数を正しく聞き取ろう。登場人物が複数いるので，それぞれの人物について聞き取った情報を整理すること。aやtwoのような数を表す語，名詞の複数形にも注意しよう。

英文

(1)***Emi :*** Do you walk to school, Mike?
Mike : No. I go to school by bus. Do you walk to school, Emi?
Emi : I sometimes walk, but I usually go to school by bike.

(2)***Ryo :*** Hi, Kate. Do you have any brothers or sisters?
Kate : Yes. I have two sisters. How about you, Ryo?
Ryo : I have a sister and a brother.

日本語訳

(1)エミ：あなたは歩いて学校に行きますか，マイク。
マイク：いいえ。私はバスで学校に行きます。あなたは歩いて学校に行きますか，エミ。
エミ：私はときどき歩いて行きますが，たいていは自転車で学校に行きます。

(2)リョウ：やあ，ケイト。あなたには兄弟か姉妹がいますか。
ケイト：はい。私には姉妹が２人います。あなたはどうですか，リョウ。
リョウ：私には姉妹が１人，兄弟が１人います。

④ canの文

❶ (1)○　(2)×　(3)○

ココを聞きトレ⑥　canのあとにくる動詞が表す動作の内容を正しく聞き取ろう。登場人物が複数いるので，それぞれの人ができることとできないことを整理して，絵の内容と合っているかどうかを確認する。

英文

(1)***Man :*** Is the girl Japanese?
Woman : No. But she can speak Japanese. She can speak English, too.

(2)***Woman :*** Kevin, you can swim well, right? Can your brother Tom swim, too?
Man : No, he can't. But he can run fast.

(3)***Man :*** Can I use this computer on Mondays, Ms. Suzuki?
Woman : Sorry, Mike. I use it on Mondays. You can use it on Fridays.

日本語訳

(1)男性：その女の子は日本人ですか。
女性：いいえ。でも彼女は日本語を話せます。彼女は英語も話せます。

(2)女性：ケビン，あなたは上手に泳げますよね。あなたの弟さんのトムも泳げますか。
男性：いいえ，泳げません。しかし，彼は速く走れます。

(3)男性：私は月曜日にこのコンピュータを使うことができますか，スズキ先生。
女性：ごめんなさい，マイク。私は月曜日にそれを使います。あなたは金曜日にそれを使うことができます。

❷ イ，カ

ココを聞きトレ⑥　博物館の中でしてもよいことと，してはいけないことを正しく聞き取ろう。Don't ～.やPlease ～.の命令文で表されているものもあるので注意。canとcan'tを聞き間違えないようにすることも重要。

英文

John : Excuse me. Can I take pictures in the museum?

Clerk : I'm sorry, you can't.

John : I see. Can I take my bag with me?

Clerk : Yes, you can. But don't take your dog with you. And you can't eat or drink in the museum. Please leave the museum before five o'clock.

John : All right.

Clerk : Enjoy the pictures in our museum!

日本語訳

ジョン：すみません。博物館の中で写真をとってもよいですか。

博物館員：申し訳ありませんが，できません。

ジョン：わかりました。私のかばんは持っていってもよいですか。

博物館員：ええ，いいです。でもあなたのイヌは連れていってはいけません。それから，博物館の中で食べたり飲んだりしてはいけません。5時前には，博物館を出てください。

ジョン：わかりました。

博物館員：博物館にある絵を楽しんでください！

⑤ 疑問詞①

1 (1)イ　(2)エ　(3)ア

ココを聞きトレ⑥　ものの数や時刻など，数字の聞き取りがポイント。ものの種類が複数あるときは，それぞれについて数を正しく聞き取ること。fiftyとfifteenのように聞き間違いやすい数字には特に注意。

英文

(1)***Man :*** What do you want?

Woman : I want four pens and three erasers.

(2)***Woman :*** What time do you eat breakfast?

Man : I eat breakfast at six fifty.

(3)***Man :*** How many books do you have in your bag?

Woman : I have two.

日本語訳

(1)男性：あなたは何がほしいですか。

女性：私は4本のペンと3個の消しゴムがほしいです。

(2)女性：あなたは何時に朝食を食べますか。

男性：私は6時50分に朝食を食べます。

(3)男性：あなたはかばんの中に何冊の本を持っていますか。

女性：私は2冊持っています。

2 (1)ウ　(2)エ

ココを聞きトレ⑥　質問文が疑問詞で始まる疑問文の場合には，疑問詞の種類に注意。whatはものについてそれが「何」かを，whoは人についてそれが「だれ」かをたずねる疑問詞。それぞれ「何」「だれ」に相当する答えを選ぼう。登場人物が2人いるので，それぞれの人についての情報を正しく聞き取ること。

英文　Hello, everyone. I'm Takashi. I'm from Nagano. I'm a junior high school student. I'm on the soccer team at school. I practice soccer every day. I sometimes play tennis on Sundays. I have a sister. Her name is Kumi. She is seventeen years old. She plays the guitar very well. She is a basketball player. Thank you.

Questions : (1)What does Takashi practice every day?

(2)Who is Kumi?

日本語訳　こんにちは，みなさん。私はタカシです。私は長野出身です。私は中学生です。私は学校でサッカー部に所属しています。私は毎日サッカーを練習します。私はときどき日曜日にテニスをします。私には姉がいます。彼女の名前はクミです。彼女は17歳です。彼女はとても上手にギターをひきます。彼女はバスケットボール選手です。ありがとう。

質問：(1)タカシは毎日何を練習しますか。

(2)クミとはだれですか。

⑥ 疑問詞②

1 (1)エ　(2)ア　(3)ウ

ココを聞きトレ⑥　疑問詞で始まる疑問文が出てきたら，応答文を予測しながら聞こう。たとえば，whenは「時」を，whereは「場所」をたずねる疑問詞なので，応答文の中にはそれらの情報が含まれていると考えられる。時間や場所の表現にはatやin，onなどの前置詞が使われることが多いので，それぞれの意味も確認しておこう。

英文

(1)***Man :*** When is your birthday?
Woman : It's July thirtieth.
(2)***Woman :*** Where is my pencil?
Man : It's on the table.
(3)***Man :*** Yuki, whose cap is this?
Woman : Oh, it's mine, John.

日本語訳

(1)男性：あなたの誕生日はいつですか。
女性：７月30日です。
(2)女性：私のえんぴつはどこにありますか。
男性：テーブルの上にあります。
(3)男性：ユキ，これはだれのぼうしですか。
女性：ああ，それは私のです，ジョン。

② (1)イ　(2)エ

ココを聞きトレ⑥　疑問文の疑問詞を正しく聞き取ろう。疑問詞がwhenなら「時」，whereなら「場所」について述べている応答文を見つければよい。

英文

(1)***Woman :*** Do you like soccer?
Man : Yes. I like it very much. I'm a member of the soccer team.
Woman : When do you practice soccer?
(2)***Man :*** Jane lives in Japan, right?
Woman : Well, she lived in Japan before, but now she doesn't live here.
Man : Oh, where does she live now?

日本語訳

(1)女性：あなたはサッカーが好きですか。
男性：はい。私はそれがとても好きです。私はサッカー部の部員です。
女性：あなたはいつサッカーを練習しますか。
(2)男性：ジェーンは日本に住んでいますよね。
女性：ええと，彼女は以前は日本に住んでいたのですが，今はここに住んでいません。
男性：ああ，彼女は今どこに住んでいるのですか。

⑦ 現在進行形

① (1)オ　(2)エ　(3)カ　(4)イ

ココを聞きトレ⑥　それぞれの英文が表す動作の内容を正しく聞き取ろう。特にing形になっている動詞の聞き取りに注意する。人の名前やhe，sheなどの語も，女性か男性かを区別するヒントになる。

英文　(1)Aya is reading an English book. She is using a dictionary. (2)Miki is making curry for lunch. Everyone likes curry very much. (3)Yuta is talking with Ryo. He has a book in his hand. (4)Kumi likes music very much. She is listening to music. She is not watching TV.

日本語訳　(1)アヤは英語の本を読んでいます。彼女は辞書を使っています。(2)ミキは昼食にカレーを作っています。みんなはカレーが大好きです。(3)ユウタはリョウと話しています。彼は手に本を持っています。(4)クミは音楽が大好きです。彼女は音楽を聞いています。彼女はテレビを見ていません。

② イ，エ

ココを聞きトレ⑥　対話から，だれが何をしているところかを正しく聞き取ろう。時や場所などの情報にも注意すること。whatのような疑問詞で始まる疑問文のあとでは，重要な情報が話されることが多いので注意して聞こう。

英文

Becky : Hello, this is Becky.
Shinji : Hi, Becky. This is Shinji.
Becky : What are you doing now?
Shinji : I'm eating breakfast with my brother.
Becky : Shinji, I'm studying Japanese, but I can't read some kanji.
Shinji : OK. I can help you after breakfast. Can you come to my house?
Becky : Sure. I can go to your house at ten o'clock.
Shinji : Great, Becky. See you soon.

日本語訳

ベッキー：こんにちは，ベッキーです。
シンジ：やあ，ベッキー。シンジだよ。
ベッキー：あなたは今，何をしているの？
シンジ：ぼくは弟といっしょに朝食を食べているよ。
ベッキー：シンジ，私は日本語を勉強しているんだけど，漢字がいくつか読めないの。
シンジ：わかった。朝食後にぼくが助けてあげるよ。ぼくの家に来ることができる？
ベッキー：もちろん。10時にはあなたの家に行くことができるわ。
シンジ：いいね，ベッキー。あとでね。

⑧ 一般動詞の過去形

❶ (1)イ　(2)エ　(3)ア

ココを聞きトレ⑥　時間，場所の聞き取りがポイント。過去の行動について複数の情報がある場合は，それらの出来事がどのような順序で起こったかにも注意しよう。What timeで始まる疑問文のあとでは，時刻が話題になることも意識して聞こう。

英文

(1)***Woman :*** Did you play volleyball yesterday, Koji?

Man : No, I didn't. I played baseball after lunch.

(2)***Man :*** Did you go to the park last Sunday, Kana?

Woman : Yes, I did. I went there in the morning. Then I visited the zoo in the afternoon.

(3)***Woman :*** What time did you get up this morning, Tom?

Man : I got up at eight. And I had breakfast at nine. I didn't study this morning.

日本語訳

(1)女性：あなたは昨日バレーボールをしましたか，コウジ。

男性：いいえ，しませんでした。私は昼食後に野球をしました。

(2)男性：あなたはこの前の日曜日に公園に行きましたか，カナ。

女性：はい，行きました。私は午前中にそこへ行きました。それから私は午後に動物園を訪れました。

(3)女性：あなたは今朝，何時に起きましたか，トム。

男性：私は8時に起きました。そして私は9時に朝食を食べました。私は今朝，勉強しませんでした。

❷ (1)ウ　(2)イ

ココを聞きトレ⑥　質問文がYes / Noで答えられる疑問文か，疑問詞で始まる疑問文かに注目しよう。Did ～?はYes / Noで答えられる疑問文なので，基本的にはYes / Noの答えを選ぶ。疑問詞で始まる疑問文には，疑問詞に応じて具体的な答えを選ぶ。

英文　Hi, everyone. My name is Rika. Did you enjoy your summer vacation? I went to London with my family. We visited some museums there. We watched a soccer game, too. People in London like soccer very much. We enjoyed the food at some restaurants. We had a very good time. Thank you.

Questions : (1)Did Rika go to London with her family?

(2)What did Rika do in London?

日本語訳　こんにちは，みなさん。私の名前はリカです。あなたたちは夏休みを楽しみましたか。私は家族といっしょにロンドンに行きました。私たちはそこでいくつかの美術館を訪れました。私たちはサッカーの試合も見ました。ロンドンの人々はサッカーが大好きです。私たちはいくつかのレストランで食べ物を楽しみました。私たちはとても楽しい時を過ごしました。ありがとう。

質問：(1)リカは家族といっしょにロンドンに行きましたか。

(2)リカはロンドンで何をしましたか。

⑨ be 動詞の過去形／過去進行形

❶ (1) イ　(2) ア　(3) ア

ココを聞きトレ⑥　登場人物の過去のある時点の行動や状態を正しく聞き取ろう。last night，last year，yesterdayなどの過去の時を表す語句や，at seven，from six o'clockなどの時刻を表す語句に特に注意する。英文の主語がだれかにも注意して，絵に表された人物の行動や状態を表す解答を選ぼう。

英文　(1)Miki had dinner at seven last night. She was writing a letter at nine. She did her homework before dinner. (2)Ken and Mike are on the soccer team this year. But last year, Ken was on the baseball team, and Mike was on the tennis team. (3)I'm Paul. I came home at five yesterday. My sister Emma was reading a book. My brother John was listening to music. We watched TV together from six o'clock.

日本語訳　(1)ミキは昨夜7時に夕食を食べました。9時には手紙を書いていました。宿題は夕食前にしました。(2)ケンとマイクは今年サッカー部にいます。しかし昨年，ケンは野球部にいて，マイクはテニス部にいました。(3)ぼくはポールです。ぼくは昨日5時に帰宅しました。姉のエマは本を読んでいました。弟のジョンは音楽を聞いていました。ぼくたちは6時からいっしょにテレビを見ました。

❷ (1) イ　(2) ウ

ココを聞きトレ⑥　日時と場所に注意して，対話している人物の行動を正しく聞き取ろう。場所の情報はwhereの疑問文のあとに言われることが多いので注意。

英文

Tom : Hi, Yumi. I called you yesterday, but you were not at home. Where were you?

Yumi : Sorry, Tom. I listened to a CD at the music shop in the morning.

Tom : Really? But I called you at three in the afternoon. What were you doing then?

Yumi : Oh, I was in the park. I was playing tennis with my friends. Were you at home yesterday?

Tom : Well, I was in the library and studied math in the morning. But I was at home in the afternoon. I watched a soccer game on TV.

Questions : (1)Who was Yumi with yesterday afternoon?
(2)Where was Tom yesterday morning?

日本語訳

トム：やあ，ユミ。昨日きみに電話したけど，家にいなかったね。どこにいたの？

ユミ：ごめんなさい，トム。午前中は音楽店でCDを聞いたのよ。

トム：ほんと？　でもぼくは午後3時に電話をしたんだ。そのとき何をしていたの？

ユミ：ああ，公園にいたわ。友だちとテニスをしていたの。あなたは昨日家にいた？

トム：ええと，午前中は図書館にいて，数学を勉強したよ。でも午後は家にいたよ。テレビでサッカーの試合を見たんだ。

質問：(1)ユミは昨日の午後に，だれといっしょにいましたか。
(2)トムは昨日の午前中，どこにいましたか。

⑩ 1年間の総まとめ

❶ (1)エ　(2)ア　(3)ウ　(4)イ

ココを聞きトレ⑥　質問で特定の人の情報が問われている場合は，表の中からすばやくその人の情報を見つけ出そう。whereなら「場所」，whoなら「人」のように，疑問詞で始まる疑問文に対する答えは限定されるので，必要な情報にしぼって探すとよい。

英文　(1)Where is Becky from?　(2)Who is on the tennis team?　(3)When does Ken practice baseball?　(4)How many people can play the piano?

日本語訳　(1)ベッキーはどこの出身ですか。 (2)だれがテニス部に所属していますか。 (3)ケンはいつ野球を練習しますか。 (4)何人の人がピアノをひくことができますか。

❷ (1)ウ　(2)エ

ココを聞きトレ⑥　時間と登場人物の行動の聞き取りがポイント。質問文のwhenは「時」をたずねる疑問詞なので，スピーチの中の時を表す語に特に注意しよう。登場人物が多い場合には，それぞれの人の行動を整理してから選択肢を読もう。

英文　Hello, everyone. I'm Mike. I came to this school two months ago. I made some friends here. They are Kumi and Takashi. Takashi and I are members of the basketball team. Takashi is a good player. Last Saturday, we went to Kumi's house. Her family had a birthday party for Kumi and we joined them. I can't speak Japanese well, but Kumi always helps me at school. I'm enjoying my school life with my friends. Thank you.

Questions : (1)When did Kumi's family have a party?
(2)What does Kumi do at school?

日本語訳　こんにちは，みなさん。私はマイクです。私は2か月前にこの学校に来ました。私はここで何人かの友だちができました。彼らはクミとタカシです。タカシと私はバスケットボール部の部員です。タカシは上手な選手です。この前の土曜日，私たちはクミの家に行きました。彼女の家族がクミのために誕生日パーティーを開いたので，私たちは参加したのです。私は日本語が上手に話せませんが，クミは学校でいつも私を助けてくれます。私は友だちといっしょに学校生活を楽しんでいます。ありがとう。

質問：(1)クミの家族はいつパーティーを開きましたか。
(2)クミは学校で何をしますか。

英作文にチャレンジ！
〈解答〉

❶ (1)I want two apples.
(2)I want to make fruit salad.
(3)How many oranges do you want?

英作力UP↑ 英作文では，まず語数制限や問題文中の条件設定を押さえよう。(1)「いらっしゃいませ。」への応答の文。絵から「リンゴが２個ほしいです。」という内容の文を書く。ほしいものを言うときは，I want ～.を使う。(2)したいことは，I want to ～.を使って表す。(3)ユカは直後に「4個ほしいです。」と返答しているので，数をたずねる文を入れる。How manyのあとの名詞(orange)は複数形にする。

❷ This is my father, Akira. He is [He's] a math teacher. He is [He's] good at singing. He can run fast. He likes movies. We sometimes go to a movie together. I like him very much.

英作力UP↑ 人を紹介するので，This is ～.「こちらは～です。」で文を始める。２文目以降は代名詞he「彼は[が]」を使って書く。「～(すること)がじょうずだ」はbe good at ～ingで表す。He is a good singer.としてもよい。「速く走ることができる」は〈can＋動詞の原形〉を使って表す。「映画に行く」はgo to a movie。

❸ (1)You can take pictures here. (2)(You can't) eat or drink. (3)(You) cannot [can't] touch the photos. (4)(Please) be quiet.

英作力UP↑ (1)「写真撮影は可能です」はYou can ～.「あなたは～することができる。」の形で表す。(2)「飲食禁止」は「飲んだり食べたりすることができない」と考え，You can'tにeat or drinkを続ける。(3)「写真にさわらないでください」は(2)と同様，You can'tを使って表すとよい。「写真にさわる」はtouch the photos。「写真展にある写真」を指しているので，photosには定冠詞theをつける。(4)「大声で話さないでください」は文の最初にPleaseがあるので，quiet「静かな」を使ってPlease be quiet.とbe動詞の命令文にする。

❹ (1)A boy is playing basketball. / A boy is practicing basketball. (2)Two women are eating ice cream. / Two women are talking. (3)A bike [bicycle] is by the tree. / A bike [bicycle] is under the tree.

英作力UP↑ (1)「１人の少年がバスケットボールをしています。」(2)「２人の女性がアイスクリームを食べています。」(3)「自転車が木のそばにあります。」ということを表す文を書く。(1)(2)は現在進行形〈be動詞＋動詞のing形〉の文で表す。(1)「バスケットボールをする」はplay basketball。「バスケットボールを練習する」practice basketballを使った文にしてもよい。(2)「アイスクリームを食べる」はeat ice cream。絵の様子から「２人の女性が話している」という文にしてもよい。(3)は，自転車の位置について表す文を書く。絵よりby ～「～のそばに」が適切。また，under ～「～の下に」を使ってもよい。

❺ Eighteen students have smartphones. Fourteen students don't have smartphones. One student has a mobile phone.

英作力UP↑ ３つの英文なので，それぞれスマートフォンを持っている生徒，持っていない生徒，携帯電話を持っている生徒について書く。「14」はfourteen。携帯電話を持つ生徒について書くときは，主語が三人称単数のone studentなので動詞はhasとする。

❻ I went camping with my family. We made curry and rice for dinner. I got up early and watched the sunrise. It was very beautiful. I had a really good time.

英作力UP↑ まず質問への返答として「～した」という文を動詞の過去形を使って書く。２文目以降も，行った場所やしたことついて過去形の文で表す。be動詞の過去形の文はIt was beautiful.「それは美しかったです。」やI was happy.「私はうれしかったです。」，I was tired.「私は疲れました。」など感想を述べる文で使うとよい。

教科書ぴったりトレーニング付録

赤シート✕直前対策！

ぴたトレ mini book

テストに出る！

重要文 重要単語 チェック！

啓林館版　英語1年

赤シートでかくしてチェック！

← 「ぴたトレ mini book」は取り外してお使いください。

重要文チェック!

●赤字の部分に注意し，日本語を見て英文が言えるようになりましょう。
●英文が言えるようになったら，□に✓(チェックマーク)を入れましょう。

be動詞

□私はミキです。	I am Miki.
□あなたは学生ですか。	Are you a student?
一はい，そうです。	— Yes, I am.
□あなたはカナダ出身ですか。	Are you from Canada?
一いいえ，ちがいます。	— No, I am not.
□私はおなかがすいていません。	I am not hungry.
□こちらはサトシです。	This is Satoshi.
□あれは私たちの学校です。	That is our school.
□これはあなたの自転車ですか。	Is this your bike?
一はい，そうです。	— Yes, it is.
□あれは図書館ですか。	Is that a library?
一いいえ，ちがいます。	— No, it is not.
□こちらは私の兄です。彼は学生です。	This is my brother. He is a student.
□彼女は先生ではありません。	She is not a teacher.

一般動詞

□私はカメラがほしいです。	I want a camera.
□こちらはトムです。私は彼が好きです。	This is Tom. I like him.
□あなたは野球をしますか。	Do you play baseball?
一はい，します。	— Yes, I do.
□あなたは魚を食べますか。	Do you eat fish?
一いいえ，食べません。	— No, I do not.
□私はコンピュータを持っていません。	I do not have a computer.
□ジュンは自転車で学校に来ます。	Jun comes to school by bike.
□私の姉は毎日英語を勉強します。	My sister studies English every day.

□彼女は大阪に**住んでいますか**。	**Does** she **live** in Osaka?
―はい，**住んでいます**。	― Yes, she **does**.
□彼はネコが**好きですか**。	**Does** he **like** cats?
―いいえ，**好きではありません**。	― No, he **does not**.
□彼女は日本語を**話しません**。	She **does not speak** Japanese.

疑問詞

□これは**何**ですか。	**What** is this?
―それはカメラです。	― It is a camera.
□あなたはかばんの中に**何を**持っていますか。	**What** do you have in your bag?
―私はCDを何枚か持っています。	― I have some CDs.
□あの少女は**だれ**ですか。	**Who** is that girl?
―彼女はユキです。	― She is Yuki.
□これは**だれの**鉛筆ですか。	**Whose** pencil is this?
―それは私のものです。	― It is mine.
□私の帽子は**どこに**ありますか。	**Where** is my cap?
―それは机の上にあります。	― It is on the desk.
□あなたは**いつ**サッカーを練習しますか。	**When** do you practice soccer?
―私は毎日それを練習します。	― I practice it every day.
□**何時**ですか。―２時です。	**What time** is it? ― It is two o'clock.
□あなたは本を**何冊**持っていますか。	**How many** books do you have?
―私は50冊の本を持っています。	― I have fifty books.

現在進行形

□私は今，夕食を**作っています**。	I **am making** dinner now.
□彼女は今，テニスを**しています**。	She **is playing** tennis now.
□あなたは今，テレビを**見ていますか**。	**Are** you **watching** TV now?
―はい，**見ています**。	― Yes, I **am**.
□ハルカは今，**勉強していますか**。	**Is** Haruka **studying** now?
―いいえ，**勉強していません**。	― No, she **is not**.

□彼らは今，走っていません。 They are not running now.

□ケンジは今，何をしていますか。 What is Kenji doing now?

　一彼は泳いでいます。 — He is swimming.

canの文

□私はコンピュータを使うことができます。 I can use a computer.

□彼はギターをひくことができます。 He can play the guitar.

□あなたはこの漢字が読めますか。 Can you read this kanji?

　一はい，読めます。 — Yes, I can.

□彼女はじょうずに泳げますか。 Can she swim well?

　一いいえ，泳げません。 — No, she can't.

□メアリーは中国語を話せません。 Mary can't speak Chinese.

□窓を閉めてもらえますか。 Can you close the window?

□このペンを使ってもよいですか。 Can I use this pen?

一般動詞の過去形

□私たちは昨日，サッカーをしました。 We played soccer yesterday.

□私は２年前，京都に住んでいました。 I lived in Kyoto two years ago.

□私は先週，沖縄に行きました。 I went to Okinawa last week.

□あなたは昨日，お母さんを手伝いましたか。 Did you help your mother yesterday?

　一はい，手伝いました。 — Yes, I did.

□エミは昨日，あなたの家に来ましたか。 Did Emi come to your house yesterday?

　一いいえ，来ませんでした。 — No, she did not.

□彼は今朝，朝食を食べませんでした。 He did not have breakfast this morning.

be動詞の過去形

□私はとても疲れていました。	I was very tired.
□私の両親は昨日，家にいました。	My parents were at home yesterday.
□昨日は暑くありませんでした。	It was not hot yesterday.
□その映画はおもしろかったですか。	Was the movie interesting?
ーはい，おもしろかったです。/ いいえ，おもしろくありませんでした。	— Yes, it was. / No, it was not.

命令文

□この本を読みなさい。	Read this book.
□お年寄りに親切にしなさい。	Be kind to old people.
□部屋の中で走らないで。	Don't run in the room.
□夕食を食べましょう。	Let's eat dinner.

重要単語チェック！ Let's Start

教科書 pp.8～21

Let's Start

□	apple	リンゴ
□	bear	クマ
□	apron	エプロン
□	art	芸術，美術
□	P.E.	体育 [physical educationの略語]
□	moral education	道徳
□	calligraphy	書道
□	math	数学 [mathmaticsの略語]
□	Japanese	日本語，国語
□	science	科学，理科
□	social studies	社会科
□	music	音楽
□	January	1月
□	February	2月
□	March	3月
□	April	4月
□	May	5月
□	June	6月
□	July	7月
□	August	8月
□	September	9月
□	October	10月
□	November	11月
□	December	12月
□	bookstore	本屋，書店
□	cake	ケーキ
□	cat	ネコ
□	dog	イヌ
□	egg	卵
□	evening	晩，夕方
□	festival	祭り，～祭
□	first	1日，1番目
□	second	2日，2番目
□	third	3日，3番目
□	fourth	4日，4番目
□	fifth	5日，5番目
□	sixth	6日，6番目
□	seventh	7日，7番目
□	eighth	8日，8番目
□	ninth	9日，9番目
□	tenth	10日，10番目
□	flower	花
□	frog	カエル
□	hospital	病院
□	hotel	ホテル
□	ice cream	アイスクリーム
□	king	王
□	lion	ライオン
□	map	地図

重要単語チェック!

Let's Start ～Unit 1

教科書 pp.8～27

Let's Start

□	Monday	月曜日
□	Tuesday	火曜日
□	Wednesday	水曜日
□	Thursday	木曜日
□	Friday	金曜日
□	Saturday	土曜日
□	Sunday	日曜日
□	newspaper	新聞
□	park	公園
□	pig	ブタ
□	rabbit	ウサギ
□	restaurant	レストラン
□	school	学校
□	shop	ショッピング，買い物
□	soccer	サッカー
□	station	駅
□	store	店
□	supermarket	スーパーマーケット
□	swimming	水泳
□	tennis	テニス
□	tiger	トラ
□	trip	旅行
□	umbrella	かさ
□	zoo	動物園

Unit 1

□	badminton	バドミントン
□	dance	ダンスをする
□	everyone	みんな，[呼びかけて]みなさん
□	fan	ファン
□	from	[出身・出所・起源]～から(の)
□	good	よい，上手な
□	hi	やあ
□	I	私は[が]
□	Japan	日本
□	morning	朝
□	movie	映画
□	no	いいえ
□	of	[所属・所有]～の
□	player	選手
□	rugby	ラグビー
□	sing	歌う
□	swim	泳ぐ
□	volleyball	バレーボール
□	yes	はい，そうです

重要単語チェック!

Unit 2 ~ Let's Talk 1

教科書 pp.28 ~ 34

Unit 2

□	and	~と…
□	animal	動物
□	banana	バナナ
□	black	黒い
□	book	本
□	box	箱
□	brother	兄弟
□	chocolate	チョコレート
□	classroom	教室
□	cool	かっこいい
□	cousin	いとこ
□	cute	かわいい
□	father	父
□	for	[用途]~のための
□	friend	友だち
□	glasses	めがね
□	grandfather	祖父，おじいさん
□	grandmother	祖母，おばあさん
□	he	彼は[が]
□	in	~(の中)に[で]
□	it	それは[が]
□	lunch	昼食
□	meet	~に会う
□	mother	母
□	my	私の
□	nice	すばらしい
□	notebook	ノート
□	pen	ペン
□	pencil	えんぴつ
□	really	本当に
□	room	部屋
□	she	彼女は[が]
□	sister	姉妹
□	teacher	先生
□	that	あれ，それ
□	this	これ
□	too	(~も)また
□	tool	道具
□	what	何
□	white	白

Let's Talk 1

□	a.m.	午前の
□	but	しかし
□	how	[状態]どのようで
□	now	今
□	OK	問題ない，大丈夫で
□	p.m.	午後の
□	sorry	すまないと思って
□	time	時間

重要単語チェック!

Unit 3 ～Let's Talk 2

教科書 pp.36～42

Unit 3

□	after	～のあとに
□	about	～について
□	bed	ベッド
□	call	～を…と呼ぶ
□	chicken	鶏肉
□	cook	(～を)料理する
□	dinner	夕食
□	draw	(絵など)をかく
□	drink	～を飲む
□	eat	～を食べる
□	enjoy	～を楽しむ
□	food	食べ物
□	get up	起きる
□	go	行く
□	hand	手
□	have	～を飼っている
□	here	ここに，ここで，ここへ
□	home	家，家庭
□	leave	～を去る，出発する
□	like	～が好きである
□	look	見る
□	make	～を作る
□	milk	ミルク
□	name	名前
□	open	～を開ける
□	page	ページ
□	pet	ペット
□	phone	電話
□	piano	ピアノ
□	picture	絵，写真
□	play	演奏する
□	popular	人気のある
□	rice	米
□	run	走る
□	sport	スポーツ
□	step	歩み，一歩
□	study	(～を)勉強する
□	summer	夏
□	textbook	教科書
□	together	いっしょに
□	tomato	トマト
□	train	電車
□	very much	とても
□	wash	～を洗う
□	window	窓
□	winter	冬

Let's Talk 2

□	delicious	おいしい
□	pizza	ピザ

重要単語チェック!

Unit 4 ~ Project 1

教科書 pp.44 ~ 55

Unit 4

□ another	もう1つの，もう1人の
□ any	①[疑問文で]いくつかの，いくらかの ②[否定文で]何も(~ない)
□ beautiful	美しい
□ bird	鳥
□ blue	青
□ carefully	注意深く
□ chair	いす
□ color	色
□ cow	雌牛，乳牛
□ dictionary	辞書
□ dish	皿
□ down	下へ
□ event	行事，催し，出来事
□ face	顔
□ family	家族
□ glass	グラス
□ horse	ウマ
□ many	多くの，たくさんの
□ people	人々
□ program	番組
□ red	赤
□ see	~が見える，~を見る
□ some	いくつかの，いくらかの
□ sometimes	ときどき
□ souvenir	おみやげ
□ strange	奇妙な，不思議な
□ subject	教科
□ table	テーブル
□ these	これらの
□ they	彼らは[が]，彼女らは[が]，それらは[が]
□ TV	テレビ
□ upside	上側
□ want	~がほしい
□ with	~といっしょに

Let's Talk 3

□ dress	ドレス，婦人服
□ great	すばらしい
□ just	ちょっと
□ moment	少しの間
□ T-shirt	Tシャツ

Let's Listen 1

□ floor	階
□ shopping	ショッピング，買い物
□ where	どこに[で]

Project 1

□ belong	所属する
□ birthday	誕生日
□ cheerful	元気のよい
□ favorite	好きな

重要単語チェック！

Unit 5 ～Let's Talk 5

教科書 pp.56～72

Unit 5

□	aunt	おば
□	boy	男の子，少年
□	can	～することができる
□	classmate	クラスメート
□	drum	ドラム
□	fast	速く
□	funny	おもしろい
□	girl	女の子，少女
□	know	(～を)知っている
□	man	男性
□	speak	話す
□	uncle	おじ
□	well	上手に，よく，うまく
□	who	だれ
□	woman	女性

Let's Talk 4

□	maybe	もしかしたら
□	thank	～に感謝する
□	whose	だれの

Unit 6

□	alone	ひとりで
□	beef	牛肉
□	busy	いそがしい
□	day	日
□	early	早く
□	every	毎～，～ごとに
□	fruit	フルーツ
□	garbage	ごみ
□	grow	～を育てる，栽培する
□	help	～を手伝う，助ける
□	live	住む
□	on	[特定の日時]～に
□	orchard	果樹園
□	other	ほかの，ほかの人[もの]
□	out	外へ
□	read	～を読む
□	set	～をセットする，整える
□	shopping	ショッピング
□	take	～を持っていく
□	teach	～を教える
□	there	そこに[で，へ]
□	usually	ふつうは，いつもは
□	walk	歩く
□	weekend	週末
□	work	働く，取り組む

Let's Talk 5

□	all right	いいですよ
□	cut	～を切る
□	sure	もちろん，どうぞ
□	vegetable	野菜

重要単語チェック!

Unit 7 ～ Let's Talk 6

教科書 pp.74 ～ 80

Unit 7

□	bag	バッグ
□	bath	入浴
□	before	～の前に，以前に
□	begin	始まる
□	bike	自転車[= bicycle]
□	breakfast	朝食
□	bring	…を持ってくる
□	brush	～を(ブラシで)みがく
□	bus	バス
□	by	～のそばに
□	come	来る
□	computer	コンピューター
□	desk	机
□	find	～を見つける
□	finger	指
□	free	無料の，ただの
□	hallway	ろうか
□	hometown	故郷の町[市，村]
□	homework	宿題
□	keep	～をしまっておく
□	key	かぎ
□	locker	ロッカー
□	mirror	鏡
□	month	月
□	near	～の近くに[で，の]
□	pick	～を拾う
□	practice	(～を)練習する
□	put	～を置く
□	rainy	雨の
□	sleep	眠る
□	sofa	ソファ
□	student	生徒
□	then	そのとき
□	tooth	歯
□	under	～の下に
□	until	[時間が]～まで
□	vacation	休日，休み
□	wall	壁
□	when	いつ
□	where	どこに[で]
□	year	年

Let's Talk 6

□	left	左
□	library	図書館
□	miss	～見逃す
□	straight	まっすぐに
□	street	通り，道路
□	turn	曲がる
□	welcome	歓迎される

重要単語チェック!

Unit 8 ~ Project 2

教科書 pp.82 ~ 93

Unit 8

□	abroad	外国へ
□	also	～もまた
□	because	(なぜなら)～だから
□	big	大きい
□	bread	パン
□	cheap	安い
□	choose	～を選ぶ
□	clerk	店員
□	cold	寒い
□	contest	コンテスト
□	exciting	わくわくさせる
□	expensive	(値段が)高い
□	hair	髪の毛
□	hard	熱心に，難しい
□	heater	暖房器具
□	kind	種類，親切な
□	last	この前の，先～，昨～
□	long	長い
□	lot (a lot of～)	たくさんの～
□	often	よく，たびたび
□	only	ただ1つの
□	or	～か(または)…
□	power	電力，エネルギー
□	recommend	～をすすめる
□	salad	サラダ
□	sale	安売り，特売
□	sea	海
□	shoe	くつ
□	short	短い
□	small	小さい
□	soup	スープ
□	space	スペース，場所
□	tea	お茶，紅茶
□	thick	厚い
□	thin	薄い
□	use	～を使う
□	visit	～を訪れる，～に行く
□	warm	～を暖める
□	week	週
□	which	どちら，どれ

Let's Talk 7

□	hamburger	ハンバーガー

Let's Listen 2

□	flavor	味
□	large	大きい
□	scoop	ひとすくい
□	various	いろいろな

Project 2

□	journal	新聞
□	song	歌
□	singer	歌手

重要単語チェック!

Unit 9 ～Let's Listen 3

教科書 pp.94～113

Unit 9

□	afternoon	午後
□	arrive	到着する
□	birthday	誕生日
□	café	カフェ，軽食堂
□	clean	～を掃除する
□	garden	庭
□	later	あとで，のちに
□	listen	聞く
□	ride	～に乗る
□	snow	雪
□	so	それで，だから
□	stay	滞在する
□	tree	木
□	worker	作業員
□	yesterday	昨日

Let's Talk 8

□	happy	うれしい，幸せな
□	present	プレゼント
□	towel	タオル

Unit 10

□	around	～の周りをまわって
□	baby	赤ちゃん
□	ball	ボール
□	between	～の間に
□	bridge	橋，かけ橋
□	culture	文化
□	example	例
□	favorite	(いちばん)好きな
□	interested	興味を持った
□	laugh	笑う
□	magazine	雑誌
□	old	古い
□	over there	向こうに
□	paint	(絵の具で絵を)かく
□	sell	～を売る
□	smile	ほほえむ
□	talk	話す
□	today	今日(は)
□	wear	～を着ている
□	wonderful	すばらしい
□	world	世界
□	young	若い

Let's Talk 9

□	house	家
□	of course	もちろん

Let's Listen 3

□	famous	有名な
□	line	列
□	musician	音楽家
□	taxi	タクシー
□	wait	待つ

重要単語チェック!

Project 3 ～Let's Read 2

教科書 pp.115～121

Project 3

□	all	すべての
□	concert	コンサート
□	crowded	混みあった
□	easy	簡単な，楽な
□	embarrassed	はずかしい
□	excited	興奮した
□	fun	楽しみ
□	interesting	興味深い
□	sad	悲しい
□	surprised	驚いた
□	tired	疲れた
□	win	～に勝つ

Let's Read 1

□	beak	くちばし
□	collect	～を集める
□	could	canの過去形
□	crow	カラス
□	drop	～を落とす
□	fail	失敗する
□	finally	ついに
□	happen	起こる
□	idea	考え
□	inside	～の中に
□	into	～の中へ
□	level	水平面の高さ
□	little	少しの
□	pitcher	水差し
□	raise	～を上げる
□	reach	～にとどく
□	stone	石
□	think	考える
□	thirsty	のどのかわいた
□	those	それらの，あれらの
□	water	水
□	way	方法

Let's Read 2

□	answer	答え
□	across	～の向こう側へ
□	behind	後ろに，あとに
□	boat	ボート
□	carry	～を運ぶ
□	cross	～を渡る
□	crossing	横断
□	farmer	農夫
□	goat	ヤギ
□	puzzle	パズル
□	question	質問，問題
□	return	もどる
□	river	川
□	wolf	オオカミ